실버사역, 어떻게 할 것인가?

실버사역, 어떻게 할 것인가?

2005년 12월 10일 초판 1쇄 발행

펴낸곳 한국가정상담연구소

지은이 추부길 · 이옥경
펴낸이 추부길

등록 1998. 6. 26 제 10-1609호
주소 110-601 서울 광화문 우체국 사서함 130호
전화 (02) 766-8366
팩스 (02) 3676-7113
홈페이지 www.kofam.org
E-mail kofamlove@hanmail.net/kofamlove@naver.com

표지본문디자인 정민희
출력 한국가정상담연구소
인쇄 타라그래픽스
제본 타라그래픽스

KDC 234
ISBN 89-88446-40-2-03230
값 11,000원

실버사역, 어떻게 할 것인가?

SENIOR ADULT MINISTRY HANDBOOK

추부길 · 이옥경

한국가정상담연구소

가정사역을 하면서 항상 마음의 부담을 가지고 있었던 분야 중의 하나가 실버사역 분야였다. 외국을 다닐 때마다 관심 있게 보는 분야 중의 하나가 바로 실버사역이었기에 한국에서의 실버사역을 어떻게 펼쳐 나갈 것인가에 대해 언젠가는 구체적으로 책으로 펴 내야겠다는 생각을 하고 있었다. 특별히 한국에서의 실버사역은 천편 일률적으로 그저 노인대학 수준에 그쳐있기에 그 부담은 더했었다. 그래서 우리 연구소의 가정상담 전문과정 강의를 할 때에도 학생들에게 이 부분을 특별히 강조했고, 앞으로 진정한 실버사역 전문가들이 나타나야 함을 강조했었다.

그런데 그 학생 중의 한 분이셨던 이옥경 권사님이 그 강의에 감동을 받아 졸업논문으로 "한국교회에서의 노인사역 연구"를 제출했다. 그러면서 이 논문의 출고를 본인에게 요청해 왔다. 그래서 기왕이면 한국 교회와 실버사역 관계자들에게 이정표와 같은 책을 출간하는 것이 좋겠다고 권유하면서 어쩔 수 없이 본인도 이 책의 공동 출간 저자로 발이 묶이고야 말았다.

이옥경 권사님은 2년여전부터 이 책의 출간을 간곡히 요청해왔고 본인은 마치 빚쟁이라도 된 듯한 부담감을 가지고 이 책의 출간을 준비해 왔다. 틈틈이 자료를 찾고 특별히 실버사역에서 앞서가는 나라들의 동향도 파악하면서 어느 덧 2년이나 지나버렸다. 그러다가 다시 큰 맘을 먹게 되었다. 마치 가정사역 개론서인 "Family Ministry"를 막 출간한 뒤라서 올해가 가기 전에 실버사역에 대한 부담을 덜리라고 마음 먹고 이 권사님의 논문을 기초로 해서 전반적인 실버사역 핸드북을 써 내려가게 된 것이다.

한마디로 이 책이 나오게 된 배경은 이옥경 권사님의 공이 크다. 본인을 그렇게 독촉하지 않았더라면, 이 책을 쓰도록 권면하지 않았더라면 우선 순위에서 밀려나 책이 나오지도 못했을 것이다. 그런 면에서 이 권사님은 공동 필자로서 자격을 충분히 갖춘 셈이고 이 책이 출간되는데 있어서 가장 큰 공로자라 할 것이다.

이 책을 내는데 자극을 주셨던 분 중의 또 한 분, 형님되시는 김명남 목사님이다. 김목사님은 바나바교육원 원장으로 시카고순복음교회 담임목사이며 본인과는 의형제로 지내고 있는데, 김 목사님은 나에게 실버사역이 무엇인지 눈을 열게 해 주신 분이다. 한

번은 시카고를 갔더니 대뜸 노인병원에 가서 설교 좀 해달라는 부탁을 해 왔었다. 미국에 막 입국했기 때문에 피곤하기도 한데 공항에서 곧바로 노인병원으로 데려가는 것이다. 거절할 틈도 없이 노인병원에 가서 간단한 설교를 한 다음 병원을 둘러 볼 기회가 있었다. 그러면서 노인 아파트 등의 미국의 노인 복지에 대해 설명을 해 주셨었다. 그것이 아마도 5년여 전 쯤으로 생각된다. 그 사건이 계기가 되어 실버사역에 대해 눈을 뜨게 되면서 본격적인 관심을 가지게 되었다. 그러니 그 공이 얼마나 큰가?

더불어 이 책을 펴내는데 있어서 기본적인 흐름을 제공해 준 책이 David P. Gallagher 박사가 쓴 "Senior Adult Ministry in the 21st Century"이다. 2002년에 출간된 이 책을 미국의 어느 서점에서 손에 쥐게 되었는데, 그 순간 나에게는 벅차오르는 감동이 있었다. 저자를 직접 만나보지는 못했지만 Gallagher 박사는 한국에서의 실버사역론이 나오게 되는데 큰 공헌을 하신 분으로 기억에 오래 남을 것이다.

한국도 이제 고령화사회를 넘어서 고령사회로 발길을 재촉하고 있다. 교회에서도 노인들의 인구가 급증하고 있다. 그러나 그에 대한 대비책은 거의 없어 보인다. 이 책은 바로 앞으로의 실버사역에 어떠한 방향으로 나아가야 할 것인가에 대한 방향을 제시해 주는데 의의가 있다고 할 것이다. 혹자들은 "어떻게 이러한 내용들이 한국사회의 실버사역에 적용될 수 있을 것인가" 하고 이의를 제기하실 분도 계시겠지만 필자가 내린 결론은 앞으로의 실버사역은 패러다임의 대 변환이 있어야 한다는 것이다. 그것이 노인도 살고 교회도 살고 사역자들도 살아남는 길이라는 점을 실감하게 되었다.

이 책이 한국 사회의 실버사역에 새로운 이정표를 남겼으면 하는 바램이 있다. 우리 모두는 언젠가는 다 늙게 될터인데 앞으로 어차피 우리가 가야할 길을 미리 닦아 놓는다는 점에서 이 책은 또 하나의 의미를 갖게 되지 않을까? 이 책을 시발점으로 해서 우리나라에도 실버사역에 관한 책들이 많이 나왔으면 하는 간절한 바램이 있다.

"네 시작은 미약하였으나 네 나중은 심히 창대하리라."(성경 욥기 8장 7절)

2005년 12월이 저물어가는 날 아침
서울 동숭동의 연구소 서재에서
추부길

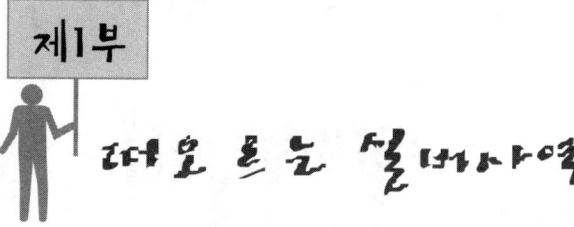

제1부

대오르는 실버사역

1. 떠오르는 실버산업

(1) 고령사회가 다가온다

UN은 65세 이상 노년 인구가 전체의 7% 이상일 때 '고령화 사회(Aging Society)', 14% 이상일 때 '고령 사회(Aged Society)'로 분류한다. 그리고 20%를 넘어서면 '초고령 사회(Super-aged Society)'라고 부른다.

이 기준에 따르면 한국은 2000년에 노인이 7.2%로 이미 고령화 사회가 됐다. 2003년에는 노인비율이 8.3%로 더 늘었고, 2004년에 예측했던 바로는 2019년에는 14.4%로 크게 늘어 고령 사회가 될 것이라고 한다.[1] 특별히 2026년에는 우리나라도 초고령사회로 진입하게 될 것이라고 한다. 그러나 이 예측도 더 당겨질 것으로 보인다. 즉, 고령사회는 2019년에서 2018년으로 1년 정도 더 당겨질 것이라는 분석이다. 곧 2018년에 14.3%를 넘어설 것이라는 것이

---

1) 기획예산처, 저출산, **고령화 사회 대비 재정투자 확대 보도자료** (2004. 12. 17).

다.[2]

일본의 18.4%(2002년), 프랑스의 16.3%(2002년), 미국의 12.3%(2002년)에 비해 OECD 국가 중에서는 아직 낮은 편이지만 우리나라의 고령화 속도는 선진국들보다 훨씬 빠른 것으로 나타나고 있다. 바야흐로 실버시대가 도래하고 있는 것이다.

고령화의 추이를 보면 우리나라는 고령화 사회에서 고령 사회로 옮겨가는 데 18년 밖에 걸리지 않는 셈이다. 45~115년이 걸린 서구에 비해 엄청나게 빠른 속도다. 구체적으로 보면 프랑스는 115년, 스웨덴은 85년, 미국은 71년이 걸렸다. 또 영국은 45년, 일본도 24년이 소요됐다. 2, 3세대를 거치면서 고령화가 완만히 진행된 선진국과 달리 한국은 갑자기 고령화 사회에 접어들었고 또 '초고속'으로 고령 사회를 맞이해야 할 상황에 처했다.[3]

그뿐 아니다. 고령사회에서 초고령사회로 접어드는 기간도 일본 12년, 프랑스 41년, 미국 15년에 비해 우리나라는 7년 정도밖에 되지 않을 것으로 예측되고 있다. 그만큼 급박하게 고령사회가 도래하고 있다는 것을 의미한다.[4]

특별히 심각성을 더해주는 것은 농촌 지역의 경우 65세 이상 인구의 비율이 2000년에 14.7%를 기록함으로써 고령사회에 이미 접어 들었다는 점이다. 그 상승 추이 역시 가파르다.[5]

더구나 통계청이 2005년 10월에 발표한 자료에 의하면 전국 234개 시, 군, 구 중에서 65세 이상의 노인이 20%를 넘은 지역이 35개에 달한다고 발표하였다. 기초 지방자치단체 7개중 한 개꼴이다. 시도별로 보면 전남은 14.9%로 이미 고령사회에 진입한 것으로 나타났으며, 충남은 13.1%, 경북은 12.9%였다.[6]

또한 우리나라 인구의 평균 수명은 77세(남자 73.4세, 여자 80.4세),[7] 평균

---

2) 통계청, *2005 고령자 통계 보도자료* (2005. 10. 6).
3) ibid.
4) ibid.
5) 통계청, *2004 고령자 통계 보도자료* (2004. 10. 1).
6) 통계청, *2005 고령자 통계 보도자료.*
7) 중앙일보 (2005. 10. 26).

정년은 56.6세이다. 평균 수명의 증가는 UN이 조사한 나라 중에서 8번째로 빠른 나라로 집계되었는데, 2005-2010년의 한국인의 평균 수명은 78.2세로 20년 전(1985-1990)의 69.8세와 비교해 보면 무려 8.4년이 늘어난 것으로 보고되었다. 이는 미국의 77.9세보다도 더 높은 장수국가임을 보여준다.[8]

정년 퇴직 후에도 20년가량 직업 없이 더 살아야 한다는 계산이다. 요즘처럼 '40대 정년' 경향이 계속되고 평균 수명이 더욱 늘어나면 그 기간은 30~40년으로 늘어난다. 하지만 개인은 개인대로, 국가는 국가대로 노후문제에 대한 관심이 부족한 상태이다.

고령화가 빠른 속도로 진행된 주된 이유는 출생률이 급격히 떨어지고 대신 수명이 크게 늘어났기 때문이다. 15~49세의 여성 1명이 출산하는 자녀는 6명(1960년)→4.53명(1970년)→2.83명(1980년)→1.59명(1990년)으로 떨어져 2003년에는 1.19명으로 낮아졌다. 이는 세계적인 저출산 국가로 꼽히는 프랑스(1.89명), 일본(1.33명)보다 적은 숫자다.

반면 평균 수명은 1960년에 52.4세에서 66.2세(1980년)→71.1세(1990년)→75.9세(2000년)로 늘어 2020년에는 80.7세로 예상된다. 이에 따라 가족 관계도 크게 변했다. 통계청에 따르면 65세 이상 노인 중 자식과 떨어져 사는 비율이 90년 25.8%→95년 36.5%→2000년 44.9%로 늘어났다.

고령화는 일할 사람이 줄어드는 반면 의지하는 노인 인구가 늘어나는 것을 의미한다. 경제활동인구(15~54세)에 대한 노인 인구의 비율이 99년에는 9.6%였으나 2030년에는 35.7%로 늘어난다. 젊은이 3명이 노인 1명을 부양해야 한다는 뜻이다. 문제는 고령화가 심화될수록 기업의 생산성이 떨어지고 경제성

8) 한국일보 (2005. 11. 8).

장이 둔화된다는 점이다. 일할 능력이 있고 생산성이 높은 인력은 상대적으로 줄어드는 반면 경제활동을 적게 하면서 의료 연금 등 복지혜택을 받아야 하는 계층이 증가하기 때문이다.

경제활동으로 생기는 '파이'는 똑같거나 작아지는데 이것을 나눠 먹으려는 '입'이 많아진다는 얘기다. 평균 수명이 1년 증가하면 노인 인구는 0.2% 늘어나고, 노인 인구가 1% 늘어나면 경제성장률은 0.47% 감소한다고 삼성경제연구소는 추정하고 있다.

세계적인 투자은행 블랙스톤 그룹의 피터 G 피터슨 회장은 저서 '노인들의 사회, 그 불안한 미래'에서 "노인 인구의 폭발적인 증가는 근로 인구에게 엄청난 경제적 부담을 줄 것"이라고 예측했다. 기획예산처도 노동 인구의 감소에 따른 경제 성장의 둔화, 노인 인구 부양과 관련된 세대간 갈등과 같은 경제, 사회적 문제를 야기하기 때문에 사전에 철저한 대비가 필요하다고 주장하고 있다.[9]

(2) 미국과 고령사회

노인들에 대한 사역이 활발한 미국의 예는 아직 걸음마도 떼지 못한 한국에 많은 교훈과 함께 방향성을 제시해 준다. 그런 의미에서 우리들은 미국에서의 실버들이 어떻게 새로운 모습으로 변해 가고 있는가를 생각해 볼 필요가 있다.

미국에서는 나이가 들어 노인이 된 사람들을 보는 시각은 그간 많이 바뀌었다. 중년을 지나 노년이 될수록 예전에 비해 선택의 요소가 더 많아지고, 더 많은 활동을 하며, 가는 곳마다 친구들도 더 많다. 인류의 역사를 돌아 볼 때 그

---

9) 기획예산처, 1.

어느 때보다 지금이 더 오래 살고 더 행복하게 살고 있다. 사실 미국의 실질 소득 중 절반 이상이 55세 이상의 인구에게 달려 있다고 할 정도로 경제력도 대단하다. [10]

지금 미국의 상황이 어떠한지를 알기 위해 현재 나타나고 있는 다음과 같은 통계들에 주의를 기울여 볼 필요가 있다.

- 현재 약 6700만에 이르는 미국인들이 50세 이상의 인구다.
- 2040년에 이르러서는 마지막 베이비 붐 세대가 정년이 되어 은퇴할 무렵이 되는데, 미국인구의 25%가 65세 이상이 될 것이다.
- 최근 들어 사람들의 평균수명 예상치가 75세로 올라갔다.
- 미국의 Modern Maturity Magazine이라는 장년층이 읽는 정간물 잡지는 1988년에 이미 '리더스 다이제스트'와 '타임 매거진' 'TV가이드'의 판매 부수를 앞질렀다.
- 미국 내에서 태어난 나이가 65세 이상의 노인 중 2/3가 현재 생존하고 있다. 미국 내 노년의 숫자는 현재 캐나다의 총 인구수를 앞질러 나아갔다.
- 1900년 이후 미국 내 인구의 중년 나이가 10년 정도 넓어진 셈이다.
- 1950년 이래 100세 이상의 최고령 미국 인구가 열 배 이상으로 많아졌다.
- 2080년이 되면 100세를 넘긴 노년의 인구가 현 75세 비율보다 더 높아질 것으로 예측된다.
- 미국 정부는 2020년이 될 때 인구 중 17.3%가 노년으로 구성될 것이란 예측 속에 움직이고 있다.
- 1960년에 60세 이상의 노년인구가 전 세계적으로 2억 5000만을 기록했고(전체 인구의 8.2%에 해당), 1980년도에는 그 숫자가 증가하여 3억 7천

---

10) From the video Redefining Retirement (Del Webb Corporation. Corporate Headquarters: 6001 N. 24th Street, Phoenix, Arizona 85016; 1994).

6백만이 되어 전 인구의 8.5%로 높아졌다. 이런 통계는 60세 혹은 그 이상의 계층이 2000년에는 6억이 되어 거의 전체의 10%를 차지하는 수치가 나온다. 그리고 2020년이 될 때에는 9억 5천만, 전체의 약 12.5%를 차지하게 된다.[11]

그뿐 아니다. 미국은 이제 '베이비 부머(Baby Boomer)' 세대가 본격적으로 노인층으로 편입되고 있다. 제2차 세계대전 종전 직후인 1946년부터 미국의 산부인과 병원들은 산모와 신생아를 수용할 병상이 부족할 지경이었다. 이때부터 1964년까지 태어난 베이비 부머들의 현재 나이가 41-59세, 약 7,800만 명으로 미국 전체 인구의 26.9%를 차지한다.[12]

이들은 1년에 총 2조 달러를 쓰며 전체 소비의 50%를 차지하는 큰 손으로 경제를 좌지우지하고 있다. 이들은 2006년부터 은퇴를 시작한다. 이들이 노인 세대로 진입하는 경우 실버산업의 엄청난 팽창과 함께 노인 세대의 활동 영역이 상상할 수 없을 만큼 넓어질 것으로 예측되고 있다.

어떠한가? 미국은 오래 전부터 고령사회를 대비한 사회복지 시스템을 구축해 왔고, 상당부분 이미 그 토대가 이루어졌음에도 불구하고 높은 사회적 관심을 보이면서 다가올 미래를 준비하고 있다. 그런데 우리는 어떠한가?

미국 사회가 어느 정도 노인 문제에 대해 관심이 있는지 알아보자. 미국은 우선 실버세대들 자체가 삶의 질을 추구하는 것에 대해 지대한 관심이 있다. 대체적으로 65세 이상의 노인들이 스스로 은퇴 시기를 결정하면서 은퇴 이후의 제2의 인생을 즐기려고 생각한다. 미국에서는 이러한 신노인들을 2Y2R세대[Too(Two) Young To(Two) Retire, 은퇴하기에는 너무 젊은 세대]라고 부른다. 이들에게 은퇴라는 것은 젊은 시절에 빼앗겼던 시간과 여유를 되찾는 것을

---

11) David P. Gallagher, *Senior Adult Ministry in the 21st Century* (Loveland, Colorado: Group, 2002), 6.
12) 동아일보 (2005. 11. 3).

의미한다.[13] 그 정도로 노년에 대해 스스로 철저하게 준비하고 있다는 것을 반증한다.

정부와 사회 차원의 대비도 철저하다. 우선 노년 세대에 대한 교육이 활발하게 이루어지고 있다. 이들에 대한 교육은 주로 노인의 욕구 충족과 사회 기관의 책임성을 강조하는 사회 교육의 형태와 과제로 정착되고 있다. 사회 교육기관 프로그램의 유형 가운데 한 예로 미시간 대학과 시카고대학이 개발한 퇴직 준비 교육 시리즈가 있다. 이 프로그램은 카운슬링 프로그램과 집단 학습 프로그램으로 구성되어 있다. 또한 미국의 성인 교육협회(AEA)는 다양한 프로그램을 개발하여 실시하고 있다. 대표적인 것이 엘더호스텔(Elderhostel)이다. 이것은 대학 캠퍼스에서 여름 한달 동안 저렴한 비용으로 대학 교육의 기회를 접할 수 있도록 하는 프로그램으로, 참여자들은 한 대학에서 1주 정도 배우다가 다시 다른 대학으로 옮겨 가면서 주로 교양 과목과 문화의 제공, 건강 프로그램 등을 배운다.

복지 차원에서의 대책도 철저하다. 미국에서는 이미 사회복지사(Social Worker), 간호조무사(Certified Nursing Assistant), 가정봉사원(Home Health or Home Care Aide), 개인 보조원(Personal Care Worker) 등 다양한 직종의 전문가들이 세분화되어 노인 케어 현장에 투입되고 있다.

샌프란시스코에 위치한 IHSS(In-Home Supportive Service; 재가지원 서비스)는 노인 케어 가정봉사원들의 교육 프로그램을 제공하는 단체이다. 도움이 필요한 허약한 노인들을 위해 비영리 민간조직 7개 단체가 컨소시엄을 만들어 홈케어 서비스를 펼치고 있다. IHSS는 홈 케어 대상이 될 노인의 선정에서부터 이들을 돌볼 전문가들을 선발, 교육, 훈련시켜 노인 가정에 연결시키고 서비스를 평가하는 역할까지 하고 있다.[14]

13) 전길양, '실버세대들의 신 르네상스를 위하여', **빛과 소금** (2001. 11. 15.): 24.
14) 한국일보 (2005. 6. 1).

거기에다가 미국에서는 노인을 위한 자조적(self-help) 프로그램에 대한 관심이 고조되어 노인 집단 스스로 사회적 고립을 막고 사회에서 역할을 찾아 가도록 돕고 있다. 이를 위해 연방 정부에서는 직장 내에서 노인들의 역할을 도울 수 있는 지침을 제공하고 재취업 프로그램, 직업 찾는 기술, 자아 개념 등을 지도하는 교육을 적극 장려하고 있다. 이밖에도 퇴직 적응 문제, 역할 변화에 따른 상담과 사회 보장, 건강과 의료, 여가 활동, 법적 문제 등에 대한 다양한 학습교육도 실시되고 있다.[15] 한마디로 노인들을 위한 천국과 같은 시스템이 구축되어 있고 이 시스템을 더욱 보강하고 있는 것이다. 그래서 단편적으로 미국의 노인대책을 보려면 미국 내에 산재되어 있는 실버아파트와 실버 전용 병원을 가보라고 말한다. 한번쯤이라도 방문을 해 본 적이 있다면 미국의 노년대책에 대해 감탄하지 않을 수 없는 것이다. 한마디로 삶의 질을 추구하는 노년대책이라 말할 수 있을 것이다.

(3) 초고령사회가 주는 충격

그렇다면 초고령사회는 우리에게 어떠한 영향을 미치게 될까? 특별히 한국 사회에 있어서 초고령사회는 무슨 의미를 던져주는 것일까?

최재천은 그의 책 '당신의 인생을 이모작하라' 를 통해 그 문제의 심각성을 통렬하게 지적한다.[16] 대한민국의 2020년은 65세 이상의 노령 인구가 15세 미만의 유년 인구보다 많아지는 가분수 사회가 될 것이다. 그때가 되면 젊은이 4명이 노인 1명을 부양해야 한다. 이는 미국, 독일, 영국, 프랑스 같은 선진국보다 더 심각한 상태이다.

이러한 초고령사회는 한마디로 동양에서는 한(漢)나라 이래, 서양에서는 로마제국 이래 한 번도 경험해보지 못했던 무서운 신세계(Brave New World)가

---

15) 전길양, 24.
16) 최재천, *당신의 인생을 이모작하라* (서울: 삼성경제연구소, 2005), 11-13.

도래한다는 것을 의미한다.

이렇게 빨리 늙어가는 나라인 대한민국은 이제 '다이내믹 코리아(Dynamic Korea)'가 아니라 '죽어가는 코리아(Dying Korea)'나 '풀죽은 코리아(Depressed Korea)'가 될 것이라고 예측하고 있는 것이다.

고령화 사회로 가는 가장 큰 이유로 생물로서의 기본 임무를 거역하고 있기 때문이라고 지적한다.[17] 즉, 인간처럼 번식을 멈추고도 몇 십년을 더 사는 동물은 자연계 어디에도 없는 것이다.

이러한 고령화 사회의 도래에 대해 이미 학자들은 엄청난 언어를 사용하면서 경고를 해 오고 있다. 코피 아난(Kofi Annan) UN 사무총장은 "인구고령화의 급속한 진전은 시한 폭탄이 되고 있다"고 언급한 바 있으며,[18] 폴 윌리스(Paul Willace)는 고령화의 충격을 지진(地震, earthquake)에 비유하여 연진(年震, agequake)이라고 묘사하고 있다. 그것도 베이비 붐 세대가 퇴직하는 2020년경의 서방세계는 고령화 충격으로 근본부터 흔들릴 것인데, 그 강도가 리히터 지진계로 9도에 이를 것이라고 경고했다.[19]

리히터 지진계로 9도면 2004년의 동남아 지역 참사를 가져왔던 쓰나미 수준을 말한다. 1995년의 고베 지진이 강도 7.3이었는데도 그렇게 지진에 대해 대비를 잘한 일본도 초토화되었었다. 그러니까 9도면 완전 폐허에 이르게 되는 엄청난 파괴력을 가진 지진이라는 것을 의미하는 것이다. 초고령사회가 바로 우리에게 그러한 충격을 가져다 줄 것이라는 예측인 것이다.

초고령사회는 한마디로 전체 사회 구조 시스템 자체가 흔들리는 무서운 충격파로 다가오게 될 것이다. 그러한 날이 불과 20여년 앞으로 다가와 있다는 것이다. 그럼에도 불구하고 정부는 앞으로 아주 먼 날에 다가 올 미래의 어느 장면 정도로만 생각하는지 팔짱을 끼고 있다. 교회 역시 마찬가지이다.

....

17) Ibid., 14.
18) ibid., 21.
19) Paul Wallace, *Agequake; Riding the Demographic Rollercoaster Shaking Business, Finance and Our World* (London; Nicholas Brealey Publishing, 1999), 최재천, 21. 재인용.

초고령사회는 한마디로 사회의 붕괴를 가져오기도 하지만 교회의 붕괴 역시 불 보듯 뻔한 일이다. 저출산의 재앙이 지금 급속한 초고령사회를 몰고 오고 있으며 이 엄청난 비극을 향해 우리는 이미 걷잡을 수 없는 소용돌이 속으로 들어가고 있는 것이다.

(4) 실버사역의 필요성

교회를 포함하여 이 시대가 안고 있는 중요한 과제중의 하나가 저출산 문제와 고령화사회에 대한 대비이다. 어떻게 보면 이 두 가지 문제는 동전의 양면과 같은 일치점을 가지고 있다. 저출산 문제가 해결되면 고령화 문제 역시 완화가 될 것이다. 그러나 저출산 문제가 지금의 상태를 유지하게 된다면 고령화 속도는 더욱 빨라질 것이요, 그로인한 문제는 더욱 더 큰 재앙으로 다가오게 될 것이기 때문이다.

그러나 어찌되었건 노년에 처한 이들을 위한 사역은 이 시대가 끌어 안고 가야 할 너무나도 중요한 사역으로 부각될 것임은 자명한 일이다.

세계는 이미 오래 전부터 앞으로 사회에서의 노인의 중요성과 이를 위한 노인의 교육문제에 관심을 가지고, 1919년 휘셔 보고서(Fisher Report)를 발표하면서 교육이념의 일환으로 '노인교육'이라는 직접적인 과제를 제시하기 시작하였다. 이 보고서는 인간은 한 평생 공부를 계속해야 함을 강조하면서, 그 다원성을 이론화, 체계화하고 있다. 그 후 본격적으로 노인교육의 이론이 학계에서 주목을 끌기 시작한 것은 1965년 유네스코 성인교육추진 국제위원회(International Committee for the Advancement of Adult Education)가 랑그랑(Paul Longhand)의 평생교육이념을 받아들인 데에서 부터이다. 그 후에 1972년 유네스코는 "세계성인교육회의"에서 평생교육의 개념과 원리를 채택하도록 각 국가에 권하였고, 1982년을 "세계 노년의 해"로 정해 노인교육의 중요성을 한층 더 강조하게 되었다.[20]

노인교육에 대한 필요성이 강조되던 그때는 그래도 노인 문제가 전혀 사회적 이슈가 되지 않았을 때이다. 그러나 지금은 이슈의 수준을 넘어 위기와 파국의 단계에 이르러 있다. 당연히 실버사역은 너무나도 소중한, 그러면서도 필수적인 사역으로 부각되고 있는 것이다. 노년 인구가 급격히 증가하면서 노인들을 대상으로 한 사역이 아주 중요한 가치로 떠오른 것이다. 즉, 공동체적인 혈연가족이 소가족화와 핵가족화로 가면서 별거를 지향하며, 이로 인한 세대 간의 심리적, 지리적 거리의 발생, 여성의 사회 진출 증가, 노인 부양의식의 희박화 등이 맞물려 더욱 심각성을 부채질하고 있으며, 거기에다가 사회적 요인으로 평균 수명의 연장, 조기 정년 제도, 노인 질병의 만성화 등으로 인해 노인 문제는 커다란 사회의 이슈로 등장하고 있다.[21]

그럼에도 불구하고 우리나라는 국가적 차원의 노인 정책도 빈약하지만, 교회의 실버사역 역시 미미하기 짝이 없었다. 그동안 한국에서의 실버사역은 그저 수혜를 받는 존재로서의 사역이 주를 이루었다. 더불어 노인에 대한 편견도 분명히 존재했다.

그러나 이제부터는 일방적으로 베푸는 실버사역이어서는 안된다. 실버사역의 패러다임을 바꾸어야 한다는 것이다. 왜 그럴까? 한마디로 시대가 변하고 있기 때문이다. 더 구체적으로 말한다면 실버사역의 대상자가 급변하고 있기 때문이다.

이미 언급한 바 있지만 노인 계층으로 편입되는 사람들의 특성이 변하고 있기 때문에 사역의 방향 역시 패러다임이 변해야만 하는 것이다.

---

20) 서변숙, **노인연구** (서울: 교문사, 1991), 154-155.
21) John R. Rice, *The Home* (Murfreeboro: Sword of the Lord Publishers, 1974), 252.

그런 의미에서 본다면 앞으로의 실버사역은 단지 그들을 돕는 사역이라는 차원을 넘어 어떻게 하면 노년을 아름답게 가꿀 수 있을까, 어떻게 하면 노년의 훌륭한 자원과 에너지를 사회에 재투입할 수 있을까, 그럼으로 인해 노년의 시기를 더욱 알차고 보람되게, 그리고 의미있게 보내도록 할 수 있을까에 초점을 맞추어야 한다.

결국 앞으로의 미래는 이 노년들의 에너지를 어떻게 개발하여 활용하는가에 따라 무지개 빛 사회가 될 수도 있고, 잿빛 도시로 변모할 수도 있다는 것이다. '회색(Grey)의 영혼'들을 통해 '화려한 도시'를 만든다는 말이 전혀 어울리지 않을 듯 하지만 이는 이 시대에 부여된 중요한 키워드라 아니할 수 없는 것이다.

항상 위기는 또 하나의 기회의 때라고 말한다. 초고령사회의 위기가 바로 그것이다. 우리가 실버사역을 제대로 이 땅에 심어가면서 미리 대비를 한다면 초고령사회는 우리에게 또 하나의 기회로 등장할 수도 있을 것이다. 하나님은 항상 '두드리라'고 말씀하신다. 그저 기도만 하고 있을 것이 아니라, 그저 걱정과 염려만 하고 있을 것이 아니라 과감하게 문을 두드리는 행동이 지금은 필요할 때이다. 교회들이 앞장서서 나서야 할 필요가 여기 있는 것이다. 국가와 정부는 정파 이기적이고 권력을 잡는 데만 눈이 어둡다. 미래 사회에 관한한 정부에 소망을 둘 수가 없다. 오직 교회만이 소망이다.

교회는 이제 눈을 떠야 한다. 실버사역이 어느 특정한 교회에서만 시작되어서는 안된다. 모든 교회가 앞으로의 위기를 극복하기 위한 총력 사역을 해야만 한다. 교회는 노년이 되는 신자들이 다른 어떤 세대들보다 필요도 많아지고 부족한 것도 많다는 것을 알아야 한다. 잘 알아야 잘 섬길 수 있다. 그렇기 위해 많은 경험과 전문지식도 갖추어야 한다. 그러면서 노인들이 가지고 있는 놀라운 자원을 잘 개발하여 이 시대를 위해, 그리고 사회를 위해 투자할 수 있도록 도와야 한다. 그래서 이 사회에 활기를 불어 넣어야 한다. 그것이 곧 노년의 성도들을 의미있게 살아가도록 돕는 방법도 된다. 이것이 실버사역을 해야 할 이유이기도 하다.

제2부

노인, 그들은 누구인가?

2. 노인, 그들은 누구인가?

(1) 노인이란 누구인가?

　노인이란 누구를 말하는 것인가? 인간은 누구나 늙어가기 마련이다. 이 때 "늙어간다는 것"은 신체적 쇠퇴, 허약, 무기력, 생리적 기능의 쇠퇴 등을 가리킨다. 이것을 노화(老化, Senescence)라고 부른다.[22]

　노인(老人, the aged, the elderly, older person)이란 용어는 노인관련 문헌에서 후기 성인(later adult, older adult), 노령자(aged person), 장로(elder), 연장자(elder person), 원로(Senior citizen)등 관점에 따라 다양하게 표현된다.[23]

　여기서 노인과 노년과 노화는 구분할 필요가 있다. 노인이란 인간이 어느 시점에서 늙어진 상태인 정태적(情態的) 개념이고, 노년(老年)이란 늙음이 계속

---

22) 윤진, **성인노인심리학** (서울: 중앙적성출판사, 1999), 61.
23) 한정란, **노인교육 교과과정 개발 실천연구** (서울: 연세대, 1991), 15-16.

되는 동태적(動態的) 개념이다.[24] 노화(老化)는 G. S. Hall이 청년기 (adolescence)와 더불어 노년기를 규정할 때 처음으로 만들어낸 개념이다. 티미라스(Timiras, 1972)는 노화를 '생리적 능력의 저하'라고 규정하였다.

노인(老人)을 규정하는 데는 일반적으로 연령을 기준으로 하고 있으며, 현대 산업사회에서도 대부분 65세 이상을 노인으로 규정하고 있다. 그러나 노인을 생활 연령적 측면으로만 규정하는 것은 문제가 있다. 왜냐하면 노화(老化, Aging)란, 신체적(身體的), 심리적(心理的), 사회적(社會的)인 요인들이 복합적으로 나타나는 현상이며, 유전적(遺傳的), 환경적(環境的) 요인에서도 개인차가 있기 때문이다.[25]

1951년 제2회 국제노년학회(The 2nd International Conference of Gerontology)에서는 노인을 ① 환경의 변화에 적절히 적응할 수 있는 조직기능이 감퇴되고 있는 사람 ② 생체의 자체통합능력이 감퇴(減退)되고 있는 사람 ③ 인체의 기관, 조직(組織), 기능 등에 쇠퇴(衰退)현상이 일어나고 있는 시기에 있는 사람 ④ 생체의 적응 능력이 점차로 결손되고 있는 사람 ⑤ 조직의 예비 능력이 감퇴하여 적응이 제대로 되지 않는 사람으로 정의하고 있다.

이러한 견해들은 노인의 개념을 규정하는데 있어서 뚜렷한 기준이 없기 때문에 학자에 따라서 문화적 사회적 배경이나 국가에 따라 많은 차이가 있음을 알 수 있다.

나이에 의해서는 일반적으로 10세 단위로 55-65세를 초로(初老), 65-75세를 중로(中老), 75세 이상을 말로(末老)라고 한다(BL Neugarten). 또, 55세 이전의 나이인 40-55세를 향노기, 55-65세는 초로기, 65-75세는 고년기, 75세 이상을 노년기라고 부르는 학자들도 있다. 그리고 45-60세를 전노기, 60-70세를 노년기, 70-80세를 노쇠기, 80이상을 장수기라고 말하는 학자도 있다.

----

24) 윤진, 61.
25) 차명호, "노인교육 프로그램 모형개발에 관한 연구", 석사학위논문, 명지대학교 사회교육대학원, 1997.

관습적으로는 만 60세를 회갑년으로 하여 노인이 되는 상징적 나이로 생각한다. 법적으로는 65세 이상을 노인으로 노인복지법에 규정되어 있다. 한편 대한노인회 가입연령은 60세로 나타나 있다.[26] 이러한 점을 종합해 본다면 대체적으로 60세 이상을 노인으로 보는 것이 타당할 것이다.

미국의 경우도 노인을 부르는 대상을 어떤 선에서 한정해야 하는지 의견의 일치를 보지 못하고 있다. AARP(정년 퇴직자 모임)는 50세 이상을 노년이라고 한다. 반면 미국 정부의 사회복지부에서는 65세가 되어야 노인으로 인정을 한다.[27]

L.Z. Breen의 정의에 의하면 생리적 및 생물학적인 면에서 퇴화기에 있는 사람, 심리적인 면에서 정신기능과 성격이 변화되고 있는 사람, 사회적인 변화에 따라서 사회적인 관계가 과거에 속해 있는 사람을 노인이라고 부른다.

노년학회의 정의에 따르면 인간의 노화과정에서 나타나는 생리적, 심리적, 환경적 행동의 변화가 상호작용하는 복합형태의 과정을 노인이라고 정의하는데, 구체적으로 살펴 보면 환경의 변화에 적절히 적응할 수 있는 자체 조직에서 결함을 가진 사람, 생활 자체가 자신을 통합하려는 능력이 감퇴되어 가는 시기에 있는 사람, 인체의 기관이나 조직 기능 등에 쇠퇴현상이 일어나는 시기에 있는 사람, 생 자체의 적응이 정신적으로 결손되어 가고 있는 사람, 인체의 조직 및 기능 저장의 소모로 적응 감퇴 상태에 있는 사람을 노인이라고 통칭한다.[28]

성경에서는 에스라 3장 12절, 역대하 24장 15절, 창세기 43장 27절 등에서 나타나는 זקן zaken이라는 단어는 "늙다, 나이 많다, 어른, 노인"이라는 뜻을 가지고 있는데, '수염이 희다'는 뜻으로 60대를 가르킨다. 또 요한복음 3장 4절에서는 γέρων geron이라는 단어를 통해 볼 수 있는데, 자녀 출산이 불가능한 늙은이를 가르키는 말이다. 한편 서원의 예물 규정에서는 60세를 장년과 노

26) 전천혜, '노인, 그들은 누구인가?', *월간 교육교회* (1998. 2): 30.
27) Arnold S. Charles Arn, *Catch the Age Wave* (Grand Rapids, MI: Baker Books, 1993), 27-28.
28) 전천혜, 30.

년의 구분점으로 삼고 있다.

전반적으로 보면 성경에서는 노년까지 산다는 것은 하나님의 축복(창세기 15:15, 신명기 4:40, 5:33, 11:21, 출애굽기 20:12)으로 보고 있으며, 계명을 잘 지킨 자에 대한 하나님의 사랑의 표시(욥기 5:26, 출애굽기 20:12)라고 말씀한다. 더불어 육체적으로는 노쇠하지만 체험적 신앙과 인내로 영적 성숙함에 이르는 시기(고린도후서 4:16)를 노년기라고 말하기도 하며, 영광스러운 존재(잠언 16:31)로, 지혜의 상징(욥기 15:10, 신명기 32:7)으로, 하나님의 소명을 받은 자(창세기 12:1, 출애굽기 3:10)로 표현된다. 그렇기에 노인을 돌보지 않는 민족은 흉악한 민족(신명기 28:50)이라고 말씀한다.

한편, 소설가 '시몬 드 보부아르'가 쓴 책 '노년' 제4장을 보면 노인에 대해 너무나도 그 모습을 잘 묘사하고 있다.[29]

"오늘날에도 노인들의 삶의 조건이 끔찍할 정도라는 사실은 누구나 다 알고 있다. 노인에 대한 사회의 무관심은 언뜻 보기에 놀랍게 느껴진다. 각 집단 구성원들은 노인의 운명은 곧 자신의 미래의 문제라는 것을 알아야 한다. 사적인 생활에서도 자식들과 손자들은 노인들의 운명을 보다 즐겁게 만들려고 애쓰지 않는다. 노인은 예외 없이 더 이상 아무것도 할 수 없는 자이다. 그는 활동이 아니라 다만 현존으로 정의된다. 시간은 그를 하나의 목표-죽음-를 향해 데려 간다. 이 목표는 그의 목표가 아니며 또한 하나의 계획으로 설정된 것도 아니다. 노년은 생물학적으로 혐오감을 불러 일으킨다. 일종의 자기방어로 우리 자신으로부터 노인을 멀리 내쫓는다. 노인의 조건은 어느 정도 아이들의 조건과 대칭을 이룬다. 어른은 아이들과 상호적인 관계를 수립하지 않기 때문이다. 우리 가족들 가운데 '나이에 비해 비범한' 아이에 대해서 이야기 한다거나 역시 '나이에 비해 비범한' 노인에 대해서 이야기 한다면 그것은 우연이 아니다. 이 비범함은 아

---

29) Simone de Beauvoir, *노년; 나이듦의 의미와 그 위대함*, 홍상희, 박혜영 역 (서울: 책세상, 2002).

직 인간이 되지 않았거나 혹은 더 이상 인간이 아니면서도 인간처럼 행동한다는데 있다. 성인들이 노인을 대하는 실제 태도에는 이중적인 특성이 있다. 그들은 어느 정도까지 공식적인 윤리에 순응한다. 공식적인 윤리는 성인에게 노인들에 대한 존경을 강요한다. 그러나 노인들을 열등한 존재로 취급하고, 또 노인들에게 자신이 쇠약하다는 사실을 납득시키는 것이 성인들에게는 유리했다. 성인인 아들은 아버지가 정신적, 육체적 결핍과 서투름을 느끼도록 악착같이 설득한다. 그러면 노인은 그에게 모든 일에 대한 지시권을 물려주고, 잔소리도 덜하게 되며, 자신의 소극적인 역할을 참고 따르게 된다. 만약 여론의 압력이 늙은 부모를 도와주라고 강요하면 이들은 부모를 자기 마음대로 지배하라는 뜻으로 듣는다. 그리고 그들 생각에 부모가 더 이상 혼자 행동할 수 없다고 판단되면 될수록 부모에 대한 자식들의 조심성도 덜하게 될 것이다"(299쪽)

"자신에게 종속되어 있는 노인을 성인은 은밀하고 엉큼한 방법으로 학대한다. 그는 노인에게 감히 공공연하게 명령을 내릴 수는 없다. 솔직히 노인은 복종할 의무가 없기 때문이다. 그는 정면에서 노인을 공격하는 것을 피한다. 그는 노인의 이익을 내세우며 교묘하게 조작한다. 또 모든 가족이 그 일에 공모자가 된다. 노인의 저항은 약해진다. 노인은 그를 마비시키는 친절한 행위에 누그러진다. 가족들은 노인을 조소 섞인 친절로 대하고, 바보 취급을 하면서 말을 걸고, 아픈 말들을 슬그머니 내뱉는다. 설득과 피로 노인을 꺾지 못할 때는 서슴지 않고 거짓말을 하거나 폭력도 행사한다. 사람들은 노인들이 사회가 노인들에게 품고 있는 이미지에 복종하기를 바란다. 그리하여 노인은 특정한 방식으로 옷을 입고 단정한 예의 갖추며 외모에 주의하도록 강요를 받는다."(289쪽)

"오늘날 성인들은 다른 방식으로 노인들에게 관심을 갖는다. 노인들은 개발의 대상이 된 것이다. 특히 미국에서는 병원들, 휴양소들, 양로원들, 심지어 도시나 마을들이 많이 생기고 있으며 이러한 곳에서는 재산 있는 노인들에게 흔히 불충분한 것이기는 하지만 안락함과 보살핌을 위해 가능한 한 가장 비싼 비용을 지불하게 한다. 극단적인 경우 노인들은 분명 패자이다. 그들은 자기 자신이 서있는 위치의 순으로 괴로워한다. 죽음의 진영에서 이들은 첫 번째로 선택된 희생자들이다. 노동할 힘도 전혀 없으므로 이들에게는 어떤 기회도 주어지지 않는다."(299쪽)

"현대의 모든 현상들 중 그 과정에 있어서 이론의 여지없이 확실하며 오래전부터 사전 예측이 가장 용이하고 또 심각한 결과를 초래하는 것은 인구의 노화이다' 라고 소비 (Sauby)는 말하였다." (301쪽)

(2) 노인의 특성

노년기의 특징을 한마디로 말한다면 '노화' 라고 할 수 있다. 노화는 시간이 흐름에 따라 유기체의 세포, 조직, 기관조직, 또는 유기체 전체에 일어나는 점진적인 변화(Beaver, 1883)라고 일반적으로 정의할 수 있다.[30]

1) 생물학적(生物學的) 특성

생물학적 노화는 신체기능(예: 심장기능, 근육활동, 시력 등)이 시간의 경과에 의해 서서히 저하되어 건강 악화를 초래하는 개념으로서 '건강악화' 문제를 야기하여 의료보장 정책에 직접적 영향을 미치는 요인이다. 생물학적 노화는 생물체인 유전인자(DNA) 속에 노화의 속성이 미리 내장(內裝)되어 있다가 적절한 시기에 그 속성이 발휘되어 인체 세포가 서서히 죽어가며 진행되는 것이라는 예측이론, DNA가 단백질을 생성하는 과정에서 유전정보의 기능착오로 인해 노화가 나타난다는 DNA작용 과오이론(Shock, 1977)이 유전학적 이론(Genetic Theory of Aging)에 속한다.[31]

① 신체구조

생물학적 노화가 진행되면서 인체의 지방성분은 증가하고 고형(固形)성분과 수분은 감소한다. 즉 노인이 되면 될수록 지방분은 크게 늘어나는 반면 고형분과 수분은 상당히 줄어든다. 예를 들면 25세의 청년은 수분, 고형성분, 지방이

---

30) 장인협, 최성재, **노인복지학** (서울: 서울대 출판부, 1987), 43.
31) 이인수, **21세기 실버산업과 노후생활** (서울: 양지, 2000), 21.

각각 61, 25, 14%이지만 70세 노인은 53, 17, 30%가 된다.[32] 또한 뼈 속의 칼슘분이 고갈됨으로 뼈가 가벼워지고 밀도도 낮아지게 되어 골다공증이나 관절질환이 생겨 움직임에 제약을 받게 된다. 또한 피부색은 창백해지고 검은 반점이 생기며 메마르며 주름이 생긴다. 뿐만 아니라 피부 신경세포 감소로 추위를 많이 타고 그리고 신장과 체중도 감소되며 치아가 약해지고 빠지는 현상이 나타난다.[33]

② 신체기능

노후에는 침, 소화효소 및 위액의 분비가 감소되어 소화 기능이 감퇴한다. 그러나 전반적으로 보아 소화기능은 노년기까지도 그다지 손상을 입지 않고 잘 유지되고 있다. 노인은 타액(침)의 분비가 감소하고 냄새와 맛감각이 덜 예민하게 된다. 또한 안면근육과 치아가 허약해져서 음식물을 씹는 활동의 효율성이 떨어진다.[34] 그리고 대장근육의 탄력 감소로 인해 변비 가능성이 높아진다. 그 뿐만 아니라 생활하는데 필요한 열량인 기초대사량(基礎代謝量)은 감소하지만 혈액 내 탄수화물 대사율은 연령증가와 더불어 증가하고 특히 인슐린 생성 기관인 비장(脾臟)기능이 저하되어 당뇨병 가능성이 높아진다.[35]

대체로 노인 환자에게 가장 흔히 발견되어지는 6가지 만성질병을 보면 관절염(53%) 고혈압(40%) 청력장애(40%) 심장질환(34%) 시력장애(23%) 그리고 당뇨병(8%)을 들 수 있다.[36]

2) 심리적 특성

정상적인 노화에 따른 지능변화와 노인성 치매증은 하나의 의학적인 진단용

---

32) Ibid., 22.
33) 장인협, 최성재, 57.
34) 윤진, 80.
35) 이인수, 23.
36) 김휘동, "교육목회 이론에 기초한 교회의 노인교육 연구", 석사학위 논문, 장신대학교대학원, 1996, 40.

어지, 늙으면 으레 그런 증세가 있다고 생각하는 것은 잘못된 것이다. 보편적으로 사람은 맑은 정신을 즐기게 되어 있다.

심리적 변화, 즉 과거의 기억을 더듬는데 점점 어려워지고 새 것을 배우는데 약간 시간이 더 걸리기는 하지만, 우리는 평생 배울 수 있는 능력과 지성과 창의성을 개선할 능력을 소유하고 있다. 중요한 것은 '사용하지 않으면 잃는다'는 격언대로 평생토록 배움에 참여하는데 있다. 배움은 또한 가르침을 내포하며 이것은 경험과 생각을 나누는 것을 장려한다. 이는 또한 나이가 들어감에 따라서 나눌 것이 점점 더 많아지고 자신을 배우는 사람인 동시에 가르치는 사람으로 여길 필요가 있다.[37]

노화는 심리적 변화를 초래한다. 노화의 심리적 측면을 크게 감각적 측면(Sensory aspect), 지각적 측면(intelligent aspect), 그리고 정서 및 성격측면(emotion and personality aspect) 등 3개의 영역으로 나누어 생각해 볼 수 있다.

① 감각적 측면은 인체 생리적 기능 중 심리상태에 의해 크게 영향을 받는 부분으로서 시각, 청각, 식욕, 성욕, 미각, 후각, 속도감 등이 이에 속한다.

② 지적 측면은 직장생활이나 사회적 역할에 영향을 미치는 정신적 기능으로서 지능, 기억력, 학습능력, 사고력, 문제 해결 능력, 창의력, 동기(motivation) 그리고 운전능력이 이에 속한다.

③ 정서 및 성격은 직장생활이나 사회적 역할 뿐 아니라 더 나아가 대인관계, 가족 내 지도력, 사회성에 영향을 미치는 심리적 기능이라고 본다. 또한 이러한 특성은 노년기의 심리적 적응과 직결된 연관성을 갖는다.[38]

성공적인 노화(Successful aging)를 추구하는 인간은 어떻게 최대의 인생만족을 누리며 인생을 마칠 수 있을까 하는 것이 최대의 희망이요 과제이기도 하다. 즉 건전한 노화는 만족스러움을 느끼고, 사랑을 주고받으며 뜻하는 바를

---

37) 장대숙, **노인학의 이론과 적용** (서울: 한국장로교출판사, 1998), 140.
38) 이인수, 25.

성취하고 소망을 가지며 미래에 대한 감각을 지니는 것이다. 다시 말하면 삶에 활기를 띠고, 매일의 생활에서 의미와 목적을 발견하고 마지막 순간까지 자신의 목적을 추구함을 말한다. 건전한 노화에 대한 이러한 정의는 심리적인 건강 상태를 말하고 있다.

노년기(老年期)에 나타나는 일반적인 특성은 부정적(否定的)인 성향이 긍정적인 면보다 더 강하다. 그래서인지 노인(老人)들에 대한 젊은 층의 통념(通念)들도 부정적인 면이 많은 것 같다.

한편 노년기에 나타날 수 있는 일반적인 심리적 특성들로는 다음과 같은 것들이 있다.

① 소외감과 고독감

노년기에 접어들면 얻는 것보다 잃어버리는 것들이 더욱 많다. 예를 들면 건강을 지탱하는 여러 가지 신체적인 기능들의 쇠퇴로 인한 건강의 약화, 그것에 기인해서 다가오는 쓸모없는 존재라는 자기비하, 가정과 직장에서의 지위의 상실을 비롯해서 '의미 있는 타인(Significant others)'들과의 소외에서 오는 자신감과 자존감의 상실이다. 이것은 다른 어떤 사건보다 더 큰 정신적 갈등을 가져오게 하며 때로 이러한 일로 인해 노인들에게 심리적인 소외감과 고독감을 가져다주는 주된 요인이 되며 때로 이것이 노년기에서 가장 흔하게 나타나는 정신적 질환인 우울증(depression)을 유발하기도 한다.[39]

② 소극적인 성향의 증가

사람은 어떤 대상이나 상황에 대해 얼마나 자신을 나타내려 하고 참여하는가의 문제를 '자아 에너지 투입'이라고 한다. 연구에 의하면 노년기에 이를수록 '자아 에너지 투입'이 소극적이고 그 강도가 점차 감소된다고 한다. 즉 어떤

39) 유시욱, "신앙발달 관점에서 고찰한 노인신앙교육에 관한 연구", 석사학위논문, 장신대학교대학원, 1994, 57.

상황이나 대상에게 자신의 감정과 주관적 생각을 적극적으로 개입시키지 않으려고 하며 자신의 생각을 주장하는 일에 지구력과 적극성이 약해질 뿐만 아니라 새로운 일에 도전하기를 주저한다는 것이다.

따라서 어떤 문제에 적응하는 방식이 능동적이지 않고 매우 수동적이며 때로는 무사 안일하거나 방임적이고 신비롭고 막연한 것에 기대하는 경향을 보인다는 것이다. 그리하여 노인들은 사물의 판단과 활동방향을 외부보다는 내부로 돌리는 행동양식을 보이게 된다. 이러한 성향을 갖게 되는 주된 원인이 노화되는 과정에서 일어나는 신체적 기능과 인지 능력이 감퇴되기 때문이며 사회적 역할과 활동이 약화되고 줄어들기 때문으로 본다.

3) 성격적 특성

중년기를 넘어서면서 노년기에 진입하게 되면 여러 가지의 성격적 특성이 나타나게 된다. 그 중의 중요한 것들 가운데는 다음과 같은 것들이 있다.[40]

① 우울증의 증가

배우자 사망, 가족관계의 변화, 경제적 수입의 감소, 사회적 역할 상실, 신체적 건강 수준, 소외 및 고립감 등으로 우울증이 증가하는 경향이 있다.

② 내향성 및 수동성의 증가

나이가 많아짐에 따라 사물에 대한 판단의 기준을 자기의 내면적인 데 두는 내향적인 경향이 나타나며, 타인의 도움을 받거나 다른 사람이 해 주도록 내버려 두거나 우연에 맡기는 수동적인 태도를 가지는 경향이 있다.

③ 성 역할 지각의 변화

나이가 많아짐에 따라 남성은 여성적인 부드러움을 보이는 반면, 여성은 남성적인 공격성과 권위적인 특성을 보이는 경향이 있다.

---

40) 윤진, "노년기의 심리적 특성", 윤경남 외, **노년학을 배웁시다** (서울: 홍성사, 1993), 120-123.

④ 경직성의 증가

나이가 많아짐에 따라 새롭고 효과적인 방법이 있음에도 불구하고 자기에게 익숙해 있는 방식으로만 문제를 해결하려는 경향이 있다.

⑤ 조심성의 증가

노인이 될수록 모든 사물에 대한 판단과 행동에 있어서 매우 조심스럽게 하려는 경향이 있다.

⑥ 친근한 사물에 대한 애착심

노인이 될수록 오래 사용해 오던 친근한 물건에 대한 애착심이 커진다. 많은 경우 실용성이 없고 가치가 없는데도 그것을 자기 가까이에 두려고 한다.

⑦ 후세에 유산을 남기려는 경향

노인이 되면 자기의 생명이 유한한 것을 자각하고, 자기가 왔다가 간 흔적을 후세에 남기려고 한다. 자녀, 재산, 예술품, 제자 양성, 지식, 교훈(영적인 지식), 아름다운 기억 등을 남기려 한다.

⑧ 인생 회고 과정 및 일생 정리

노년기에 생의 시간이 얼마 남지 않았음과 죽음이 가까움을 지각할수록, 지나온 생을 되돌아보고 회상하려는 경향이 있다. 이러한 과정을 통하여 특정 일에 대하여 응어리졌던 감정을 해소할 수도 있고, 다가오는 죽음을 평온한 마음으로, 또 실패와 좌절에 대해서도 담담한 자세로 임할 수 있다.

⑨ 시간 전망의 변화

중년기를 넘어서 노년기에 접어들수록 사람들은 자기 일생을 보는 시간 개념이 바뀌는데, 지금까지 살아온 시간을 계산하는 것보다 죽음까지 앞으로 남은 시간을 계산하는 경향이 생긴다.

4) 사회적 특성

인간은 각자 고립되어 살아가는 것이 아니라 다른 인간(가족, 이웃, 지역사회, 교회공동체, 국가, 사회구성원)과 서로 관계를 맺으며 살아간다. 그래서 인간은 사회적 존재이다. 그러므로 사회란 상호작용을 하는 인간들의 무리 또는 생활 공동체가 된다.[41]

따라서 인간은 전 생애를 통하여 사회의 문화를 배우는 과정 즉 사회화(Socialization)를 경험한다.[42] 하세가와 다모쓰는 "끊임없이 배우는 사람은 계속 성장하므로 노화는 오지 않는다"[43] 라고 하였고 메트랜드(D. Maitland)는 "노인들이 나이에 맞는 사람이 되고 또 젊은이들에게 유익한 사람이 되기 위하여 새로운 배움이 필요하다"라고 하였다.[44]

커밍(Cumming. E)과 헨리(Henry. W)는 노인은 사회적 상호관계에서 역할, 활동, 그리고 자아투입(ego investment)의 양이 크게 줄어든다고 주장했다. 신체적 활력의 쇠퇴는 물론 정년퇴직, 사회적 활동의 축소, 그리고 배우자의 죽음 등으로 인하여 가정적, 사회적 역할도 감소한다. 그리하여 노인은 모든 적극적인 활동으로부터 심리적 에너지를 거두어들이며, 이것이 '정상적이며 성공적인 노화과정' 이라고 규정했다.[45]

사회학자 알렉스 인켈(Alex Inkels)은 인생의 주기를 4단계(유아기 및 초기 아동기, 후기 아동기 및 사춘기, 성인기, 노년기)로 나누고 각 단계에서 발생하는 사회화를 분석하였는데 노년기에서, 사회화의 주체자 및 대상자의 관심이 지배적이 되는 사회화의 주요 논점(main issue)은 새로운 기술과 습관의 변화를 익히는 것이고, 사회화 과정에서 가장 중요한 역할을 하는 사회화의 기관들

---

41) 한국산업연구회, *새로운 사회학 강의* (서울: 미래사, 1992), 23.
42) D.K. Harris & W. Cole, *sociology of aging, 노년사회학*, 최신덕 역 (서울: 경문사, 1995), 122.
43) Hasegawa Tamosu, *이 사람아 노년에 무슨 재미로 사나?*, 성동석, 김수진 역 (서울: 한국장로교출판사, 1996), 37.
44) D. J. Maitland, *노년의 삶은 아름답다*, 이종복 역 (서울: 성서연구사, 1994), 4.
45) Cumming E. & Henry N., *Growing old: The Process of Disengagement* (New York: basic Book, 1961).

(the agents of socialization) 은 또래 집단(예: 교회, 노인정, 노인 대학 등)이며, 이들 기관들이 성공적인 사회화를 위하여 수립해 놓은 목표들(the objectives)은 노인들이 새로운 지위를 수용하도록 돕는 것이다.[46]

사회적인 차원에서 "대체로 노인들은 고독하고 가족으로부터 고립되어 있다."는 통상적인 관념이 더 이상 적용되지 않는 때가 되었다. 사회적인 관계가 줄어들고 새로운 인간관계를 맺는 것이 점점 어려워지고 있지만, 아직도 노인들에게는 가족들이 인간관계의 기본적인 제도로 되어 있다.

노후에 이르러 자녀와 가족을 떠나는 것은 ① 노인과 자녀의 기본적 사회학적 변인, ② 중간 요인, ③ 동거, 별거 결정의 순서에 따라 인과관계의 흐름(pathway of Causal Relationship)에 의해 파생되는 함수관계로 정의된다.[47]

기본적인 변인에는 노인과 자녀의 거주 지역(도시 혹은 농촌), 연령, 교육수준, 성(남, 여), 결혼상태가 포함되며 중간요인에는 경제상태, 건강상태, 자녀의 별거 선호도, 동거 가능한 자녀의 수를 포함한다. 자녀와의 동거, 별거를 결정하는 과정의 중간 요인 중 자녀와의 별거선호도를 설명할 수 있는 이론은 "역할에 의한 상호교환"이론이다.[48] 역할에 의한 상호교환의 이론에서 본다면 노부모와 자녀는 함께 살면서 가사노동이나 정서적 부양제공, 또는 자손의 양육효과 등의 상호 역할 분담을 교환하면서 제공과 보상이 평형을 이룰 때 최대한의 만족을 이루며 함께 살 수 있다. 이러한 상호 교환의 균형이 허물어지면 세대 간의 갈등이 시작되어 별거를 선호하는 심리적 반응의 주된 원인이 된다.[49]

46) 여성구, "교회의 노인교육을 위한 이론 및 실제연구", 석사학위논문, 목원대학교대학원, 1997.
47) Casterline J., "Difference in the living Arrangement of the Elderly in Four Asian Countries", *PSA research Report Series*, No.91-10, 1993.
48) Atchley R., *Social Forces in Later Life* (Belmont, Calif.: Wadsworth Pub. Co., 1972).
49) 이인수, 77-78.

5) 종교적 특성

종교는 경험적인 자연의 질서와 초경험적, 초자연적 존재 질서간의 차이점을 구별하는 것이고 성(聖)과 속(俗)을 구별하여 궁극적 권위와 가치를 갖는다고 인정되는 것과 그렇지 않은 것을 구별하는 것 등으로 정의된다.[50] 즉 초월성, 성스러움, 궁극성을 강조하는데 이러한 기준들이 상호 보완되어야 종교적 의미에 가깝게 된다.

즉 종교는 하나님과 나와의 관계를 발견한다. 그 하나님께 마땅히 내가 섬겨야 할 바를 섬기고 알바를 알고 우리에게 주어진 사명, 책임을 다할 줄 알아야 한다는 것이다. 그래서 인간은 먼저 종교적인 존재가 된다. 또 신이 우리에게 원하시는 바를 계시했고 알려주었다. 동시에 우리 인간은 신이 계신 것을 믿을 뿐 아니라 신이 자기의 원하시는 바를 계시하신 것을 받으실 수 있는 존재 즉 신의 형상으로 지음 받은 존재임을 전제한다. 이것이 종교의 삼대 요소이다. 즉 신의 존재, 신의 계시, 신의 형상으로 지음 받은 인간이 하나님의 계시를 받을 수 있는 것을 생각해야 종교가 성립되는 것이다. 우리는 하나님과의 관계 속에서 자아를 발견한 사람, 적어도 하나님과의 관계를 발전시키려고 하는 사람들은 그 속에서 인생으로서 가장 보람 있는 길을 택하고 보람 있는 삶을 살아야 한다고 생각한다.[51] 어느 연구 조사에 의하면 종교와 영성이 육체적, 심리적, 사회적인 면에서 노년기 사람들에게 지대한 영향을 미치며, 따라서 영적 차원이 부분적인 것을 한데 묶거나 전체 삶의 복리를 이루게 하는 핵심이라는 지론을 뒷받침하고 있다. 영성의 중요성을 인정하는 가운데 과학자들과 신학자들이 영성과 노화에 대한 연구를 깊이 있게 진행하고 있다. '영성'에 대한 일반적인 정의는 "삶의 목적을 찾으려는 인간의 소원"이라고 말한다.[52]

종교의 기능에는 심리적(개인적) 기능과 사회적(집단적) 기능이 있다. 종교

---

50) W. R. Comstock, *종교학*, 윤원칠 역 (서울: 전망사, 1983), 37.
51) 이근삼, *개혁주의 신앙과 문화* (서울: 영문, 1991), 269, 273.
52) 장대숙 142.

를 가진 노인들에게 심리적 기능은,

　① 임박한 죽음을 편안하게 맞이하도록 돕는다.

　② 생활의 의미와 중요성을 느끼고 발견하게 해준다.

　③ 각종 상실감을 큰 충격 없이 받아들이도록 해준다.

　④ 보상적인 가치(선행)를 발견하게 하도록 권장한다.

　또한 후자인 사회적 기능을 가진 노인들에게는 모든 연령층을 사귀게 해줄 뿐만 아니라 사회적 상호작용의 기회를 제공하여 소외감을 감소시킨다.

　따라서 종교활동에 잘 적응된 사람들이나 또는 종교 활동에 많이 참여하는 사람들은 노년기에도 사회에 잘 적응하며[53] 종교를 가진 노인들은 그렇지 않은 노인들 보다 더 밝게 생활한다는 의미이며,[54] 위를 통해 볼 때 종교가 노인들의 생활 만족도를 높여준다는 것을 알 수 있다.

　즉 종교는 성공적인 노화와 삶의 의미를 찾는데 도움을 주며, 죽음에 대한 긍정적인 수용과 함께 노년기의 상실감을 인정할 수 있는 심리적인 안정감을 제공한다.[55] 그러므로 노인들에게 종교 활동은 대단히 중요함을 알 수 있다.[56]

6) 노인이 갖는 4가지의 고통(四苦)

　노인들이 갖는 4가지의 고통이 있다. 그것은 빈곤, 질병, 역할 상실 그리고 고독이다.[57] 우선 빈곤의 문제는 노후대책의 부재로 나타난 결과이다. 그렇다고 국가적 지원도 부실하다. 이로 인해 정신적, 육체적 문제에 미치는 후유증은 심각하다 할 것이다.

　두 번째로 노인들은 질병의 고통을 겪게 된다. 따라서 노인들의 건강 문제는 노후 대책을 위한 경제 문제와 더불어 노후생활에 절대적으로 중요한 요소이

---

53) D. K. harris & W. Ecole, 276.
54) 이기옥, **노년을 멋지게** (서울: 정우사, 1992), 52.
55) 장현, 이철우, "노인생활 만족도에 관한 시간적 차원의 연구", **한국노년학회지** (1996, 16권 2호): 139.
56) 여성구, 35-38.
57) 김종렬, '21세기 목회와 가정사역: 실버사역을 중심으로', **가정과 상담**(2004. 6): 39-40.

다.

세 번째는 역할 상실로 모든 노인에게 공통적으로 나타나는 현상이기도 하다. 역할이란 개인이 그가 속한 공동체 속에서 자기의 임무를 감당했을 때 소속감 내지 정체성을 갖게 되고 자신의 존재 가치를 인정받게 되는 것이다. 그런데 퇴직으로 인해 모든 것을 박탈당하게 되는데 이로 인한 심리적 상실감은 심대하다 할 것이다.

여성의 경우도 가사권을 며느리에게 넘겨주면서 나타나는 역할 상실 역시 소외감으로 연결되기도 한다. 이러한 역할 상실은 노인들의 신체 건강 및 정신 건강에 악영향을 끼치게 된다.

네 번째는 고독의 문제이다. 노인들의 소외와 고독은 앞서 언급한 세 가지의 문제와 직결되어 있다. 특별히 노인들의 역할 비중이 저하되면서 주위 사람들과의 의미있는 관계를 맺지 못함으로 인해 노인들은 소외감과 함께 고독감을 느낄 수 밖에 없다.

어떻게 보면 노인 문제를 해결하는데 있어 가장 큰 비중을 두어야 하는 포인트가 바로 이 소외와 고독의 문제를 해결하는 것이라 할 수 있다.

(3) 성경에서 본 노인

1) 성경에서 바라 본 노년

구약성경에 노년과 관련된 말씀은 약 250여 곳에서 사용되어지고 있다.[58] "내가 장수함으로 저를 만족케 하며(시편 91:16)"라고 하셨다. 하나님께서 사람에게 회개할 오랜 시간, 봉사할 오랜 시간, 가족의 위안을 누릴 수 있는 오랜 시간을 주시는 것은 큰 축복이다. 성경에서 가장 오래 살았던 므두셀라가 969

---

58) 이은규, "성경에 나타난 노년의 생애", **목회와 신학**(1994.5): 61.

세(창세기 5장) 살고 죽고, 야렛은 962세, 노아는 905세(창세기 7:6) 에노스도 950세, 아담은 930세(창세기 5:5), 셋은 912세, 게난은 910세, 마할랄렐이 895 세로 창세기 5장과 11장에 등장하는 인물들이 누렸던 믿을 수 없을 정도로 불멸에 가까운 수명이다. 그 후 에녹이 365세(창세기 5:27), 아브라함 175세(창세기 25:7), 야곱이 147세(창세기 47:28), 여호야다가 130세(역대하 24:15),[59] 모세 120세(신명기 24:7), 요셉이 110세(창세기 50:22)에 죽었다. 어쨌든 모세 이후 명시적으로 100세 이상을 산 사람은 두 세 사람 정도로 그 수가 매우 적어진 것을 성경을 통해 볼 수 있다. 모세는 눈이 흐리지 아니하였고 기력이 쇠하지 아니하였다. 모세의 후계자 여호수아도 나이 많고 늙어서 110세에 죽었다고 기록되었다.

구약과 신약시대에 인간의 평균 수명은 정확히 말하기 어려우나 구약의 경우 유다 왕들의 연령을 기준으로 할 때, 44세 정도로 추측할 수 있다는 의견이 있다.[60] 다윗 왕이 나이 많아 죽을 때 70세였고(사무엘하 5:4-5), 유다 왕으로 55년이란 가장 오랜 기간 동안 통치한 므낫세가 67세로 자연사했다(열왕기하 21:1-18).[61]

성경에는 사람을 유년기, 청년기, 장년기, 노년기의 네 단계로 나누며(예레미야 51:22) 장년기에서 '노년기'로 바뀌는 시기는 60세로 간주되었다(레위기 27:1-8; 시편 90:10). 남녀 공히 60세가 지나면 은퇴한 것으로 평가한 것은 가능한 추측이다. 따라서 60세에 노인이 되고 70세에 백발, 80세이면 특유의 힘이 있는 것이고, 90세에는 구부러지고 100세는 거의 죽은 것이나 다름없다. 이 사실은 "60세는 장년, 70세는 오래 산 것이고, 80세는 고령이고, 90세는 아주 고령이다"라는 바벨론 사람들의 견해와 비교될 수 있을 것이다. 성경은 인간 수명의 한계는 일반적으로 120세(창세기 6:3)로 제한하고 있으며, 모세는 "우

---

59) 유다의 요하스 왕 때의 대제사장 주전 840-801년
60) H. W. Wolff, *Anthropologie des Alten Testaments' Kaiser Verlag. 3 Auflage, 구약성서의 인간학*, 문희석 역 (경북: 분도출판사, 1976), 210-223.
61) 장인협, 최성재, *노인복지학* (서울: 서울대학교 출판부, 1993), 13.

리의 연수가 70이요 강건하면 80이라(시편 90:10)"고 했다.[62]

2) 성경에서 본 노년에 대한 이해

노인에 대한 구약성경의 용어 가운데 가장 일반적으로 쓰이는 זָקֵן zaken(창세기 48:10, 사무엘하 19:32, 욥기 12:20, 32:9, 시편 72:18)은 '수염이 희다' 는 뜻을 가지고 있으며, שֵׂיבָה seybah(창세기 15:15, 열왕기상 14:4, 창세기 42:38, 시편 71:81)는 '흰머리' 라는 뜻을 가지고 있으며, יָשִׁישׁ yashiysh(욥기 15:10, 29:8)는 '나이 많은 자, 후들린다' 는 뜻을 가지고 있다.

그러므로 구약성경에서는 주로 노인을 모발 및 수염이 희어지고 기력이 쇠퇴한 세대를 지칭하고 있다. 즉 '나이 들어 존경할 만한', '덕망 있는'(욥기 12:12) 뜻으로 노인을 공경의 대상으로 삼아야 할 것을 의미하고 있다. 그러므로 구약성경을 중심한 히브리어에서는 주로 노인을 모발 및 수염이 희어지고 기력이 쇠하여지는 60~80대를 지칭하고 있다.[63]

신약성경에서는 노인을 말하는 γέρων geron (요한복음 3:4)은 '자녀 출산이 불가능한 늙은이', γηρας geras(누가복음 1:36)는 '고령자', πρεσβύτης presbutes(누가복음 1:18, 디도서 2:2, 빌레몬서 1:9)는 '늙은이', '연장자' 를 뜻하고 있다. 그러므로 신약성경에서는 노인을 자녀 생산의 능력이 없는 생리적 노령과 연령적으로 연장자를 말하고 있는 것이다.[64]

사무엘은 말년에 "보라, 나는 늙어 머리가 희었고…"(사무엘상 12:2)라고 말하고 있다. 흰 머리와 함께 노년은 시력, 청력, 미각과 치아의 상실과 함께 기운이 약해져서 지팡이에 의지하게 되고(스가랴 8:4), 불면증, 걱정, 욕망의 감퇴를 경험하며 고독과 소외의 두려움(시편 71:9)을 느끼게 된다.

---

62) 박영호, "노인복지에 대한 성경의 이해", *가정과상담* (2002. 12): 13-14.
63) 이은규, "노인목회를 위한 노년의 삶", *가정과상담* (2002. 12): 24-25.
64) H. W. Wolff, 216.

전도서에서 노년의 죽음에 이르는 쇠약의 과정을 시적으로 비유하고 있는 것은 매우 인상적이다(전도서 12:1-8). 전도서 12:6-7에 "은줄이 풀리고 금줄이 깨어지고 항아리가 샘 곁에서 깨어지고 바퀴가 우물 위에서 깨어지고 흙은 여전히 땅으로 돌아가고 신(神)은 그 주신 하나님께로 돌아가기 전에 기억하라"는 말씀은 청년들에게 노년의 실상을 깨우치면서 창조주를 경외하며 살아야 할 인생의 지혜를 깨우치고 있다.[65]

또한 이스라엘의 하나님은 약자와 과부의 보호자시며 하나님의 백성이 그당시 유다 사회의 제반 제도적 붕괴와 함께 노년의 부모를 멸시하는 잘못이 지적되고 있다(에스겔 22:7). "그들이 네 가운데서 부모를 업신여기며 네 가운데서 나그네를 학대하였으며 네 가운데서 고아와 과부를 해하였도다."

한편 고대 중동 세계와 성경의 문화권에서 노인은 인생을 살아온 그 경험과 지혜 때문에 존경을 받는 것도 사실이다(욥기 12:12, 32:7).[66] 이스라엘 사회에서 노년을 배경한 장로의 직분은 매우 중요하다. 성경은 노년이 죽음과 상실의 단계이기도 하지만 그것뿐만 아니라 노년은 인생 노정의 복된 순례의 사람들에게 존경을 받고 또 해야 할 사명이 있는 시기임을 깨우치고 있다.

먼저 "너는 센머리(히브리어로 שֵׂיבָה seybah) 앞에서 일어서고 노인의 얼굴을 공경하며, 네 하나님을 경외하라. 나는 여호와니라"(레위기 19:32)고 명령한다. "네 부모를 공경하라 그리하면 너의 하나님 나 여호와가 네게 준 땅에서 네 생명이 길리라"(출애굽기 20:12, 신명기 5:16, 에베소서 6:1-3)라고 십계명의 제 5계명에 그 뿌리를 두고 있다.

독일 학자 베른하르트 랑(Bernhard Lang)이 '네 부모를 공경하라' 는 십계명의 의미는 결코 사춘기나 반항하는 미성년 자녀들을 부모의 권위 아래 두려는 것이 그 일차적인 의미가 아니라, 오히려 이 계명의 핵심은 늙은 부모를 모시는 성인 자녀들을 겨냥한 것이며, 성경문화권에서 부모를 '공경한다' (히브

65) 대한예수교장로회총회교육원, **한국교회와 노인목회** (서울: 한국장로교출판사, 1995), 47-48.
66) D. J. Wisemann, *Age, old Age in the Illustrated Bible Dictionary* (Illinois: Tyndale, 1980), 20.

리어로 ᄀᄀ'ᄀ kabad)의 동사의 뜻은 노년의 부모를 특히 밝힌 것은 옳은 지적이다.[67] 그런데 성경에서 노인이 존경받는 것은 단순히 흰머리나 흰 수염 때문이 물론 아니다. 존경받는 백발도 있고 존경받지 못하는 백발도 있다.

"백발은 영화로운 면류관이니 의로운 길을 걸어야 그것을 얻는다"(잠언 16:31)는 것이 성경의 가르침이다.

이상에서 살펴본 대로 노년의 특징은 분명히 사회적으로나 개인적으로 정신적 육체적인 쇠약과 은퇴의 단계를 가리킨다. 생물학적인 노년의 삶은 전도서의 비유와 같이 허무한 것일 수 있다.

그럼에도 신학적인 관점에서 이해할 때 노인의 백발은 약속된 하나님의 은총의 성취이며, 하나님이 주신 복으로 인식된다. 하나님과의 관계 안에서 영위되는 노년의 삶은 가치 있고 존귀하며 존경의 대상이 되는 것이다.[68]

3) 성경에 나타난 노인의 유형

① 모세

• 지도자로서의 삶

모세의 120세(신명기 34:7) 생애 중 특별히 그의 노년을 고찰해 보면 그의 삶은 지도자로서의 삶을 살았다는 것을 쉽게 찾아볼 수 있다. 그런 모세의 노년의 인생은 자기 민족을 섬기는 삶이었다. 자기 민족이 때로는 원망하고, 불평하고, 돌을 던지고, 그리고 반기를 들었지만 그는 죽기까지 자기 백성을 섬기는 삶을 살았다. 모세의 노년의 삶을 근접해서 분석해보면 모세가 민족의 지도자로 부름을 받은 것은 하나님에 의해서이며, 하나님이 모세를 부르시기 전 이미 지도자로서의 자질을 갖추도록(사도행전 7:22) 섭리하셨다.

---

67) Bernhard Lang, *Alersversorgung in der Biblischen welf* (1980)
68) 대한예수교장로회총회교육원, 49.

즉, 축적된 경험과 지혜를 활용할 기회를 모세에게 주신 것이다. 모세에게 하나님이 이러한 기회를 주시지 않으셨다면 모세의 생애는 무의미했을 것이다.

• 후계자를 세워 양육하는 삶

주님께서 모세에게 이르시기를 이 아바림 산으로 올라가 이스라엘 백성에게 "내가 이스라엘 백성에서 주는 땅을 바라보아라. 그 땅을 보고 나면 너의 형 아론처럼 앞서간 겨레에게로 돌아가게 되리라." 모세가 주님에게 아뢰었다. "모든 살아 있는 것들에게 숨을 불어 주시는 주 하나님 회중을 거느릴 사람을 세워주십시오. 주님의 회중을 목자 없는 양떼처럼 버려두지 마십시오"라고 간절히 기도할 때, 주님께서는 모세에게 대답하셨다. "눈의 아들 여호수아는 정기가 있는 사람이니 그를 데려다가 손을 얹어라. 그리고 엘르아살 제사장과 온 회중 앞에 내세워 모두들 보는 가운데 임관식을 치러라. 그리고 너의 직권을 그에게 물려주어 이스라엘 백성의 온 회중으로 하여금 그에게 복종하게 하여라.

모세는 여호수아에게 자기 권위의 일부를 나누어주고 지금까지 해온 일을 계속하게 하고 모세는 자기의 계승권을 유보해 두지 않으며 여호수아나 그의 권위에 대해 질투를 느끼지도 않는 훌륭한 지도자이다.[69]

• 존경받고 가르치고 축복하는 삶

뿐만 아니라 모세가 죽은 후에 이스라엘 백성이 그를 위해 삼십일을 애곡한 것(신명기 34:8)을 보면 이스라엘 자손으로부터 모세가 존경을 받은 것은 분명하다. 또 신명기 32장과 33장에 나오는 모세의 고별설교와 축복을 보면 모세의 노년의 삶이 가르치는 삶과, 타인을 축복하는 삶이라는 것을 알 수 있다. 더욱이 신명기 34장 1-53절은 에릭슨(Erikson)이 말하는 '삶이 잔인하다'[70]고

---

69) Louis Alonso Seckel, **노년, 희망이 있어야합니다** (서울: 가톨릭출판사, 1999), 63.
70) 이은규, **양육하는 공동체** (서울: 한국문서선교회, 1991), 87-88.

느낄 수밖에 없는 순간이지만, 모세는 영적 성숙으로 그 순간을 극복했고, 120세가 되었어도 눈이 흐리지 아니하고 기력이 쇠하지 아니한(신명기 34:7) 노년의 삶을 살았다.

② 다윗

• 회개의 삶

다윗이 맞이한 노년기의 삶은 참으로 부유했고 존경을 받았다(역대하 29:28). 그는 30세에 왕이 되어 40년 동안 다스렸다(사무엘하 5:4-5). 하지만 그의 생의 후반부는 왕위 계승을 둘러싼 싸움으로 어두웠던 시기도 있었다.

열왕기상 1장에 솔로몬과 아도니야의 싸움을 끝으로 왕위가 솔로몬에게 계승되었지만 그 과정이 다윗에게는 멀고 긴 여정이었다. 그 과정에는 압살롬이란 아들과 전쟁을 해야 했고, 사랑하는 아들을 잃는 아픔도 있었다(사무엘하 18장).[71] 그 원인이 우리야 장군을 죽이도록 한 것과 그의 처 밧세바와 동침한 죄 때문이라는 사실을 알고 다윗은 시편 51편의 고백처럼 처절한 회개의 삶을 노년까지 계속 했을 것은 자명한 사실이다.

• 타인을 위한 삶

또 역대상 22장 5절은 다윗의 노년은 하나님의 성전을 짓기 위한 준비의 삶이었음을 보여준다. 이런 삶은 결코 자신을 위한 삶이 아니라 자식을 축복해주기 위한 삶인 것이다. 이렇듯 노년의 삶은 자신보다는 타인을 위한 삶이다.

• 교육하는 삶

다윗은 솔로몬에게 주는 유언을 통해 "네 하나님 여호와의 명령을 지켜 그 길로 행하여 그 법률과 계명과 율례와 증거를 모세의 율법에 기록된 대로 지키

---

71) 이은규, "성경에 나타난 노년의 생애유형", **목회와 신학** (1994, 5): 66.

라. 그리하면 네가 무엇을 하든지 어디로 가든지 형통할지라"고 가르친다(열왕기상 2:1-9). 다윗은 노년의 때야말로 하나님을 의지하는 것이 삶의 원동력이라는 사실을 이론적으로만 아니라 체험적으로 이미 터득했던 것이다. 때문에 "노년이 하나님의 뜻을 전달하는 중보자의 역할을 담당할 수 있는 놀랄만한 위치에 있었다"[72]는 것은 새삼스러운 일이 아니다. 마지막까지 다윗처럼 가르치는 삶을 사는 것이 아름답다.

③ 시므온과 안나

• 시므온

누가복음 2장 21-40절에 시므온이란 할아버지와 안나라는 할머니의 삶이 나타난다. 시므온의 삶은 의롭고 경건한 삶으로 누가복음 2장 25절에 소개된다. 시므온이 존경받는 삶을 살았다는 것을 추측하는 것은 그렇게 어려운 것이 아니다.[73]

시므온은 구약성서와 신약성서의 두 쪽 모두에 속하는 인물이다. 왜냐하면 두 선이 정점에서 하나로 만나듯이 신구약성서가 시므온을 통해서 하나로 만나기 때문이다. 시므온은 구약시대의 마지막 선지자이고 아기 예수인 메시아께서 성전 안으로 들어가셨을 때 시므온은 메시아를 팔에 안고 축복했다. 시므온에 대한 역사는 '늙은' 이라는 중요한 단어를 사용하여 그를 '늙은 시므온' 으로 제시한다. 그가 노인이기 때문에 우리에게는 복음적 본보기이다.

또 누가복음 2장 29절의 "주재여, 이제는 말씀하신 대로 종을 평안히 놓아주시는 도다."라는 말씀에 의하면 시므온은 거의 죽음의 문턱까지 와있었던 사람이다. 그렇지만 누가복음 2장 25절에 보면 '기다리고 있는' 사람으로 소개

---

72) Robert H. Brinstock & Ethel Shanes (eds.), *Handbook of Aging and Social Sciences* (New York: Van Nostrand Reinhold, 1985), 132.
73) 누가복음 2:25에서 시므온이라는 사람을 의롭고 경건한 사람으로 묘사하고 있다.

된다. 노인의 삶은 주님을 기다리는 삶이 될 때, 의미가 있고 헛되지 않고 만족을 가져다 줄 수 있다는 것이 시므온의 삶이 교훈하는 것이다. 어떤 노년의 삶도 인간가치를 상실한 것으로 간주할 수 없다. 노년의 삶도 주님을 기다리고, 만나며, 증거하는 삶이 될 수 있다. 노년의 삶은 새로운 소망의 삶이라고 보아야한다. 또한 누가복음 2장 34절을 보면 시므온의 삶은 축복하는 삶이다. 마지막 순간까지도 누군가를 축복해주고 싶은 것이 노년의 삶이다.

• 안나

누가복음의 저자는 바누엘의 딸로서 아셀 지파의 혈통을 이어받은 안나에 대해 언급하고 있다. 아셀은 '행복'을 뜻한다. 이 말은 이 혈통의 아들이 태어났을 때 그 어머니가 "행복하구나, 모든 여자들이 나를 행복한 여자라 부르겠지"(창세기 30장)라고 말한데서 유래한다.

그녀의 삶은 기도하는 생활이라고 누가복음 2장 37절이 말한다. 안나 여 선지자는 과부 된 지 84년, 결혼해서 7년 동안 남편과 살았다. 몇 살에 결혼했는지는 모르지만 91세 전에 결혼했었다는 것은 사실이다. 추측해 보건데 안나의 나이는 100세가 훨씬 넘었을 것이다. 100살이 넘은 노인이 성전을 떠나지 않고 주야로 금식하며, 기도한다는 것은 그녀의 성전 중심의 기도 생활이 그녀에게 만족을 주고 있다는 증거이다. 그녀는 삶의 만족을 느끼는 노년을 살았던 것이다. 안나 선지자의 삶을 통해 우리는 노년이 기도하는 삶이 될 때, 노년에 기쁨과 만족이 있다는 것을 발견한다. 또한 안나 선지자는 축적된 경험과 지혜를 활용하여 예루살렘의 구속됨을 바라는 모든 사람에게 예수에 대해 증거하는 모습을 보여주는데(누가복음 2:38), 이것은 늘 그녀가 가르치며, 증거하는 삶을 살았다는 단편적인 예이다. 100세가 넘은 할머니이지만 가르칠 수 있고 증거할 수 있다면, 노년의 삶은 당연히 증거하고 가르치는 삶이 되어야 할 것이다. 안나는 존경을 받았고 노년의 삶을 교회가 책임지고 있었기 때문에 그녀

는 성전을 떠나지 않았을 것이다. 이 부분에서 한국교회는 도전을 받아야 할 것이다.[74]

④ 사무엘

사무엘은 흰머리가 나기까지 늙도록 충성한 선지자이다(사무엘상 12:1-5). 본문에 나와 있는 내용들, 다른 사람의 소를 취하지 아니 하였고, 나귀를 취하지 아니 하였고, 속이지 않고, 어느 누구를 압제하지도 않았으며, 뇌물도 받지 않았다는 것이다. 육체의 문제가 아니라 마음의 문제였다. 사무엘의 하나님께 대한 충성은 마음의 충성이었다. 사무엘이 늙기까지 충성한 일들을 하나하나 생각하면 대수롭지 않게 보일지도 모르겠으나 일평생 이웃의 물건을 탐하거나 빼앗는 일을 하지 않았다는 것은 쉬운 일이 아니다. 그렇다면 사무엘은 무슨 힘으로 이렇게 충성할 수 있었을까?

그것은 첫째, '기도' 이다. '사무엘' 하면 기도가 떠오를 만큼 그는 이스라엘 자손들을 위하여 기도하기를 쉬는 죄를 범치 않았다고 할 만큼 기도의 사람이다. 이렇듯 깨어 기도하였기에 마음으로 하나님께 범죄 하지 않고 오히려 충성할 수 있었던 것이다.

둘째로 '오직 사랑' 의 마음이다. 몸은 비록 쇠하였어도 하나님을 사랑하는 마음이 있었기에 충성할 수 있었다.[75]

사무엘은 은퇴한 후에 새로운 봉사를 찾아 감당하면서 도전과 위로를 받았다. 그는 자기 백성과 새로 취임한 왕을 위해 기도했다. 시인은 이렇게 말한다. "제사장 중에는 모세와 아론이요 그 이름을 부르는 자 중에는 사무엘이라. 저희가 여호와께 간구하매 응답하셨다"(시 99:6). 하나님께서는 사무엘이 죽은 후에 모세와 같이 하나님과 사람 사이의 중보자 역할을 하였다고 높이 평가했다.

---

74) 이은규, "목회를 위한 노년의 삶", 29.
75) 총회교육부, **꿈꾸는 소년** (서울: 한국장로교출판사, 1994), 41.

4) 성경에 나타난 노년의 정체성

① 구약을 통해서 본 노년

• 기쁨과 축복의 상징

노인이 기쁨과 축복의 상징임을 가장 적절하게 표현한 성경의 말씀은 잠언 16장 31절에 나오는 "백발은 영화의 면류관이라 의로운 길에서 얻으리라"는 말씀이다. 그래서 백발로 표현된 노인의 몸은 귀하기 때문에 그 이름이 존귀하다고 하였다.

그리고 잠언 20장 29절은 "젊은 자의 영화는 그 힘이요 늙은 자의 아름다운 것은 백발이니라"고 하여 노인의 백발은 영광스러운 면류관으로 참다운 기쁨이 되며 하나님께서 주신 축복임을 증거했다.[76]

장수는 하나님께로부터 부여받은 것으로(신명기 4:40, 5:33, 11:21, 22:7) 히브리 사회에서 노인은 하나님의 뜻을 전달하는 중보자의 역할을 담당함으로써 놀랄 만한 위치에 있었다.[77]

특히 창세기 47장 29절과 49장 33절에 보면 하나님께서 노인에게 복을 위임하셨고, 그 노인이 후손에게 축복함으로써 후손들에게 복이 임하였음을 보여준다. 또, 노년은 고독이나, 할 일을 잃은 무의미한 시기가 아니라 복을 비는 일과 이러한 일을 통해 기쁨을 누리는 복된 시기임을 분명히 하였다.

• 인생의 영적(靈的) 스승

시편 17편 18절에서 "하나님이여 내가 늙어 백수가 될 때에도 나를 버리지 마시며, 내가 주의 힘을 후대에 전하고 주의 권능을 장래 모든 사람에게 전하기까지는 나를 버리지 마소서"라고 고백한 것처럼 노인들만이 할 수 있는 독특한 사명이 노인들에게 있는 것이다. "늙어도 건실하며, 진액이 풍부하고 빛이

---

76) 홍종각, "노인문제와 그에 대한 교회참여방안", 박사학위 논문, 아세아연합신학대학원, 1984, 117.
77) Binstock & Shanes, 132.

청정하다"라고 노래한 것처럼 성경은 늙음을 퇴화나 무기력해 가는 현장으로만 보는 것이 아니라 앞을 바라보는 눈이 트이게 되어 원숙한 인격적 성숙과 영적 성숙의 시기임을 말해준다. 고로 성경의 노인들은 오랜 인생 경험에서 얻은 좋은 것으로 후배들과 자손들에게 가르쳐 교도(敎道)하는 일을 하였다.

이스라엘 왕 르호보암은 백성들로부터 선정을 요청받고 그 부친 솔로몬을 모셨던 노인들을 불러 의논하면서 '교도' 해 달라고 했다. 그러나 그는 노인들의 교도를 버리고 소년들의 말을 듣고 악정을 행하다가 백성들의 배반을 받게 되었다(열왕기상 12:1-20).

성경은 여러 곳에서 노인은 주의 진리를 가르치는 훌륭한 스승임을 말하고 있다. 성경은 에베소서 6:4에서 "아비들아, 너희 자녀들을 노엽게 말고 오직 주의 교양과 훈계로 양육하라"고 하였다. 여기에서 교양은 훈계(디모데후서 3:16), 징계(히브리서 12:5-6) 등으로 사용되는 말로 "심신의 발달을 동시에 만족시키는 행위적인 훈련"을[78] 지칭하는데 이러한 일은 오랜 삶의 경험과 삶의 지혜를 구비한 노인이 감당할 수 있는 일이라 본다.

디도서 2:3-4에서 "늙은 여자로는… 저들로 젊은 여자들을 교훈하되"라는 말씀이 있는데 이로 보아 젊은 여자들을 가르치는 교육적인 사명이 주어졌다는 사실을 알 수 있다. 그리고 시편 71편 18절에서는[79] 노년기에 처한 사람들의 사명을 언급하고 있는데, 곧 "주의 힘을 후대에 전하고 주의 장래 모든 사람에게 전할 사명"이 있음을 분명히 하고 있다. 그리고 시편 92편 14절에서도 "늙어도 결실하며 진액이 풍족하고 빛이 청청하여 여호와의 정직하심을 나타내리로다."라고 하여 노인은 "할 일이 없는 무기력한 인생의 황혼기"가 아니라 주의 진리를 가르쳐야 할 영적인 성숙함과 아울러 인격적인 성숙을 갖추어 새로운 앞날을 바라보는 눈이 열리며 젊었을 때 생각조차 할 수 없는 인격의 개화

---

78) 이상근, *신약주해 옥중서신* (대구: 세등사, 1990), 139-140.
79) 하나님이여, 내가 늙어 백수가 될 때에도 나를 버리지 마시며, 내가 주의 힘을 후대에 전하고 주의 권능을 장래 모든 사람에게 전하기까지는 나를 버리지 마소서

를 몸소 보여주는 인간의 훌륭한 스승임을 보여 주고 있다. [80]

• 존경과 영광의 대상

앞에서 살펴보았듯이 노년을 나타내는 용어로 יָשִׁישׁ yashiysh라는 히브리어는 그 뜻이 "나이든 존경할 만한"이라는 의미를 가지고 있다. 십계명 중 제 5계명인 "네 부모를 공경하라"(출애굽기 20:12, 신명기 5:16, 레위기 19:3)는 말씀은 노인은 가족으로부터 보호와 존경의 대상이어야 함을 나타내고 있다. 즉 노인은 자식에게로부터 대접을 받아야 할 분이요 사회에서 공경의 대상이 되어야 할 분이다. [81]

레위기 19장 32절에 "너는 센머리 앞에 일어서고 노인의 얼굴을 공경하며, 네 하나님을 경외하라 나는 여호와니라"고 말씀하고 있다.

잠언 23장 22절에서는 "너 낳은 아비에게 청종하고 네 늙은 어미를 경히 여기지 말지니라"고 기록되어 있다. 이처럼 노인을 공경하고 그들에게 공손해야 한다는 것은 하나님의 명령이다. 더욱이 누구든지 하나님을 경외하노라 하면서 그의 부모를 공경하지 않는 것은 거짓말하는 것이고, 부모를 공경하는 데서 하나님을 경외할 수 있다는 사실을 가르치고 있다. 하나님께서는 국가적인 차원에서도 노인을 존경해야 할 것을 가르치고 계시는데, 신명기 28장 50절에서 "그 용모가 흉악한 민족이라 노인을 돌아보지 아니하며"라고 말씀하시며, 노인을 돌보지 않는 민족을 흉악한 민족이라 하셨다. [82]

• 지혜와 명철의 상징

지혜는 노인들의 오랜 경험에서 나오는 것으로 그들의 가르침을 받을 것을 구약성경은 제시하고 있다. 잠언과 전도서의 배후에 있는 지혜의 교사들은 대

---

80) 조진형, "백발은 영화의 면류관이라는데", **풀빛목회** (1982, 12), 23.
81) Binstock & Shanes, 132.
82) 홍종각, 116.

노인, 그들도 누군가에게 | **53**

체로 노인들이었다.[83] 그리고 노인들에게 보편적인 지혜가 있음을 욥기 12장 12절에[84] 언급하고 있다. 이처럼 지혜는 노인들의 유산인 것이다. 또한 장로(長老, Elder)는 히브리어에서 노인을 지칭하는 용어인 זקן zaken과 헬라어 πρεσβύτης presbutes에서 유래된 말이다.[85] 또한 장로는 노년의 권좌를 말하는 것으로 종교적 기능에서 지도자였던 것은 물론 가족과 부족의 장(長) 위치에 있었고, 싸움의 지휘관으로, 재판관으로, 권면자로, 그 공동체의 핵심을 이루고 있었다.

이것은 노인들의 오랜 경험과 지혜 때문이었다. 그래서 신명기 32장 7절에서는 "옛날을 기억하라. 역대의 연대를 생각하라, 네 아비에게 물으라, 그가 네게 설명할 것이요, 네 어른들에게 물어라, 그들이 네게 이르리로다."라고 하였다.[86]

한편 자기의 부친 솔로몬의 생전에 충성했던 노인들의 지도와 가르침을 버리고 수하에 있던 어린 자들과 의논함으로 나라를 잘못 인도한 르호보암은 결국 나라를 둘로 갈라 패망으로 몰아가고 말았다(열왕기상 12:6-8).

이러한 사실은 노인이야말로 경험을 바탕으로 지혜와 분별력을 수반한 지식과 지혜의 상징임을 보여준 좋은 예이다.

•복의 전수자와 매개자

"복의 주체는 누구이며 복이 어떻게 주어지느냐"에 대한 관심은 사람들 모두의 관심사이다. 민수기 6장 27절의[87] 말씀은 성경의 복이 그 주체가 하나님께 두고 있으며 하나님은 나이 많은 노인을 통해 복을 전수한다는 사실을 기록하고 있다.

---

83) William M. Celements, *Ministry with the Aging* (San Francisco: Harper and Row, 1981), 21.
84) 백발의 노인에게 지혜가 보존되어 있고 장수하는 자에게는 통찰력이 숨어있다(공동번역)
85) 황용희, "노인복지의 문제와 관련한 노인목회 전략의 한 연구", 석사학위논문, 목원대학교 대학원, 1993, 10.
86) Ibid., 63.
87) 여호와는 네게 복을 주시고 너를 지키시기를 원하며, 여호와는 그 얼굴을 네게 비추사 은혜 베푸시기를 원하며, 여호와는 그 얼굴을 네게로 향하여 드사 평강주시기를 원하노라 할지니라 하라

그렇다면 우리의 관심은 "복의 주체자이신 하나님께서는 누구를 매개로 하여서 복을 주시는가?"이다. 창세기 48장 9절로부터 22절에서 하나님은 임종을 맞이한 연로한 야곱을 통하여 그 후손에게 복을 주시는 모습을 만날 수 있다. 이것은 하나님께서는 복의 전수자와 매개자로 노년에 있는 야곱을 선택하신 사실을 발견할 수 있다. 여기에서 복의 주체자이신 하나님께서 복의 매개자를 선택하실 때 아무나 선택하시는 것이 아니라 야곱의 가문에서 최고의 수장으로 노년에 있는 야곱을 선택하셔서 임종 직전에 후손에게 복을 전달케 하셨다는 것은 매우 의미 있는 일이다.[88]

그렇다면 왜 하나님은 임종 직전에 복을 전수하는 일을 하셨을까? 그것은 아마도 복을 전수하는 중요한 일을 인생의 마지막에 두어서 노인이 갖는 기능의 소중함을 암시하시기 위함일 것이라 생각한다. 이처럼 노년기의 마지막 순간인 임종 직전에 복을 전수하는 일은 노년의 마지막 기능으로서 이해된다. 그리고 이러한 복의 수여권은 누구에게나 주어진 것이 아니라 이삭이나 야곱같이 가족에서 연로한 가장들에게만 하나님께서 허락하신 것이다. 그래서 성경이 장수 그 자체를 복으로 간주하고 있는 것을 우리는 이러한 맥락에서 이해하여야 하는 것이다.[89]

• 전통(傳統)의 전승자(傳承者)

성경에서는 영도적이고 책임적인 직분들은 보통 나이가 많은 노인들에게 맡겨진 것을 볼 수 있다. 나이가 많다는 것은 그 만큼 경험이 많기 때문일 것이다. 그래서 노인들은 전통의 수호자로서 존경을 받으며 젊은이들은 모든 문제에 있어서 노인의 지도를 받을 것이 요구되었다.

그 한 예로 출애굽기 18장에 보면 모세는 경험과 나이가 많은 장인 이드로의 충고를 겸허하게 받아 들였으며(출애굽기 18:14) 재판장을 세울 때도 역시 노

---

88) 강시문, "복에 대한 성서적 이해", *교회와 신학* (1991, 제23집): 12-15.
89) 시편 21:3-4에 의하면 '주의 아름다운 복으로… 정금 면류관을 머리에 씌우셨나이다. 저가 생명을 구하매 주께서 주셨으니 곧 영원한 장수로소이다' 라고 노래하고 있다.

인의 충고를 구했다.[90]

그리고 시편 71편 17절로부터 19절에서는 나이가 많은 노인은 하나님이 자기에게 젊어서부터 가르쳐 주신 하나님의 능력과 정의를 다음 세대에게 알려주어야 함을 보여주고 있다.

• 하나님의 은총의 대상

잠언 16장 31절의 "백발은 영화의 면류관이요, 의로운 길에서 얻으리라" 그리고 잠언 20장 29절에서는 "젊은 자의 영화는 그 힘이요 늙은 자의 아름다운 것은 백발이니라." 이 말씀들은 노년기가 하나님의 은총의 시간이라는 사실을 나타내고 있는 성경 말씀들이다.

이처럼 노년의 시기는 젊은이들에게 짐이 되거나 스스로 우울하거나 자학하는 시기가 아니라 하나님에게로부터 영광을 받는 시기요 은총의 시간이며[91] 영화의 면류관으로 나타나는 하나님의 사랑과 은혜의 시간이요, 하나님의 은총 가운데 생의 참다운 삶의 기쁨을 누리는 인생의 황금기이다.[92]

② 신약(新約)을 통해서 본 노년(老年)

• 진리(眞理)의 수호자

주의 진리를 가르쳐야할 특권과 사명을 지닌다. 에베소서 6장 1-4절을 보면 "자녀들아 너희 부모를 주 안에서 순종하라. 이것이 옳으니라. 네 아버지와 어머니를 공경하라. 이것이 약속 있는 첫 계명이니 이는 네가 잘 되고 땅에서 장수하리라 또 아비들아 너희 자녀를 노엽게 말고 오직 주의 교양과 훈계로 양육하라"고 하였다. 부모와 자녀와의 관계, 노인과 젊은이의 위치와 관계를 가르치고 있는 말씀이다.

---

90) 출애굽기 18:1-27
91) '요시야마 노부르'는 그의 책 '늙음은 하나님의 은총'에서 노년기에 그리스도의 죽음과 부활에 참여, 늙음이 은총으로서 인간의 실존을 변용시키고 자유로운 삶의 참뜻을 발견하게 된다고 하였다.
92) 류시욱, 22.

부모는 자녀들을 주 안에서 진리로 양육시켜야 할 특권과 의무를 부여받는다. 디도서 2장 4절과 5절에서도 여자들이 젊은 여자들을 훈계하도록 하는 교육적 사명을 밝히고 있다.

디모데 후서 3장 16절에서 "모든 성경은 하나님의 진리 가운데, 세울 수 있도록 교양과 훈계로 양육하는 일은 오랜 인생의 경험을 구비한 노인들의 몫임을 나타낸다.

여기서 "훈계로 양육한다"는 말은 신체와 정신의 성숙을 아울러 도모하는 일이요 주님의 말씀을 자녀들의 삶의 핵심에 둘 수 있도록 하는 일이다. 이것은 '훈육한다' 는 의미로 압축해서 사용할 수 있는데[93] 훈육은 자녀로 지혜롭게 할 뿐 아니라(잠언 1:3, 8) 실족치 않게 하는 일이다.

이처럼 노인은 자녀들에게 진리를 가르쳐 지키게 하며 자녀들은 노인을 주 안에서 순종하는 일이 자연법으로 세워진 질서이자 본성이요 나아가 하나님의 특별 계시인 율례에 속한 것이다.[94]

특히 2세기 말에 터툴리안과 알렉산더의 클레멘트는 늙은 여자나 남자들이 상담자나 영혼의 치료자로서의 역할을 강조하여 젊은이들로 하여금 바른 삶을 영위할 수 있도록 그들의 영혼을 지키고 진리에로 인도하는 일을 감당케 했다.[95]

• 공경의 대상자

노인은 공경되어야 한다. 즉 공경의 대상이다. 이 사실이 잘 표현하고 있는 성경말씀이 에베소서 6장 1절로부터 3절이다. 자녀들이 효로서 공경한다는 것이 십계명 가운데 다섯 번째 계명으로 사람이 살아가는데 가장 필요한 계명이다. 이 계명을 기초로 해서 모든 사회도덕, 윤리형성이 이루어진다.

노인을 대할 때, 부모에게 하듯 공경할 것을 가르치는 디모데전서 5장 1절에

---

93) *레마종합자료시리즈* 제11권 (서울: 임마누엘, 1989), 480.
94) 신명기 27:6, 잠언 1:8, 30:17, 누가복음 2:51
95) Jean Laporte, 42.

서 9절까지를 보면 늙은 과부의 자녀와 손자들이 어떻게 그 어머니와 할머니를 공경할 것인가를 가르치고 있으며, 어려움을 당하고 있는 늙은 과부를 경대(敬待)하고 과부로 명부에 올려 대접하라고 말하고 있다. 초대교회의 늙은 과부를 구제하는 모습은 모두가 노인을 공경하는 태도를 가져야 한다는 본보기에 불과하다.[96]

아울러 요리 문답에서도 제5계명에 명하는 것은 "각 사람에게 속한 지위와 인륜관계 즉 상하의 평등에 따라 높일 자를 높이고 행할 일을 행하라"고 한다. 이는 성경이 말씀하는 바처럼 "두려워하여야 할 자를 두려워하며 존경할 자를 존경하라"(로마서 13:7)는 뜻이다. 그래야 사회의 질서가 유지된다. 이것이 없을 때 사회의 질서는 무너지고 사회는 혼란에 빠지는 것이다.[97]

따라서 현대 사회에서의 도덕적 혼란도 "부모를 경히 여기고 윗사람을 존경할 줄 모르는 교육의 부재에서 비롯된다"라고 해도 잘못이 아닐 것이다. 왜냐하면 모든 도덕의 근본이 '부모에 대한 공경의 의식'이 희박해져 있기 때문이다. 이처럼 노인에게 순종하고 공경하는 것은 모든 사회질서의 기초요 뿌리인 것이다.

그래서 성경은 후손들이 부모 또는 노인에게 순종하고 공경할 것을 약속 있는 첫 계명으로 명하고 있으며 이것은 사람이 꼭 지켜야 할 계명으로 규정하고 있다. 그리고 이런 자는 땅에서 잘 되고 장수하는 복을 받을 자로 명시하고 있다(에베소서 6:1-2).[98]

• 영적인 성숙기

노인은 영적 성숙의 시기라고 볼 수 있다. 노인은 육체적으로는 노쇠하지만[99] 영적인 측면에서 신앙의 깊은 경지 즉, 체험적인 신앙과 변함없는 인내로 영

---

96) 이은규, **양육하는 공동체**, 26.
97) **레마종합자료시리즈**, 477-478.
98) Ibid.
99) 전도서 12:3-5에서는 육체적 노쇠함에서 비롯되는 노인의 연약함에 대해 잘 설명하고 있다.

적 성숙함에 이르는 시기인 것이다. 때문에 초대교회에서는 장로와 감독의 직분을 노인들에게 맡겨 모든 사람들의 사표가 되게 하였다.[100]

또 다른 예는 디모데전서 5장 5절에 "참 과부로서 의로운 자는 하나님께 소망을 두어 주야로 항상 간구와 기도를 하거니와"라고 하여 가정의 모든 일에서 벗어난 여자 노인들은 교회와 기도생활에 더 많은 시간과 힘을 쓸 것을 말하고 있다.[101] 바울은 고린도 후서 4장 16절에서 "그러므로 우리가 낙심하지 아니하노니 겉 사람은 후패하나 우리의 속은 날로 새롭도다."하고 그의 육체적 노화에 빗대어 영적인 신앙의 성숙을 고백하고 있다.

그리고 성경은 우리의 육체와 관련하여 "풀과 같고 그 모든 영광이 풀의 꽃과 같으니 풀은 마르고 꽃은 떨어지되 오직 주의 말씀은 세세토록 있다"고 말씀한다. 육체적인 노쇠에 낙심할 일이 아니다. 영적인 성숙과 신앙의 열매를 맺을 때가 바로 노인의 시기인 것이다.[102]

이상으로 우리는 성경에서는 노인을 어떻게 규정하고 있는지 그 역할을 중심으로 살펴보았다. 구약에서는 하나님께서 인간에게 복을 주시는 통로로, 즉 매개체로 노인의 자리를 사용하신다는 특이성을 나타내고 있다. 즉 부모의 훈계를 들어야 살 수 있고 복을 받을 수 있다는 것이다. 그리고 노인은 존경과 영광의 대상이요, 지혜와 명철의 상징으로 간주되고 있으며 후손에게 진리를 교육시키는 영적인 스승임을 말하고 있다. 전체적으로 볼 때 구약에서의 하나님과 노인의 관계는 복을 주시는 자와 복을 전하는 자의 관계임을 알 수 있다.

신약성경에서는 노인과 젊은이의 관계에 비교적 많은 부분을 할애하고 있다. 즉 노인은 순종의 상대로 그리고 존경을 받으며 공경을 해야 할 대상으로 보고 있다. 그래서 이 땅에서 복 받는 길과 오래 사는 길이 노인에게 효를 다하는 사람에게 있다는 것을 가르치고 있다(에베소서 6:1-4).

100) 정연식, "교회에 있어서 노인은 누구인가?", **풀빛목회** (1982, 12), 39-40.
101) 공재천, "노인문제와 교회의 역할에 대한 연구", 석사학위논문, 감리교 신학대학원, 1984, 72.
102) 이은규, 26.

이상의 내용을 정리해보면, 성경에서는 오래 산다는 것은 곧 삶의 과정에 대한 보상의 개념으로 정리할 수 있다. 곧 삶의 과정이 선할 때 주어지는 보상이요 그것은 하나님이 주시는 복으로 이해되며, 하나님의 계명을 잘 지킨 자에 대한 특별한 사랑의 표시로 주어진 보상이다. 그 예로 아브라함은 장수를 약속받았으며(창세기 15:15), 하나님이 세우신 법도를 잘 지키며 존중히 여기는 자들에게 장수란 보상이 주어졌다(출애굽기 20:12, 시편 119:100).

노년은 신체적인 노화로 인하여 부정적인 측면이 있음에도 불구하고 속사람은 날로 새로워져 간다고 주장함으로(고린도후서 4:16) 영적인 측면에서 볼 때 가능성이나 능력이나 잠재능력의 정지가 아니라 하나님께서 부르시는 날까지 스스로 감당해야 할 과업이 있으며 그 일은 노인이기에 면제되는 것이 아니라 평생의 삶을 통해 감당해야 할 사명으로 명시하고 있다.

사도 바울은 믿음의 아들 디모데에게 편지하면서 이렇게 고백했다.

"관제와 같이 벌써 내가 부음이 되고 나의 떠날 기약이 가까웠도다. 내가 선한 싸움을 싸우고 나의 달려갈 길을 마치고 믿음을 지켰으니, 이제 후로는 나를 위하여 의의 면류관이 예비 되었으므로 주, 곧 의로우신 재판장이 그 날에 내게 주실 것이니 내게만 아니라 주의 나타나심을 사모하는 모든 자에게 니라."(디모데후서 4:6-8)

노년에 이러한 믿음을 고백할 수 있다면 그 노년은 분명히 인생의 복된 시간이며 하나님의 은총이라고 하지 않을 수 없을 것이다.

(4) 고령화 사회와 사역 환경

노령인구가 급증하고 있다. 이렇게 엄청난 노인 인구의 증가에도 불구하고 국가나 사회, 심지어 교회까지도 제대로 된 대책을 세우지 못하고 있다. 거기에다 산업화, 도시화로 표현되는 현대화 과정에서 가족구조의 변화와 가치관,

그리고 생활양식의 변화로 노인 문제가 다양하게 나타나고 있는데 날이 가면 갈수록 더욱 심각해질 전망이다.[103]

복지 측면 또한 심각하다. 한 조사에 따르면 65세 이상 노인의 약 90%가 3개월 이상의 관절염, 요통, 고혈압, 암, 치매 등의 만성 퇴행성 질환을 앓고 있으며, 절반 이상이 일상생활에서 어려움을 겪고 있다고 한다. 일본만 해도 노인성 질환에 대한 서비스를 제공하는 정보망이 갖춰져 있으며, '홈 헬퍼(Home Helper)'나 가정 간호 같은 재택 서비스 제도도 손색이 없다. 전국적으로 노인병원만 1,000개를 넘어섰고, 노인 보건 시설은 20만 병상에 달한다.[104] 그런데 우리의 현실은 어떠한가? 아직까지 제대로 된 노인 전문 병원 하나가 없다. 1982년에 제정된 노인 복지법에 따른 노인 요양시설도 50여개 정도밖에 되지 않으며, 의료 서비스 수준도 낙후되어 있는 것으로 알려져 있다. 치매 인구도 28만 명이나 되지만 병상 수는 불과 2,100여개밖에 되지 않는다. 모든 것이 낙후되어 있다는 것이다.[105]

그러다보니 실버세대는 이미 소외계층으로 전락해 버렸다. 모든 사회 체제가 젊은이 위주이다. 아파트 등의 주거환경, 심지어 TV프로그램까지 노인 대상 프로그램은 새벽시간에만 방송하고 있다.

문제는 교회에서도 노인세대들이 소외계층으로 전락하고 있다는 점이다. 교회는 각 사회 단체 중에 가장 많은 노인들을 구성원으로 확보하고 있다. 그러나 각 교회는 노인이 차지하는 비중만큼 노인에 대한 목회적 관심을 갖지 못했고 목회적으로 배려하지 못하는 현실이다.[106] 교회에서의 목회적 관심은 장년층을 중심으로 하여 젊은 계층에 집중되어 있다. 생각해 보자. 경제적으로도 어렵고, 고독감 때문에 외로워하며, 영적으로도 갈급한 이 노인들에게 교회는 어떠한 관심과 사랑을 주고 있는가 하는 점이다. 많은 교회들이 노인선교에 대

103) 임춘식, '노인, 그들은 누구인가?', **두란노 목회자료 큰백과** 19권 (서울 : 두란노, 1997), 237.
104) 이종철, '건강한 고령화 사회 위해', **조선일보** (2000. 7. 17), 논단.
105) 경향신문 (2001. 10. 5), 23면.
106) 이지현, '쓸쓸한 황혼에 대한 목회적 관심', **기독교사상** (2001. 5): 32.

해 비전을 갖고 있지 않다. 즉, 어린이 선교, 청년 선교 등에 비전을 갖는 교회들은 있으나 노인 선교를 제1의 목표로 삼는 교회들은 별로 없다는 것이다. 당연히 노인선교 전문가들도 없다. 더불어 노인을 위한 별도의 부서도 없다. 그저 선교회 또는 전도회의 부속부서 정도만 있을 뿐이다. 노인을 위한 프로그램 역시 사실상 전무한 상태이다. 그나마 노인대학, 경로대학 등의 이름으로 시행되는 친교 위주의 일회성 교육들이 전부이다. 당연한 말이지만 커리큘럼이나 장단기 계획을 가지고 있는 교회는 거의 없다고 볼 수 있다.

이것이 한국 교회의 현실이라 하겠다.

(5) 실버사역을 위한 노인 이해

노년기 노인에 대한 목회적 돌봄의 중요성이 날로 커지고 있다. 그럴수록 노인에 대한 이해가 있어야만 한다. 그만큼 노인들에 대한 편견이 많기 때문이다. 그러한 편견들 때문에 노인들에 대해 가지고 있는 통념은 부정적인 것이 강하다.[107] 해리슨(D. K. Harrison)과 코올(W. E. Cole)이 제시한 노인들에 대한 편견 중에 몇 가지만 열거해 보면 다음과 같다.[108]

① 모든 노인들은 다 비슷하다.
② 노인들은 젊은이들보다 급성질환을 가진 경우가 더 많다.
③ 많은 노인들은 건강이 나빠서 많은 날을 자리 속에서 보낸다.
④ 노인들은 배울 수 없다.
⑤ 노인들은 젊은이들보다 죽음을 더 무서워한다.
⑥ 나이가 들면 노망이 들게 마련이다.
⑦ 대부분의 노인들은 그들의 자녀와 같이 살기를 갈망한다.
⑧ 노인들은 젊은이들보다 덜 생산적이다.

---

107) Ibid., 251.
108) D. K. Harries & W. E. Cole, *sociology of aging, 노년사회학*, 최신덕 역 (서울: 경문사, 1985), 3-6.

⑨ 사람들은 늙어가면서 점점 더 종교적이 된다.

⑩ 연령이 많아지면서 뚜렷한 지능의 감소를 나타낸다.

이와 같은 편견을 깨야만 올바른 노인 사역을 할 수 있다.

왜 편견이라고 말하는가? 미국 캘리포니아 대학(UC)과 스탠포드대학교의 심리학자들이 연구한 결과를 보면 "나이가 들면 정서적 조절 능력이 오히려 향상된다"고 보고했다. 이 연구에 따르면 65-80세의 노인들은 연하자들 만큼 부정적 정보나 기분에 좌우되지 않고 그런 것들에 큰 의미를 부여해 몇 번이나 되새기지도 않은 것으로 나타났다고 밝혔다.

노인들은 또 걱정과 나쁜 생각, 그 밖의 부정적인 영향 등은 그저 지나가도록 내버려둠으로써 "감정을 마음대로 긍정적으로 고양시키는데도 능숙하다"고 보고했다. 연구자들이 '사회 정서적 선택력' 이라고 규정한 이 이론은 인간의 정서가 나이를 먹음에 따라 육체와 함께 하향 곡선을 그리며 악화된다고 한 1950년대의 이론을 대체한다는 데 큰 의의가 있는 것이다.[109]

그렇기 때문에 우리들은 노인에 대한 편견을 버리고 정확한 이해와 함께 그들의 눈높이에서 사역을 해 가야만 하는 것이다. 그렇다면 노인들이 갖는 특성은 무엇일까?

우선 심리적 측면에서 보면 노인들은 여러 가지 면에서 상실을 경험한다. 신체적인 기능의 감퇴나 상실에서 오는 상실감과 더불어 역할의 상실, 경제적 상실, 배우자의 죽음 또는 친구들의 죽음에서 오는 상실 등으로 인해 때로는 우울증을 동반하기도 한다.[110] 또 사회적 역할의 상실에서 오는 상실감도 있으며, 이러한 일들로 인해 자존감의 감소, 우울증의 증가, 의존성의 강화, 피해망상 등의 증가, 자기 정체성 상실 등이 이어지기도 한다. 이러한 심리적 측면의 부

---

109) 국민일보 (2003. 6. 4).
110) 이관직, '교회안의 노인문제와 그 대책', **목회상담학** (서울: 한국목회상담연구소, 2000), 115.

정적 감정들이 강해질수록 집착 역시 강해진다. 즉, 자녀에의 집착, 재산에의 집착, 사회적 명예 또는 명분에의 집착 등으로 인해 관계 안에서 문제를 일으키기도 한다.

실제로 홈즈(Thomas Holmes)와 레이히(Richard Raihe)는 '사회 재적응 비율 척도'를 통한 조사를 통해 이와 같은 상실의 사건들은 다른 어떤 사건보다도 더 큰 정신적 스트레스를 주는 것으로 나타났다. 특히 가정과 직장에서의 역할 상실은 노인들에게 심리적 소외감과 고독감을 가져다주는 주된 요인이 되며 때로 이것은 노년기의 가장 대표적인 정신질환인 우울증(depression)을 유발하기도 한다.[111]

사회적인 측면에서는 독신 황혼의 증가로 인한 고독(외로움)과 소외가 늘어난다. 그래서 노인도 이성 친구가 필요하다는 요구가 전체 노인의 55%정도 된다는 조사 결과도 나왔다.[112] 더불어 소속감의 상실로 인한 공허도 심각한 것으로 보이며, 특별히 자녀와의 갈등이 있을 경우 소속감을 느끼지 못함으로 인해 심각한 상실을 갖게 된다. 그리고 노인들은 어린이보다 더 무엇인가를 배우고 싶어 하는 욕망이 강하며, 자기실현을 이루고자 하는 욕구가 강하다. 더불어 사회 속에서 인정받고자 하는 열망이 간절하다. 그럼에도 불구하고 사회에서는 나이가 들었다는 이유로 노동 현장에서 쫓겨나고 있다.

경제적인 측면에서도 보면 노년기는 경제적으로 어렵게 되는 시기이다. 이로 인한 스트레스가 증가될 수밖에 없다. 특별히 교회 성도들의 경우 헌금을 제대로 하지 못함으로 인한 스트레스도 심각한 것으로 나타나 있다.[113]

영적인 면에서도 다가온 죽음에 대한 대비가 되어 있지 않음으로 인해 심각한 위기를 맞게 된다. 죽음에 대한 영적인 필요가 절대적임에도 불구하고 심지어 교회에서조차 그러한 도움을 주지 못한다.

---

111) 이석철, '목회상담학에서 본 노인 이해와 삶의 관리', **두란노 목회자료 큰백과** 19권(서울: 두란노, 1997), 251.
112) 국민일보 (2000. 8. 12), **가정과 상담** (2000. 10). 재인용
113) 이관직, 116.

한편 딤목(Albert Dimmock)은 노인이 가지고 있는 6가지 욕구를 정리했는데 다음과 같다.[114]

① 음식, 옷, 건강을 위한 돌봄, 거처, 안정, 개인적 접촉 그리고 제한된 범주에서의 가사일 봉사와 같은 생존과 안정을 위한 대처 욕구(coping needs)

② 취미, 창조적인 수공예나 또다른 배움의 모험을 통해 성장하고 삶을 풍요롭게 하고자 하는 표현의 욕구(expressing needs)

③ 애정, 소속감, 다른 그룹과의 상호 교류를 위한 기회, 그리고 유용하고 필요하다는 가능성을 느끼는 친교의 욕구(fellowshipping needs)

④ 자신의 재능을 발견하고 사용할 수 있으며, 이러한 것들을 자신과 다른 사람들을 위해 쓸 수 있는 기여의 욕구(contributing needs)

⑤ 삶의 회상과 신앙의 여정 속에서 삶의 의미를 발견하고 참된 가치는 일을 통해 무엇을 생산하는 데만 있는 것이 아니라 수십 년을 살아온 삶에서 얻은 통찰을 나누며 또한 존재하는 그 자체에 있다는 것을 깨닫는 나눔의 욕구(sharing needs)

⑥ 자기를 초월하여 다른 사람들과 하나님께 나아가고자 하는 자기 초월의 욕구(self-transcending needs)로 개인적 욕구나 욕망의 만족을 벗어나 가난한 자, 힘이 없는 자의 요구, 지구 전체 공동체와 그 안에 거하는 모든 것들, 그리고 현재만이 아니라 미래까지 돌보라는 명령에 순종하고자 하는 욕구

갈라거(David P. Gallagher)는 실버사역을 위해서는 활동적인 노인들에 대한 이해가 반드시 필요하다면서 다음과 같은 15가지 특성을 들고 있다.[115]

114) 송남순, '교회에서 노인을 어떻게 교육할 것인가', **두란노 목회자료 큰백과** 제19권(서울: 두란노, 1997), 266-267.
115) David P. Gallagher, *Senior Adult Ministry in the 21st Century* (Loveland, Colorado: Group, 2002), 13-25.

① 노년층은 창의적인 교육을 좋아한다.

노인들이 전통적인 설교를 즐기는 것은 사실이나, 마찬가지로 창의적인 사고들을 인정할 줄 알며 많은 것을 생각하게 하는 토론거리나 문제 제기를 듣고 싶어 한다. 특별히 노인들은 안정과 신뢰를 귀하게 여긴다. 또 믿음과 흘러간 역사를 밑천으로 삼는 사람들이다. 그러면서도 놀라울 만큼 변화에 열려 있는 사람들이 바로 노인들이다. 우리가 잊어서는 안될 것이 있다. 많은 노인들이 불과 10년 전만 해도 과학기술의 첨단을 걷던 사람들이었다는 점이다. 그렇기 때문에 활동적인 노인들은 창의적인 교육을 좋아한다는 것이다.

② 노인들은 친구들과 함께 지내는 것을 좋아 한다. 이들은 온정을 원하고 있으며, 사랑하고 교회 식구들을 돌보기를 좋아한다.

교회는 따스함이 있어야 한다. 이는 담임목사로부터 시작해서 교회의 구성원들 모두가 서로를 사랑하고 따뜻하게 반기는 그런 모습이 필요하다는 것이다. 여기서 따스한 마음으로 서로를 돌본다는 것은 그저 손을 내밀어 악수하는 것으로 그치지 않고 팔을 내밀어 포옹하는 것도 포함된다.

성도들은 이웃을 돌보는 자들이어야 한다. 그래서 이웃에 있는 성도들을 서로가 돌보고 아끼는 마음이 필요한 것이다.

특별히 노인들은 따스한 분위기와 친근감 있는 돌봄을 정말로 필요로 하고 그렇게 좋아한다. 그리고 그 마음으로 교회 식구들을 돌보기를 좋아한다는 것을 알아야 한다. 그렇기 때문에 교회는 노인들에게 그렇게 돌볼 수 있도록 기회를 제공해 주어야 하는 것이다.

③ 노인들은 진정으로 가치가 있다고 생각되는 것에 자신을 희생하는 것을 좋아한다.

노인들은 희생이 무엇인지 잘 알고 있다. 많은 이들이 악조건 속에서 역경을 헤치고 살아왔다. 또 군인이 되어 험난한 군복무를 감당하기도 했다. 또 어떤 사람들은 사랑하는 가족이나 친구들을 다시는 돌아오지 못할 곳으로 떠나보내기도 했다. 아마도 대부분이 육체적으로, 경제적으로, 혹은 정신적으로 쓰디쓴 고난의 계곡을 헤치고 걸어 왔을 것이다.

그렇기 때문에 이 분들은 희생이 무엇을 뜻하는 것인지 너무도 잘 안다. 만일 이런 어른들에게 희생할 만한 가치 있는 일이나 계획이나 목표나 원인이 있다고 한다면 언제나 기꺼이 자기 몸을 내던질 결심을 하게 될 것이다.

노인을 위한 사역에서 중요한 것은 하나님이 복 주신 것이 무엇인지, 또 기뻐하시는 일들이 무엇이 있는지 차별화하고 설득하는 일이다. 어떤 노인은 가르치는 은사가 하나님으로부터 부여받은 선물일 수도 있다. 또 다른 경우에는 싱싱한 건강을 가지고 살 수도 있다. 어떤 이는 남들보다 훨씬 돈이 많은 재력가도 있을 수 있다. 이 모든 것이 하나님이 주신 복이다.

사도 바울이 이에 대해 고린도전서 12장 1절부터 12절에 기록했다.

"형제들아 신령한 것에 대하여는 내가 너희의 알지 못하기를 원치 아니하나니 너희도 알거니와 너희가 이방인으로 있을 때에 말 못하는 우상에게로 끄는 그대로 끌려갔느니라. 그러므로 내가 너희에게 알게 하노니 하나님의 영으로 말하는 자는 누구든지 예수를 저주할 자라 하지 않고 또 성령으로 아니하고는 누구든지 예수를 주시라 할 수 없느니라. 은사는 여러 가지나 성령은 같고 직임은 여러 가지나 주는 같으며, 또 역사는 여러 가지나 모든 것을 모든 사람 가운데서 역사 하시는 하나님은 같으니, 각 사람에게 성령의 나타남을 주심은 유익하게 하려 하심이라. 어떤 이에게는 성령으로 말미암아 지혜의 말씀을, 어떤 이에게는 같은 성령을 따라 지식의 말씀을, 다른 이에게는 같은 성령으로 믿음을, 어떤 이에게는 한 성령으로 병 고치는 은사를, 어떤 이에게는 능력 행함을, 어떤 이에게는 예언함을, 어떤 이에게는 영들 분별함을, 다른 이에게는 각종 방언 말함을, 어떤 이에게는 방언들 통역함을 주

시나니 이 모든 일은 같은 한 성령이 행하사 그 뜻대로 각 사람에게 나눠 주시느니
라. 몸은 하나인데 많은 지체가 있고 몸의 지체가 많으나 한 몸임과 같이 그리스도
도 그러하니라."

노년의 어른들은 진정으로 가치 있다고 판단되는 어떤 계획, 목표, 또는 이
유에 기꺼이 희생하는 사람들이다. 단기 선교 여행에 가방을 메고 나서기도 하
고, 어떤 특별 집회나 많은 시간을 드려야 하는 세미나라도, 그렇지 않으면 공
동으로 숙식을 하며 다녀오는 농촌 봉사라도 긍정적일 것이다. 만일 성경에서
도전해야 한다고 하면 노인들은 도전해 보려고 자리를 털고 일어날 것이다. 그
러나 이들의 눈에 분명히 가치 있는 일이라고 보여 져야 한다. 이 분들에게 개
인적으로 특별한 의미가 있다고 느껴져야 할 것이다.

④ 노인들은 목회자와 사역자들을 좋아한다.
실제로 노인들은 섬기는 사역자들을 무척 사랑한다. 목회자나 사역자가 가
지는 최대의 사명은 사랑하고 섬기는 일이다. 반면에 노인들은 그렇게 사랑받
고 섬김을 받고 있다는 사실이 스스로를 행복하게 만든다.
나이가 들어 관심권 밖에서 벗어나 있을 것이라고 생각했는데, 그러한 노인
들에게 사랑과 관심을 부어주니 그분들이 감격할 수밖에 없는 것이다. 노인들
은 목회자나 사역자가 자신들을 기억하고 함께 있어주는 것을 행복하게 여긴
다. 그래서 그러한 목회자나 사역자들을 좋아하는 것이다. 잊지 말라! 노인들
은 목회자와 스텝들 주위에 있는 것만으로 즐거워하고 기뻐한다는 것을!

⑤ 노인들은 안정감(Stability)과 예견성(Predictability)을 좋아한다.
노인은 많은 것을 보았고 경험했다. 그 뿐인가? 노인들은 바로 소설 속의 주
인공처럼 역사적인 장소에 있었고 당시의 일들을 겪었던 역사적인 증인들이

다. 노인들은 한마디로 '기초가 튼튼한 사람들'이라고 할 수 있다. 그렇기 때문에 이들은 창의적인 것도 도전적인 일도 즐거워한다. 그러나 그 바탕은 안정감이요 예견성이다. 안정감 없는 일은 좋아하지 않는다. 예견될만한 것이라야 좋아하고 따른다.

다양한 변화를 준다고 생각해서 매 주일 드리는 예배의 순서를 자주 바꾸고 있다면 그것은 노인들을 잘 모르기 때문에 그런 것이다. 새로운 구상을 마구 쏟아내고 계속 변화만을 추구한다면 노인들을 혼란의 도가니로 빠지게 만든다. 만약 변화를 일으키더라도 최소한 미리 언질은 해 주어야 한다. 안정감과 예견성은 노인들에게 필수적이라는 사실을 오랫동안의 사역을 통해 발견했다.

바울은 고린도 교회에 이와 같이 써서 보냈다.

"사람이 마땅히 우리를 그리스도의 일꾼이요 하나님의 비밀을 맡은 자로 여길지어다. 그리고 맡은 자들에게 구할 것은 충성(신실)이니라"(고린도전서 4:1-2).

성숙한 노년들은 교회의 어떤 다른 세대들보다도 그 이상 충성(신실)을 사랑하고 있다.

⑥ 노년층은 믿음이 가는 사람이나 가치가 높은 일들과 인연이 닿는 것을 좋아한다.

교회에서 놀라운 축복을 받는 것 중 하나가 바로 그리스도 안에서 우리가 하나가 되어 더불어 살아갈 수 있는 것이다. 우리가 마음을 두고 살 수 있는 곳은 세상에서 교회밖에 없다. 그러나 교회가 의로운 사역이 없다면 그 해악이 심각할 것이다. 교회는 올바른 사역을 할 때 그 가치가 인정된다. 대부분의 그리스도인들은 교회가 과거에 전쟁을 통해서 많은 눈에 눈물을 흘리게 했던 역사를 알고 있을 것이다.

노인들은 믿음이 있고 신실한 사람들을 사랑한다. 이들은 수 십 년간 불러왔던 교회를 찬양하는 노래를 애창한다. "시온성과 같은 교회 그의 영광 한없다…"

또 그리스도 안에서 서로가 하나가 되었다는 뜻을 가진 찬양과 성가대의 찬양을 듣고 싶어 한다. 성경대로 믿음으로 기뻐하는 것을 행동하며 살기를 원하고 당장 느끼고 싶어 한다. 성경이 말하는 보다 높은 가치관들을 그들의 공동체 속에서 나누고 싶어 한다. 이제 회색의 삶 속에서 마지막으로 사랑하고 함께 있고 싶은 사람이 있다면 진실한 믿음과 가치관을 가진 사람들이다.

⑦ 노년들은 권위에 대한 존경심과 그들이 후손들에게 물려주는 풍부한 유산(정신과 물질)에 대한 존경심을 보기를 사모한다.

그리고 이러한 가치들이 떨어져 짓밟힐 때 안타까워한다. 애국심이나 태극기와 같은 상징들은 대단히 중요하다. 또한 광복절이나 독립 기념일 같은 국가적인 경축일들에 대해서도 큰 의미를 부여하며 중요하게 생각한다. 그러므로 교회의 지도자들은 이러한 것들이 21세기를 살아가는 노인들에게도 역시 중요하다는 생각을 해야 하며 또 우리가 이런 사람들에게 어떻게 하면 효과적인 사역을 할 것인가 하는 데 집중할 필요가 있다.

노년들이 권위에 대한 존경심을 보기 원하고 자신들이 가진 유산에 대해 그 가치를 인정해 주기를 원한다면, 그리고 그런 좋은 것들이 짓밟히고 바닥에 굴러다니는 것을 보며 슬퍼하는 사람들이라면 마찬가지로 이 분들은 교회에 들어와서도 그 권위에 대한 엄청난 존경심을 가지고 있을 것이며 교회의 유산과 교회의 가치에 대해서도 애정을 갖고 있을게 틀림없다. 얼마나 놀라운가!

국경일이 돌아 왔을 때 특별히 감사와 표창을 할 수 있다면 이것은 매우 의미 있는 일이다. 국경일에 대한 의미를 다시 되새기며 혹시 안팎에서 공로자가 있다면 선정하여 감사상이나 표창장을 전해 주는 것이다. 물론 주일이 무엇보다 중요하겠지만 '재향군인의 날'이 다가오면 예배 시간이라도 군인으로 혁혁한 고생과 수고한 것을 기억해 줄 수 있어야 한다. 유니폼을 입게 한다거나 재향 군인 중에 여러 병과에서 수고했던 인사들을 초청해 자리에 동석을 시키므로 용기를 북돋운다면 이는 이들이 가지고 있는 독특한 욕구를 충족시켜 주는 사역이 될 것이다. 그리고 교회에서 만드는 주보나 노인들의 소식지에도 글을 실어 호응을 높이는 것도 이런 특별한 날을 잘 살리는 방법이 될 것이다.

이런 특별한 날은 노년들의 특별한 욕구들을 만족시키기 위해서 교회로서 놓치지 말아야 할 좋은 기회이다. 특별한 날은 특별히 섬길 수 있는 호기다. 노인들은 어디엔가 몰두하기를 갈망한다. 그리고 풍부한 지식과 경험으로 생겨난 유산을 가지고 있다. 용기를 좀 더 가지고 있는 분은 가진 경험을 이웃들에게 나누어주며 산다.

나이 든 어른들은 권위에 대한 존경심을 나타내기를 원하고 있다. 이런 현상은 교회가 리더십을 나타낼 수 있도록 큰 보탬이 되어 준다. 그리고 리더십을 돕는 것도 무척 좋아 한다. 어떤 방향으로든지 긍정적인 생각을 가지고 리더를 밀어 주는 분들이다. 노년들은 바로 이런 자리에 서 있다. 그리고 리더들이 받고 있는 스트레스에 대해서도 이해를 잘 한다. 이들은 그런 어려움에 대해 충분한 공감을 느끼는 정도뿐만 아니라 교회 리더들과 함께 강조점에 힘을 같이 쏟을 줄 안다.

또한 노인들은 풍부한 정신적 유산을 가지고 있기 때문에 지혜를 서로 나눌 수도 있다. 이들은 수십 년간 신앙생활을 하며 교회 안에서 보냈고 무엇은 되고 무엇은 안 되는지 보며 지냈다. 지금 우리에게는 어른들이 과거의 어느 시점을 살았던 모습을 되풀이 할지도 모르며 아마도 과거의 흐름이 지금도 지속되는지 조차도 모른다. 우리는 선배들이 과거에 겪었던 경험을 우리 미래를 위한 풍부한 지혜 유산으로 넘겨받을 수 있도록 되새김질을 해야만 한다.

노인들은 그들이 생각했던 귀중한 가치들이 사라지는 것을 볼 때 슬퍼하며 안타까운 가슴을 쓸어내린다. 오늘 우리 주변의 아주 가까이에 있는 신문이며 텔레비전, 라디오의 뉴스, 정기 간행물들, 이런 것들을 보노라면 성경적인 가치관과는 너무나 거리가 멀다는 판단을 할 수 밖에 없다. 21세기를 사는 노년의 필요에 부응해야 하는 교회로서 이렇게 무섭게 변질되고 있는 세상 속에서 저들을 도울 수 있도록 잘 준비해야 할 것이며, 차별화 된 사역으로 이 분들을 돕고자 도전장을 던져야 할 것이다.

⑧ 노년들은 변화를 받아들인다. 그러나 의미 있는 목적을 향하여 단계적인 변화를 좋아한다.

현대를 살아가는 노인들은 의미 있는 목적을 추구하는 사람들이다. 한 번 생각해 보자. 우리의 어른들은 장수를 할 것이다. 이들은 살아오면서 어린 세대들보다 많은 변화들을 직접 경험해 보았다. 이 분들은 단순히 변화를 위한 변화도 목격했다. 아무 효용도 없이 공허하게 일거리만 가지고 씨름하는 변화도 보았던 것이다. 이런 경험을 통해 가진 생각은 어떤 누구도 변화를 요구할 때는 비판적인 견해도 어느 정도는 필요하다는 것이다.

그렇기 때문에 변화를 성공적으로 마치려고 한다면 거기에는 꼭 알아야 할 5가지가 있다.

첫째로, 그 변화가 필요를 만족시킬 수 있다는 확신이 필요하다.

변화가 단순히 변화만을 위한 것이라면 어른들은 마음으로 받아들이지 않고 거부감을 갖는다. 단순히 변화만을 위해 예배 순서를 바꾸는 경우도 왕왕 있다. 이런 변화는 당장 그만두어야 한다. 꼭 어떤 필요성이 있다면 변화를 요구하고 받아들이도록 순서를 밟아야 한다. 다시 말하지만 모든 사람들이 똑같은 욕구를 가지고 있지 않다는 사실을 기억해야 할 것이다. 그렇기 때문에 뭔가 변화를 시도하려 한다면 그 변화가 의도하는 필요가 분명히 충족될 수 있어야 변화로서의 의미를 갖게 되는 것이다.

둘째로, 자신뿐만 아니라 다른 동료들에게도 변화에 따라 생겨날 수 있는 결과에 대해 포용할 수 있는 사람들인지 확신을 가져야 한다.

낯익은 실내 공간, 가구들, 스케줄이나 프로그램들이 확 바뀐다는 것은 직접

당하는 당사자로서는 충격이 될 뿐만 아니라 모임 내 거의 모든 사람들에게도 여파가 미친다. 하나의 모임이나 그룹을 위해서 변화를 주면 다른 모임이나 그룹의 사람들일지라도 영향을 받는 것이 사실이다. 특별히 노인 어른들 사이에서는 말이 엄청나게 빠른 속도로 전파된다. 긍정적인 방향으로 변화를 성공시키려거든 꼭 알아야 할 것이 바로 우리 자신뿐 아니라 다른 사람들에게서도 그 결과를 예측할 수 있어야 한다.

세 번째로, 변화가 정한 목표에 달성될 수 있다고 노인들이 믿고 있는지를 확신하는 일이다.

이것은 시간이 걸린다. 중요한 한 가지는 다른 길이 아닌 변화만이 살길이라는 설득을 받아내는 일이다. 조용하게 변화가 성공리에 잘 마칠 수 있다는 믿음이 다른 사람들에게 잘 전해져야 한다. 단기간의 어떤 술책을 써서 해버리면 멋져 보이기는 하겠지만 대상이 노인들이란 사실을 기억해야 한다. 이 분들은 모험 여행을 좋아하지 않는다. 그러기에 신뢰를 받지 못하게 되면 될 것도 되지 않는다. 천천히, 아기가 걸음마를 하는 것처럼. 이것이 중요하다. 당신이 섬기는 노년의 어른들에게 가능한 작은 것부터 시작하라. 그 후에 점진적으로 한 단계씩 접근해 들어가 큰 걸음을 뗄 수 있게 하며, 이렇게 되는 것을 눈으로 보면 노인들은 내심 도전을 받게 된다.

네 번째로, 그 변화가 '과거 것보다 더 좋다' 라는 것을 노인들이 믿는가, 이에 대한 점검이 필요하다.

만약 물건들이 현재 잘 정돈되어 생활하는데 아무런 불편이 없다면 변화될 이유가 있겠는가? 이러한 상황에서는 변화에 대한 시도가 어떠한 편협한 생각으로 비추어 보일 수 있다. 좀 더 깊은 사려를 해 보고 또 기도해가면서 계획을 잡는 것이 중요하다. 그리고 그 변화가 왜 필수적인지 정확한 이유를 가지고 보여주어야 한다. 아닌 밤중에 홍두깨가 되지 않기 위해서 말이다.

마지막으로 변화가 진행되는 과정에서 노인들이 중심이 되어 추진되고 있는지, 유념해야만 한다. 이것이 다섯 번째이다.

단순하게 위에서 변화를 계획하고 발표하고 따라 오라는 식으로 한다면 악재를 만날 것이 뻔하다. 그리고 대상자들은 안 좋은 감정을 가지게 마련이다. 진행이 이루어지는 중에 노인들이 중심이 되었는지, 그리고 적응할 수 있는 시간적인 여유를 주고 각 개인이 공감대를 가졌는지에 대한 확인 절차를 거쳐 진행해 나아간다면 열매를 볼 때까지 중단 없는 전진을 하게 될 것이다.

⑨ 나이 든 어른들은 과거의 자기 삶과 관련된 기관이나 단체를 사랑한다.

우리가 원숙한 노인들을 생각할 때는 저들의 살아온 역사를 빼놓지 말아야 한다. 그들 중에는 대학에도 다녔고 대학원에도 다닌 학력자가 있다. 흘러간 과거에는 일하고 봉사하고 참여해 오던 기관이나 단체 안에서 없어서는 안 되는 인물이었고 많은 존경을 받았었다. 만약 이 분들의 가정에 심방을 가게 된다면 재빠르게 방안의 벽을 쳐다보라. 거기에는 살아 온 과거를 전시해 놓은 사진이며 패, 여러 가지 기념물들이 장식되어 있을 것이다. 특별한 활동을 했던 인물인 경우 놀랄만한 우승컵이며 깃발, 트로피가 눈에 띌 것이다. 그 때 수첩을 꺼내서 중요하게 알아두어야 할 메모를 하라. 그러면 도움을 청할 때 그와 관계되었던 일에 있어서는 아주 좋은 협력자가 될 것이다. 이 분들은 과거에 자기 삶을 쏟았던 일만큼은 잊어버릴 수도 없고 지금도 추억 속에 애착을 가지고 산다.

자기가 어린 시절을 보냈던 시골도 자랑거리가 되고, 이전에 근무했던 장소도 잊지 못한다. 자원하여 봉사를 나갔던 어떤 장소도 잊을 수 없다. 노인들은 손과 발로 뛰었던 이전의 기관이나 단체를 잊지 못하고 여전히 추억 속에 사랑하고 있다. 지금이라도 뛰어 가서 다시 한 번 살고 싶은 마음이다. 이러한 사실들은 교회와 노인 사역을 위해 얼마나 큰 자원이 되는지 모른다. 그렇지 않겠는가? 수년간 한 교회에서 몸담고 있었다면 그 분은 그 교회를 사랑하는 사람이다. 많은 사람들이 새로운 장소로 옮겨 다니는 것을 본다. 보다 새로운 교회가 어디에 있는지 눈에 보이는 대로 옮기는 경우가 많다. 슬프게도 보다 새로운 교회는 존재하지 않는다. 단지 이들이 지금 간절하게 찾고 있는 것은 새로운 끄나풀이다. 무슨 말인가? 아직도 욕구와 필요가 마음속에 있는데 해갈을 하지 못해 위로와 안락한 안식처를 찾아서 어디에 끄나풀이 있는지 찾고 있다. 지역 교회가 이들에게 특별한 안식처가 되어 주어야 한다. 이 분들의 삶을 어루만져 줄 수 있는 기관과 단체가 되어야 한다. 저들의 과거를 되살릴 수 있는 곳이 되어야 한다. 저들의 고향이 '바로 이 곳이구나' 하고 느껴져야 한다.

⑩ 노인들은 세부적인 어떤 기술이나 능력보다는 충성과 신실함을 더 좋아한다.

노인들은 조금 못해도 충성하는 자세, 신실한 마음에는 좋아 어쩔 줄 몰라한다. 노인들은 부부간에도 신실한 분들이다. 또 속한 교회와 취미로 나가는 클럽에도, 그리고 그와 관계된 조직에도 충성스럽다. 충성과 신실은 노인을 위한 사역에서 키워드가 되어야 한다. 그러나 여기에는 성격상 패러독스가 있다. 노인들은 세부적인 기술이나 능력보다는 충성을 원하는데 여기에는 넘어야할 과제가 있다는 말이다. 혹시라도 "이 분들이 원하고 있는 욕구가 채워지지 않을 것이다"라고 느낀다면 이들은 다시 다른 모임에라도 나가려 찾아 나설 것이고, 거기에서 만족을 얻으려 할 것이다. 이들이 필요한 것이 채워지지 않을 때는 더 이상 참으려고 하지 않을 가능성이 많다. 그 때에는 충성심도 이들을 막지 못하게 된다.

의문의 여지없이 실버사역에는 많은 시간이 소모된다. 그리고 지속적인 사후 점검은 극히 중요하다. 언제나 즉각적인 사후 점검과 관리를 하지 않는다면 사역에 있어서 실수를 할 수 밖에 없다. 전화로 방문하고 우편을 이용하고 개인적인 심방을 하는 것도 필수이다. 어른들에게 당신의 신실함과 충성을 나타낼 때라야 당신과 교회와 그리스도께 그 이상을 넘어 충성과 신실함을 계속 지켜나갈 것이다.

⑪ 노인들은 자원봉사나 보살피고 주는 일들을 좋아한다.

노인들이 자원하여 기여할 수 있는 길이 많지는 않다. 만일 어느 지역 교회에 소속되어 일하지 않는다면 아마도 다른 어떤 곳이든지 선택을 하여 자원으로 봉사를 하게 될 것이다. 지역 교회에서 이 분들이 봉사하는 것을 별로 탐탁하게 여기지 않았는데, 다른 기관에 나가서 봉사하는 것을 본다면 당신은 놀랄 것이다. 앞으로는 모든 수용 가능한 기관에서 자원하여 일하는 노인들의 모습을 많이 보게 될 것이다. 여러 건강 요양 기관이라든지, 어린이 보육 시설, 장애자들의 모임 기관과, 방역 서비스 기관, 사회 복지회, 원아 보모 단체, 재활원, 기독교 복지 시설 등에서 이웃들을 돕고자 할 것이다.

우리가 잘못된 고정관념을 가지고 있다면 오직 우리 지역 교회에만 저들이 발을 붙이지 못하게 된다. 그들은 사회에서 돕는 자로서 인정받기를 소원하고 있다. 우리 교회가 이 분들에게 그 필요를 위해 장소를 마련해 주지 않는다면 다른 기관에서 봉사하는 것이 전혀 잘못된 것이라고 할 수 없다.

에베소서 4장 11절로부터 13절 말씀에서 사역을 위한 성경적인 아이디어를 얻을 수 있다. "그가 혹은 사도로, 혹은 선지자로, 혹은 복음 전하는 자로, 혹은 목사와 교사로 주셨으니, 이는 성도를 온전케 하며 봉사의 일을 하게 하며 그리스도의 몸을 세우려 하심이라. 우리가 다 하나님의 아들을 믿는 것과 아는 일에 하나가 되어 온전한 사람을 이루어 그리스도의 장성한 분량이 충만한 데까지 이르리니"

하나님께서는 모든 믿는 자들에게 은사를 주어 저들로 하여금 그리스도의 몸이 세워지고 교회가 충만한데 까지 나아가도록 사역을 하게 하신 것이 분명하지 않은가. 21세기에는 교회 안에서 특별히 지도자들이 성경에서 말씀하는

지상명령이 이루어질 수 있도록 하는 책임이 있다. 믿는 자들로 하여금 잘 준비시켜서 사역할 수 있도록 해야 한다. 그리스도의 몸이 세워지도록 말이다. 이것은 일반적으로는 지역 교회라고 할 수 있겠지만, 특별히 노인들이 하는 사역이 지도적이면서도 잘 갖춘 사역의 센터가 되어야 함을 의미하고 있다. 우리가 이 분들로 하여금 사역을 잘 하도록 가르치고 준비시켜 줌으로 많은 유익이 있을 뿐 아니라 역시 이는 공동체를 치유하고 세워나가는데 아주 중요한 요소이다. 가르쳐 주고 준비시켜 주면서 또 치유를 공동체 안에서 베풀면서 얻는 부가가치는 대단하다. 바로 그 노인들이 책임 있는 가족 구성원이 될 것이고, 영혼을 구원하는 전초기지 역할을 하게 될 것이다.

⑫ 노인들은 이야기를 나누고 느끼는 감정을 교환하며 가진 경험을 나누기를 좋아한다.

우리는 많은 말로 시끄럽게 떠들어대는 노인들을 보면서 비아냥거리며 웃었던 기억들이 있다. 그러나 그러한 생각과는 달리 저 분들에게는 하고 싶은 말들이 많다. 강의가 단순하게 가르치는 일만 하는 것이 아니지 않는가. 실질적으로 노인들과 함께 일을 해가면서 발견한 것인데, 사실과 엄청나게 다르다는 것이다. 이 분들이 말을 많이 하고 감정을 나누며 경험을 이야기 할 때 실은 배우기를 즐긴다는 것이다.

우리가 도울 수 있는 10가지의 방법이 여기에 있다
■ 노인들에게 자신들을 위하여 성경적인 진리를 경험하고 발견하도록 용기를 북돋아 주라.
노인들을 위하여 배움을 주는 것은 개인적으로 많은 문제와 고민 끝에 마음을 새롭게 정립하여 한결 자존감을 높게 끌어 올린다.

■ 견해차를 인정해 주라.

차이가 나는 것은 좋은 일이다. 차이가 있다는 것은 실제 소망이 있다는 증거다. 차이는 창의성을 포함한다. 우리가 기억할 것은 하나님도 우리를 창조하시되 각자를 개성 있게 창조하셨다. 노인들은 살아온 자기의 풍부한 역사 속에서 나누고 싶은 수많은 것들을 품고 산다. 하는 말이 "진실이냐, 허위냐"라고 따지기보다는 그런 말에 "동의하나, 동의할 수 없는가"라는 입장을 가져야 한다. 노인들이 토론에 들어가면 얼마나 열심을 내며 몰입하는지 그 모습을 보게 되면 당신은 놀라고 말 것이다.

■ 더 열심을 낼 수 있도록 용기를 주어라.

강연을 하는 대신에 섬기는 대상인 노인들이 듣는 것보다는 차라리 둘러앉아 직접 행할 수 있도록 토론하게 하고 활동할 수 있도록 하라.

■ 실수를 받아 들여라.

사실 실수란 배우는 자에게 특권이다. 실수를 해야 배울 수 있다. 실수는 배움의 과정이요 길이다. 그러므로 토론 중에 아무리 부당한 말을 하더라도 일단 용납하는 자세를 가져야 한다. "예 그렇게 생각하셨군요!"라고 말하는 것이다. "저는 그렇게까지는 생각지 못했네요" 이렇게 말해 줄 때 사고의 모순이나 차이가 받아들여질 수 있다고 여기며 창의적인 열린 마음과 토론으로 이끌게 된다. 지나치게 분명한 태도를 보이면 실수에 대한 부담감을 갖기 쉽다. 애매모호한 태도가 실수를 받아들이는 데 중요하다. 섬기는 노인들이 항상 올바른 정답만을 가지고 있을 수는 없고, 또 그럴 수도 없지 않은가. 때로는 이 분들도 생각들과 씨름을 하고 개념들과 아이디어 속에서 방황을 한다. 그리고 매우 분명하지 않으며 애매모호할 때가 있다. 이러한 것은 배움을 좋아하는 저들에게 과정으로 인정하고 오히려 터득해 가는 건강한 모습이다.

■ 배우는 과정에서 협조하고 협력하는 것을 기꺼이 허락하라.

이런 일은 우리가 서로를 필요로 하는 사람들이라는 사실을 재인식하게 한다. 우리 중 누가 모든 정답을 다 가지고 있겠는가. 함께 성경을 공부하면 성령께서도 우리의 교사가 되어 주신다. 전도서 4장 9절의 말씀을 보자. "두 사람이 한 사람보다 나음은 저희가 수고함으로 좋은 상을 얻을 것임이라"

■ 솔직함과 투명함으로 용기를 북돋아 주라.

우리 사회는 비밀과 숨김과 정직하지 못한 곳이 너무나 많다. 오직 그리스도의 몸인 교회가 아니면 어디서 솔직하고 투명하고 정직한 곳을 만나겠는가? 이러한 분위기로 교회를 이끌어가야 한다.

■ 노인들이 느끼는 감정을 받아 주고 인정해 주어라.

느끼는 감정을 받아들이지 않고 배격하는 것은 들어온 사람을 내쫓는 것과 같다. 이러한 분위기가 쫓아내는 가장 가혹한 행위이다. 오늘날 노인 사역자들에 대한 불만의 대부분이 바로 이거다. 자기들을 받아 주지 않는다는 것이다. 당신의 사역 속에서 감정을 받아 줄 수 있는 공간을 창조하라.

■ 존경심으로 용기를 주라.

존경해주는 것은 모든 세대가 다 원하는 것일 게다. 그러나 노년층은 살아오는 동안 바로 지금이야말로 그 순간이라고 느낀다. 존경하는 마음도 없이 가르치려 들지 말라. 그러한 사람에게는 배우려는 사람도 없다. 존경심은 하나의 라이프스타일에서 온다. 평소 자기의 삶 속에 배어 있지 않다면 나오지 않는다. 오랜 시간 속에서 마음속에 쌓아지는 인격으로 갑자기 생기지 않기 때문에 이러한 사역을 할 수 없다. 당신은 노인들을 존경하는가. 그렇다면 저들도 서로 간에 존경하게 될 것이다.

■ 섬기는 한 분 한 분의 삶에 맞춘 개인적인 적용에 초점을 맞추라.

실제적으로 개인적인 적용이 되지 않고 아는 지식으로만 죽 나열한다면 도움이 전혀 되지 않는다. 이러한 교육은 성경 전체를 배우는 마지막 단계에서 해보면 노인들에게 도움이 될 수 있을지 모른다. 그러나 개인적인 적용이라야 효과를 거둘 수 있다.

■ 성경의 진리와 개인의 삶이 잘 조화되도록 하라.

성경의 진리와 개인의 삶이 조화를 가져와야 한다. 성경이 삶 속에 연결되어야 성공한 사역이라고 할 수 있다. 성경과 삶 속에서 일치점을 발견하게 해 주는 것이 매우 중요하다. 그들이 성경에서 배운 내용을 꼭 삶 가운데로 끌고 가게 해야만 한다.

⑬ 노년은 바쁜 것을 좋아한다. 건강이 허락한다면 에너지를 보충하면서라도 계속해서 달리고 싶어 한다.

노인들도 에너지를 실은 화차와 같다고 할 수 있다. 건강만 좋다면 얼마든지 활동하며 살기를 원한다. 이들의 활동성은 작을지 모른다. 그러나 교회 식구들 안에서 노인들로 하여금 조금은 분주할 수 있도록 해주는 것이 중요하다.

이 분들을 배려한 혁신적인 아이디어중 하나는 '목회자 지원팀(Pastoral Assistance Team)'을 만드는 것이다.[116] 지원팀은 노인 사역을 돕는 일을 효과적으로 추진하기 위해 구성하는 것이다.

이 팀에서는 찾아 온 모든 어른들이 가진 영적인 은사가 무엇인지 찾아주는 일을 도맡아 한다. 그리고 은사가 발견되면 그에 맞는 사람을 사역의 대열에 받아들이고, 훈련시키고, 개발하고, 동역자로서 일을 배우며 사역을 해 나갈 수 있도록 봉사하게 한다.

---

116) '부록 1' 의 '업무지원팀 가이드라인' 을 참고하라.

모든 사람들 가운데 영적인 은사를 찾아 일이 되어지도록 하는 목회적 협력을 위한 모임이야말로 가장 쉽고도 평범한 일이다. 그런데 그 자리는 특별히 자신들의 은사가 사용될 뿐 아니라 다른 모든 사람들도 은사가 귀하게 쓰여지는 계기가 된다. 사소한 일인데도 주님을 위해서는 참으로 의미가 있는 것이다. 이 팀원 중에서 병원에 심방도 갈 수 있도록 하고, 사랑하는 가족이 중한 수술을 하고 누워 있는 가정에 가족처럼 돌봐주는 일들도 한다. 그리고 교회는 나오지 않고 집에 틀어박혀 있는 회원을 방문하는 일이며, 매달 이런 사람들과 친교회를 열기도 한다.

목회자는 이 팀원들과 정기적으로 커피타임을 갖는다. 그런데 이 팀원들은 목회자와 함께 마시는 커피타임에 초청할 사람들을 줄을 세워 놓고 기다리는 일들도 벌어진다. 이렇게 목회를 돕는 팀원들은 힘과 용기의 엄청난 자원이 아니고 무엇이겠는가.

⑭ 노년은 그들이 가진 믿음을 아주 단순한 방법으로 나누기를 좋아한다.

나중에 다시 서술되겠지만 노인들은 믿음을 단순하게 나누기를 좋아한다는 것이다. 대부분의 노인들은 동료들과 농담을 즐긴다. 그러다가 기회가 되거나 무슨 준비가 되었다고 생각되면 단순하면서도 다정하게 친구들이나 이웃들에게 기꺼이 자기 믿음을 나눈다.

⑮ 노년은 아이들을 사랑한다. 그리고 젊은이를 사랑하고 또 중년도 사랑으로 품을 줄 안다.

이 분들은 가족에 대해서 열성적으로 애정을 품고 있다. 특히 손자들에 대한 사랑은 못 말릴 정도이다. 노년들은 말은 하지 않으면서도 어린 것들과 함께 있기를 좋아한다. 짧은 시간이라도 이들을 보기만 하면 예뻐하는 마음을 갖는다. 가끔 유머스러운 말을 듣곤 하는데, "아이고 요것 좀 봐!" 하며 꼬집지도 못하고 흉내만 낸다. 할머니 할아버지들은 어린 것들을 품에 안아 보고 싶어 한다. 이 때문에 아이가 있는 집을 찾는다. 특히 응석을 부릴 때 어쩔 줄 몰라 하다가 부모에게 돌려준다. 여러분은 이런 것을 볼 때 웃을지 모르지만 그것은 사실이다. 노년은 아이들을 사랑한다. 또 젊은이들도 또 중년의 사람들도 사랑한다. 그리고 시간이 허락하는 한 여러 방도로 도움을 주려고 노력한다. 이러한 사실은 21세기의 교회가 어린이, 젊은이, 중년, 이들을 돕고자 할 때 노년이 풍요한 자원으로 충분히 쓰여질 수 있다는 것을 확신케 한다.

갈라거(Gallagher)는 또, 활동적이지 못한 노인들에 대해서도 분명한 이해가 필요하다고 말한다.[117] 즉, 노인들 가운데는 집에 틀어 박혀 있거나, 장·단기적으로 어떤 치료가 필요한 분들도 있다는 것이다. 그들의 특성도 우리는 알아야만 한다. 이는 평균 수명이 길어지고 삶의 패턴이 바뀌게 되면서 일어날 수밖에 없는 일들이라 할 것이다.

우선 과연 도움을 필요로 하는 사람인지 아닌지를 다음의 체크리스트를 통해 확인해 보기 바란다.

지원이 필요한 노인인가의 여부 체크리스트

※ 개인들이 독립할 수 있는지, 어떤 일에 도움이 필요한지, 아니면 전혀 할 수 없는지, 다음 체크 리스트를 가지고 매일의 활동을 기록해 보라.

	예	아니요
• 걷기 : 개인이 어떤 기구를 사용하지 않고 또 타인의 도움을 받지 않고 움직일 수 있는가?	☐	☐
• 이동 : 침대에서 의자까지 도움 없이 자리를 옮길 수 있는가?	☐	☐
• 목욕 : 욕실에 들어가서 수도꼭지나 샤워기를 열기도 하고 아무 도움 없이 목욕을 할 수 있는가?	☐	☐
• 옷 입기 : 혼자 도움 없이 옷을 입고 악세서리를 끼우고, 그리고 머리를 감거나 면도를 할 수 있는가?	☐	☐
• 의료 : 시간에 맞춰 거기에 맞는 약을 챙겨 먹을 수 있는가?	☐	☐
• 집보기 : 혼자서 최소한의 청소와 설거지를 할 수 있는가?	☐	☐

117) Gallagher, 25-29.

병원에 입원을 시켜서라도 맡겨야 된다면 병원과 연관된 여러 사회 복지 기관들이 있으니 상담을 해보는 것이 좋다. 그들은 추천을 해줄 수도 있고 필요한 돌봄에 대해 연관된 시설이나 유관단체에 연결해 줄 수도 있다.

- 복지 상담사 : 필요가 무엇인지 판단을 내려주고 필요로 하는 서비스를 계약하거나 절충해 줄 수 있다.
- 가정을 돕는 단체들이 있는데 필요한 경비를 주면 보조사를 보내준다. 미리 알아보고 비교도 해보며 가장 신뢰성 있는 곳을 선택해야 한다.

도움이 있는 곳에서 문제도 해결되므로 필요한 것들이 있다면 길든 짧든 돌봐주는 손길을 유용하게 얻을 수 있어야 하겠다. 매일 생활하는데 혼자 힘으로 어렵게라도 지탱할 수 있다면 어떤 선택을 해야할지 생각해 볼 문제고, 어쨌든 그와 함께 집안에 머무르며 필요할 때 돕는 것이 가장 바람직하다.

한편 불편한 노인들을 위해서는 다음과 같은 일들을 할 수 있을 것이다.
- 가정 보조 : 가사 일을 돕는 서비스, 그리고 어떤 한 사람만을 도와서 케어해 줌.
- 건강 치료 : 운동을 조절하거나 하게 함. 치료, 육체적으로 다시 재기할 수 있게 때로는 훈련도 시키고 교육도 시킴
- 작업 요법 : 매일의 실생활을 잘 해낼 수 있게 능력을 키우고 강화시키기 위해서 운동을 주장 관리하고 여러 활동을 지도함. 예를 들어 옷 입기, 밥 먹기, 가사일, 또는 다양한 레저 활동들을 돕는다.
- 언어 치료 : 언어를 구사하는 능력을 키우기 위해서 훈련하고 필요한 여러 서비스를 제공한다.
- 의학 사회 복지 : 개인을 상담해주고 그들의 가족들을 도와 육체나 감정의 문제들을 잘 조절해 준다.
- 영양 상담 : 영양 상태가 노인들의 경우 중요한데 상태를 점검하고 필요한 정보와 어떤 식단으로 케어가 필요한지, 아니면 다이어트에 대해, 식사하는 시간 문제, 음식 요리방법 등을 제공한다.

결론은 노인이 누구인지를 분명히 알아야 실버사역을 제대로 할 수 있다는 것이다. 그런 측면에서 노인들의 심성이나 그들의 태도 등에 대해 깊은 이해가 있어야 할 것이다.

제3부

실버사역의 방향성

1. 노인들에게 교육이 필요한 이유

2. 실버사역의 목적

3. 실버사역의 중요한 방향성; 정체성의 확립

4. 실버사역의 전체 구도

5. 실버사역의 교육 내용

3. 실버사역의 방향성

(1) 노인들에게 교육이 필요한 이유

건강하게 나이든 사람의 두뇌는 건강한 젊은이의 그것과 같이 활동적이며 유능하다고 말한다.[118] 단지 노인의 지성(知性) 상실은 노인이 받게 되는 사회 처우에 관계된 것이라는 것이다. 고독하게 되면 사교성을 잃어버리고 정신적 활동도 둔화된다.[119] 즉 지성의 감퇴는 병으로 인한 약물 남용, 직업상실에서 오는 무위(無爲), 역할 상실, 사회적 소외 등에 기인할 뿐이라고 한다.

흔히 노인들이 겪는 빈곤, 질병, 고독의 문제를 노인의 삼고(三苦)라고 하고 그것에 역할의 상실을 추가하여 사고(四苦)라고 한다. 실버사역의 교회교육은 하나님의 뜻이다.

---

118) 켄 데이비드 바르트, *Age wave-21세기 고령사회*, 다라꾸 외 역, (서울: 창지사, 1991), 62.
119) Ibid., 64.

노인목회는 시대적 사명이다. 전통적 가부장적 제도 아래서는 노인부양문제
는 그렇게 사회적으로 심각한 문제는 아니었다. 그러나 급격한 사회적 변동과
함께 노인 부양의 문제가 일어나고 있다. 부양 의식의 변화와 더불어 노인 인
구의 증가에 따른 노인복지제도의 미흡, 즉 제한된 보호시설과 노인직업의 감
소, 퇴직 후의 생계보장제도의 미비로 노인빈곤의 문제가 확산되고 있다.

평균 수명의 연장은 노인 인구 증가와 더불어 노인 빈곤의 장기화, 집단화의
특성을 지니고 있다.[120] 사회 속에서 빛과 소금의 역할을 담당해야 하는 교회는
이와 같은 사회 현상을 외면할 수 없는 일이다. 오히려 약한 자들을 위해 관심
을 갖고 보살핌으로 시대적 사명을 다해야 한다. 형제 중 지극히 작은 자가 주
릴 때에 먹을 것을 주고 목마를 때에 마시게 하고 나그네를 영접하고 벗었을
때에 옷을 입히고 병들었을 때에 돌아보고 옥에 갇혔을 때에 살피는 일은 이웃
을 위한 일일 뿐 아니라 주님을 위해 봉사하는 것이며, 교회가 감당해야 할 목
회의 한 부분이다.[121] 노인들을 위한 목회는 교회가 적극적으로 나서서 감당해
야 할 시대적 사명이라 할 수 있다.[122]

특별히 노인들의 평균수명이 늘어날수록 스스로 자각하는 연령(SAA: Self
Aware Age)을 낮출 필요가 있다. 그래야 노년의 삶이 행복하고 풍성하기 때문
이다. 곧 나이라는 것은 '역 연령(CA: Chronological Age 또는 Calendar
Age)', '생활 연령'이라고 말할 수 있는데, 아무리 생활 연령이 높다 하더라도
생물학적 연령(BA: Biological Age)[123]이 10년이나 20년 이상 낮은 삶을 살 수
도 있으며, 특별히 심리적 연령(PA: Psychological Age)은 얼마든지 통제가 가
능한 것이 사실인 것이다.[124]

---

120) 마태복음 5:12-13
121) 마태복음 25:31-46
122) 이흥배, "고령화시대의 노인목회", *가정과 상담* (2002, 12): 35.
123) 신체적 활력의 장도를 따지는 나이. 육체 연령, 신체연령이라고도 부른다.
124) 환경변화에 얼마나 잘 적응하며 예기치 않은 생활 사건이 주는 스트레스에 얼마나 잘 대처하는가에 대한 측정치로
    정신연령(MA: Mental Age)과 비슷하다.

더불어 아무리 노년이 되었다 할지라도 사회적 연령(SA: Sociological Age) 까지 은퇴 연령으로 변하게 된다면 이는 심리적 연령이나 다른 부분에도 악영향을 끼치게 된다. 그러나 실버사역은 비록 은퇴를 했다 할지라도 개인이 속한 사회에서 비록 노년이기는 하지만 보람된 일을 하도록 도와줌으로 인해 사회적 연령을 훨씬 낮추도록 할 수 있는 것이다.

그뿐 아니다. 기능적 연령(FA: Functional Age)도 극단적 하락을 막는 효과가 있다. 기능적 연령이라는 것은 신체적, 심리적 기능의 정도를 따지는 연령인데 실버사역을 잘 감당하게 함으로써 기능적 연령의 최소한 하락을 보장해 주는 효과도 있는 것이다.

결국 아무리 생활 연령이 높다 할지라도 실버사역을 통해 심리적 연령(PA)이나 사회적(SA), 기능적 연령(FA)을 낮게 자각하도록 하면 당연히 자각 연령(SAA) 또한 낮아지기 때문에 행복한 노년기를 보낼 수 있는 것이다. 그래야 인생에 대한 도전 의식을 갖게 되는 것이다.

자각 연령이 낮게 되면 노인들 자신이 자신에 대해 도전할 수 있도록 동기를 부여하고 격려함으로 인해 그들의 능력은 더 발전될 수 있다. 괴테는 80세에 파우스트를 완성했고, 갈릴레오는 73세에 지동설(地動說)을 주장했고, 미켈란젤로는 89세로 죽기 전 18년간 성당 건축을 스스로 감독, 지휘했으며 피카소는 90세에 왕성한 창작활동을 했다. 허드슨 테일러는 70세에 다른 곳으로 선교여행을 떠났고, 죠지 뮬러는 90세까지 1500명의 고아들을 돌보고 고아원을 운영하며 입버릇처럼 "오 나는 행복해"하며 감격을 되풀이했다고 한다.

우리에게는 잘못된 고정관념이 있다. 노화에 대한 공포증 같은 것이 있어서 스스로 체념하고 은둔해 버리는 고정관념이 그것이다. 이것과 더불어 싸워갈 수만 있으면 더 풍성한 삶을 사는 발전된 노인이 될 수 있을 것이다.[125]

---

125) 대한예수교장로회총회교육원, 84.

또, 노인목회는 영혼 구원의 시급성 때문에 당연히 도입해야만 하는 것이다. 영혼을 구원하는 일에 있어서 순서가 정해져 있는 것은 아니지만 일반적인 면에서 노인은 이 생을 정리할 기간이 길지 않다. 어느 계층보다도 복음을 듣고 받아들일 수 있는 기간이 짧다고 할 수 있다. 영혼 구원이 복음사역에서 가장 우선되는 일이라면 노인목회 역시 가장 우선해야 할 사역임에 틀림없다.

또한 심각한 사회 문제가 되고 있는 노인층이 사회와 가정에서 존경받는 어른으로서의 과업과 역할을 다하고 생의 마무리를 아름답고 보람있게 장식할 수 있도록 도와주는 것이 우리의 도리이기도 하다.[126] 그뿐 아니라, 평균수명이 늘어남에 따라 여가 시간도 증가함으로 일을 유효적절하게 활용하는 방법을 배우기 위해 노인 교육이 필요하다고 할 것이다.

(2) 실버사역의 목적

파버(Heije Faber)는 노인 목회는 노인들이 하나님의 빛 속에서 그들의 존재를 경험하며, 살도록 도와주고 용기를 북돋워주는 것이라고 하였다.[127] 따라서 노인목회는 노인들로 하여금 자기 정체성을 이해하고, 자기 가치를 발견하고, 자기 소명을 따라 하나님과 이웃과 자신을 위해 용기를 가지고 살아갈 수 있도록 목표를 둔 교육이 진정한 목회 사역이라고 할 수 있다.

노년기는 "인간이 행동하는 불꽃 속에서 할 수 없었던 것보다 더 천천히 틈을 내어 자기 인생을 반성하고 무엇이 가치 있었던가를 찾아보는 시기"[128]라고 하였다. 또한 노년기는 "늙음과 죽음의 그 치욕과 무기력함의 현실을 통하여 사람으로 하여금 영원한 가치에 눈뜨게 하는 시기"이다.[129]

---

126) 이승익, '노인학교 운영의 실제', **두란노 목회자료 큰백과** 19권 (서울: 두란노, 1997), 274.
127) Heije Faber, Striking Sails, *A Pastoral Psychological View of Growing older in our Society*, trans. Kenneth R. Mitchell (Nashville Tennessee: Abindom, 1984), 146.
128) 스위스의 내과의사 Paul Tournier의 주장으로 일반 의학에서 전신요법을 활용한 '대화'를 통한 치료법의 일환인 '인격의학'을 주창하였다.
129) Yosiyama Nobour, **늙음은 하나님의 은총**, 김동섭 역 (서울: 성바오로출판사, 1992)

또한 노년기는 기독교 교육의 차원에서 볼 때 기독교 교육이 태에서 천국에 가기 직전까지를 그 범위로 하고 있는 한 노인교육은 가장 소중한 종말적 시기로써 계속되어온 교육의 추수기라고 할 수 있을 것이다. 동시에 삶을 끝맺음하는 가장 중요한 시기이다.

이러한 노년기에 형성되는 신앙의 깊이는 노년기의 삶에 긍정적 영향을 끼친다는 사실이 입증되고 있다. 즉 기독교의 신앙이 노년기의 삶 속에 "삶의 의미에 대한 심원한 개념과 성도들의 친교에서 오는 삶의 위로"를 제공하고 있다고 한다.[130]

따라서 노년기야 말로 가장 진지하게 인생의 본질에 대해 이해하며 하나님의 존재에 대해 깊이 사념하는 은총의 시간이며 노년기의 고독조차도 하나님의 현존을 체험하여, 위로를 받게 됨으로 은총을 경험할 수 있는 최적의 시기며,[131] 기독교야말로 노인에 대한 가장 근접적인 노력을 할 수 있는 정신적 자산을 가지고 있다고 할 수 있다. 이러한 노년기의 긍정성을 어떻게 우리 모두가 인식할 수 있을까에 노인교육의 목적이 있다고 할 수 있으며 다음과 같이 정리할 수 있다.

노인들로 하여금 마지막까지 주어진 삶에 대한 책임적인 존재로서의 삶의 목적과 의미를 간직하게 하며 아울러 하나님을 영위하도록 함에 있다. 특히 하나님을 영접하지 못한 사람들에게 하나님을 영접하여 그 영혼이 구원을 얻어 영생할 수 있도록 돕는데 있다.

이러한 목적에는 성경에서 이해한 노인의 긍정성을 향하여 부단히 노력하며 아울러 나이로 인하여 겪을 수밖에 없는 신체적인 노쇠 현상으로 오는 고통을 수용하며 황혼기를 긍정적으로 마무리함을 포함하고 있다.

Fowler는 신앙교육의 목적을 인간의 일평생을 통하여 신앙이 지속적으로 성숙하는데 두고 있으며 이것은 곧 예수 그리스도 안에 나타난 하나님의 사랑과

---

130) 기독교백과사전 제3권, 546.
131) Alphonse Deeken, *제3의 인생*, 김윤주 역 (경북: 분도출판사, 1982), 51.

구속에 대한 전 인격과 삶의 응답이라고 정의한다.[132] 이러한 목적에는 두 가지의 인식이 요구되어진다. 먼저는 노인 스스로 간직해야 할 자기 긍정성이다. 여기의 자기 긍정성에는 성경적인 노인이해에 대한 수용으로 장수는 선한 삶에 대한 보상이요, 하나님이 주시는 복이며, 계명을 잘 지킨 자에 대한 하나님의 사랑의 표시임을 스스로 간직하는 것이다.

그리고 이웃을 받아들이고 책임으로 간직해야 한다는 인식이다. 즉 노인은 교회 공동체에 매우 귀한 인생관, 가치관, 생활관을 제공해 주는 어른으로서 존경을 받아 마땅하며, 젊은이들에게 건전한 판단과 생의 의미에 대한 재평가, 물리적 가치에 반대되는 정신적 가치를 재확인시키는 어른으로서의 자리를 제공할 수 있도록 교육을 시키는 것이 목적이다.[133]

이상과 같은 노인에 대한 이해는 앞에서 살펴본 성경 속에서의 노인의 이해와 일맥 상통하는 이해라 할 수 있으며 다음과 같이 노인의 신앙교육에 대한 목적을 정리할 수 있다.

첫째, 예수 그리스도 안에서 계시하신 구속의 사랑을 통해 하나님을 깨닫도록 하는 하나님의 자기 계시를 알고 신앙과 사랑으로 응답케 하는 것이다.

둘째, 노인들 스스로 자신의 삶의 자리를 확인하고, 자신에 대한 정체성을 이해하는 것이다.

셋째, 더불어 사는 삶의 현장에 뿌리를 내리어 하나님의 자녀로 계속해서 성장하고 모든 관계를 성령 안에서 유지하면서 세상의 삶에서 마지막까지 개인에게 주어진 발달과업을 충성스럽게 감당하는 일이다.

넷째, 인생행로 전체를 기독교적 희망 가운데 살아 갈 수 있는 힘을 얻는데 있다.

이상은 바로 위로부터 내려오는 '깨달음'(인식)과 아래에서 올라가는 '응답'(반응)이란 독특한 신앙의 삶의 모습을 계속 유지하는 방식이라 본다.[134]

132) 김찬종, 4.
133) Ibid.
134) 고용수, *만남의 기독교 교육사상* (서울: 장로교신학대학교 출판부, 1994), 223-224.

또한 한국여성개발원은 노후를 즐겁고 보람되게 하며, 건강 생활을 영위하게 하며, 인간관계를 맺고 취미 활동을 하게하며, 사회 변동에 대한 지식과 교양을 갖게 하며, 사회 발전에 공헌할 수 있게 하며 나아가 변화하는 국제화 사회에 적응하고 행복한 장수를 위해 사회 적응을 적절하게 할 수 있도록 학습을 계속해야 한다고 하였으며,[135] 감신대의 장종철 교수는 성인교육의 목적을 통해 노인 종교교육의 범위를 규정하였는데 목적, 교수 내용, 교사와 학습자의 의도성, 주제와 과정이 종교적인 목적이어야 하지만 교수 내용은 종교적으로 한정시킬 필요는 없으며 경험적인 활동이어야 한다고 하였다.[136]

그러나 교회의 노인교육은 예수 그리스도를 믿으므로 구원을 받아 영원한 생명을 얻고 천국의 소망을 가지고 편안하게 죽음을 맞이하도록 돕는 것이어야 한다고 하였다.

그러므로 교회의 노인 교육은 노인 문제 해결에 도움을 주는 것뿐만 아니라 교육을 통하여 노인들에게 자아 통합을 이루도록 도와주며 특히 비신자 노인들에게는 예수 그리스도를 영접하는 기회로 삼도록 해야 한다.

폴 투르니에는 '정년퇴직과 노인'에서 인생에는 대전환기가 있는데 하나는 아동이 성인으로 넘어가는 시기요, 다른 하나는 성인이 노년으로 넘어가는 시기라고 한다. 젊어서는 생산적(자손, 또는 물질 등) 삶에 초점을 두지만, 늙어서는 교양, 정신적 면에 새로운 개화기가 되어야 한다. 그 개화란 긴 인생길에서 희생시켜 왔던 고귀한 것들에 대한 각성이다. 인생을 거의 다 살고 인생을 더 깊이 알려는 새로운 국면에 이르게 되는 것이다.[137]

파리 대학의 장드레 박사는 '육체만을 위해서 살아온 인간에게 있어서 늙음은 권위의 실추이다. 그러나 정신을 위해서 살아온 사람에게는 늙음은 숭고한 개화이다'라고 했다.[138] 다시 말해서 노년의 의미는 직접적인 이해관계에서 해

135) 한국여성개발원, **여성노인** (서울: 한국여성개발원, 1993), 120-121.
136) 장종철, **노인종교교육과 교회의 프로그램 개발** (서울: 감신대 출판부, 1991), 283-284.
137) 대한예수교장로회총회교육원, 88.
138) Ibid., 89.

방되어서 마음을 확대시키는 다시없는 기회라는데 있다. 행복한 노인은 생의 의미를 하나님과 인간을 봉사하는데 초점을 둔다. 즉 행복한 노인이란 하나님께 전적으로 위탁한 겸손과 감사와 순종으로 하나님과 더 가까워진 확신을 갖고 사랑하며 섬기는 사람이다. 바울처럼 모두가 상실되어가는 중에서 계속 자기와 싸우며 "내가 선한 싸움을 다 싸우고 믿음을 지켰노라"고 말할 수 있도록 도와주는 것을 노인교육의 목표라 할 수 있을 것이다. 겉 사람은 날로 후패하지만 속사람을 더욱 새롭게 함으로 인해 '다 이루었다'라고 고백할 수 있는 성숙한 인간으로서의 변화를 유도해야 하며 하늘에 대한 소망을 강하게 갖게 함으로 인해 그리스도 안에서의 행복한 죽음을 준비하도록 교육이 이루어져야 한다.

외경 지혜서 4:8-10을 인용하면 "노인은 오래 살았다고 해서 영예를 누리는 것이 아니며, 인생은 산 햇수로 재는 것이 아니다. 현명이 곧 백발이고, 티 없는 생활이 곧 노년기의 원숙한 결실이다."[139]라고 기록되었다.

한편 '이승익'은 실버사역이 성취하여야 할 목표로 다음과 같은 4가지를 들고 있다.[140]

첫째, 현대 사회 문화에 적응하게 하고 지도적 역할을 회복하게 한다.

둘째, 지금까지 고루하게 간직하고 있던 사고나 의식을 전환할 수 있게 한다.

셋째, 건강을 유지하고 의욕적이며 긍정적인 자세를 확립하게 한다.

넷째, 다양한 취미와 건전한 인생관을 갖게 하고 인생의 마무리를 아름답게 영위해 나가도록 도와준다.

더불어 '이승익'은 이러한 실버사역을 주최하는 교회가 가져야 할 목적으로 다음의 3가지를 들고 있다.[141] 곧 교회 차원에서 노인학교를 설치하는 목적을

---

139) 추부길 편, **실버사역** (서울: 한국가정상담연구소, 2001), 10. (미발간 교재)
140) 이승익, 274.
141) 이승익, 274-275.

분명히 하고 사역을 시작해야 한다는 것이다. 그 첫째는 전도의 목적을 들 수 있다. 수강생들은 재학 기간 동안이나 수료후에도 당연한 전도 대상이라는 것이다. 둘째는 교회 내의 모든 교육은 영성 중심의 교육이기 때문에 기성 교인들의 노인들도 모든 노인들이 해당하는 문제들을 가지고 있고 이들에 대한 영성 이외의 교육이 필요하기 때문에 교인들을 위한 교육이 두 번째의 목적이다. 세 번째로는 노인 문제에 대한 국가적 과제 수행과 지역 사회를 위한 봉사의 목적을 들 수 있다. 노인 문제의 심각성은 이제 국가가 책임져야 할 한계를 넘어섰다는 것이다. 그렇기 때문에 교회가 그 임무를 감당하는 것은 당연한 책무라는 것이다.

(3) 실버사역의 중요한 방향성; 정체성의 확립

1) 사회적 인식 함양

하나님이 함께하는 노년의 삶은 결코 인생의 황혼기가 아니며 소외와 슬픔과 상실의 시기가 아니다. 성경을 통해 보면, 나이가 많은 노인들이 그들의 경험과 지혜로 인해서 권위가 있었고 존경과 대우를 받았다(욥기 12:12, 32:7). 은혜롭게 늙는 것은 인생 승리의 일종이다.

노인들이 늙은 현실을 직시하고 감내하면 모든 이들에게 존경과 축복의 인물이 된다. 노인의 존재는 그 가정과 사회와 국가에게 매우 긍정적인 의미를 가진다. 히브리 사회에서 특히 그러했던 이유는 나이가 많다는 것은 하나님의 계명을 잘 지킴으로 인해 하나님께서 그에게 복을 주셨다는 표시였기 때문이다(신명기 30:19, 20).

구약에서는 나이가 많아 늙은 노년을 히브리어로 '세바토바 seybah toba'

라고 했는데 직역하면 '좋은 흰머리' 라는 뜻이며 이것은 보다 구체적으로 머리가 완전히 희어질 때까지 오래 살고 죽을 때까지 형통하며 자연사하여 가족묘에 장사되는 것을 말한다.[142]

흰머리의 노년은 슬퍼하고 기피할 것이 아니다. 오는 백발을 막아보려는 생각도 부질없는 것이며, 백발을 검게 물들이는 것도 바람직한 것이 아니다. 왜냐하면 "젊은이의 자랑은 힘이요, 노인의 영광은 백발이다"(잠언 20:29)라고 성경은 말하기 때문이다. 그러므로 성경적으로 보면 '좋은 백발' 을 볼 때까지 오래 살도록 원하는 것이 신앙적인 태도이며, 오래 사는 그 자체가 중요한 것이 아니라, 백발로 삶 속에서 하나님의 정직하심과 그 분의 은총을 증언해야 하는 사명이 있음을 깨닫는 점이 중요한 것이다(시편 92:12-15).

노인은 하나님의 능력과 정의를 후손에게 알게 하는 교육적 사명과 책임이 있다. 백수(白首)에도 후대에게 하나님의 공의와 기사가 선포되었다(시편 71:17-18). 노인은 이 땅에서 생의 마지막 순간까지 믿음을 지키고 믿음의 본을 보이며, 후손들에게 교육과 축복을 해주는 귀중한 사명과 특권이 있다. 노인은 은혜롭게 늙어야 한다. 노인들은 자라는 세대에게 좋은 영향을 주어야 한다. 은퇴한 후에 후손들의 일을 도와주며(민수기 8:24-26; 누가복음 1:18-25), 자신의 한계를 인식하면서 후손들을 앞세우는 역할을 감당해야 한다. 다윗 왕의 예루살렘 왕궁으로의 극진한 초청에 대하여 80세 바르실래의 겸허한 나이, 분간의 태도와 거절은 노인들의 귀감이 된다(사무엘하 19:32-39).[143]

또한 노년은 육체적으로나 정신적으로 피할 수 없기 때문에 하나님께서는 자녀들에게 부모를 공경할 것을 명령하셨다(출애굽기 20:12; 신명기 5:16; 에베소서 6:1-2). '네 부모를 공경하라' 는 제 5계명의 주석에서 '공경하라' 라는 히브리어 동사 כָּבַד kabad' 의 의미가 충분히 설명되지 못하거나 추상적인 의미로 전제 되었는데, 이제 다시 그 동사의 역사적인 의미를 비평적으로 검토해

---

142) J. G. Harris, Old age in the Anchor Bible Dictionary Vol 5 (Doubleday, 1992), 10.
143) 박영호, 15.

보면 그것은 노년의 부모를 "생계를 유지할 수 있도록 돌보아드린다" (versorgen)는 뜻이라고 밝힌 것은 매우 적절하다. 또한 "네 부모를 공경하라" 는 계명의 일차적인 의미가 사춘기의 자녀나 반항하는 미성년 자녀를 부모의 권위아래 두려는 것이 아니라 그것은 오히려 부모를 떠나 가정을 이룬(창세기 2:24 참조) 성년의 자녀들을 겨냥하고 있다.[144]

하나님과 함께하는 노인은 이 땅에서 생의 마지막 순간까지 믿음을 지키고, 믿음의 본, 삶의 본을 보이며 후손들에게 믿음으로 축복을 해 주는 사명과 특권이 주어져 있는 것이다. 특히 임종에 이르러 그 자손들을 축복해 줄 수 있는 일을 할 수 있다는 것은 노년이 누릴 수 있는 또 하나의 복이라고 할 수 있다.

우리나라 노인인구의 비율은 급증하고 있으나 이들을 부양해야 할 경제 인구는 줄어들고 있다. 정부의 노인 정책도 중요하지만 노인 자신들도 이제는 무조건 타인의 보살핌만 기대해서는 안 되고 각자 적응할 수 있는 방안을 찾아야 한다. 사회적 측면에서의 노년기 적응은 동년배 노인들과 친교를 계속 유지하는 것이다. 가정이나 사회에서 어른답게 행동하고 자녀와 손자들과 좋은 관계를 유지하는 것이다. 뿐만 아니라 자기 개발을 위한 지속적인 노력과 함께 세대차와 사회변화를 이해하고, 은퇴 생활에 필요한 지식을 배워야 한다.[145]

2) 자아 인식 개발

"사람이 늙으면 젊었을 때보다 더 많은 업적을 이루어야 한다." 일을 하는 것과 업적을 이루는 것들의 차이를 깨닫기만 하면 문제는 간단하다. 누군가를 위해 어떤 일을 한다면 그냥 많은 활동을 하는 것보다 더 많은 업적을 이룬다.[146] 쿰벨은 이에 대해 지혜롭게 말한다. "우리가 분주히 돌아다니고 바쁜 것을 생

---

144) 한스 발터 볼프는 이미 십계명의 부모공경은 노인보호를 위한 현실적 문제를 배후에 가지고 있다고 지적, 베른하르트 랑은 여기서 제5계명의 핵심적이며 일차적인 의미가 노년의 부모공경 문제가 관련된 것임을 강조
145) 조선일보 (1997. 7. 22), 38.
146) Erling Ruud, **노년을 풍성하게 하시는 하나님**, 박성호역 (서울: 아가페, 1995), 33.

각하면 천년이 하루 같다. 그러나 우리가 무슨 업적을 이루었는가를 따져보면 하루가 천년 같다.”

여기서 우리가 우리 자신에 대해 생각할 시간을 많이 가지든지 그렇지 않든지 간에 우리는 모두 자신에 대한 의견을 가지고 있다. 우리의 자아상은 우리가 우리 사진에 관하여 상의할 지도(Map)이다. 그것은 우리 자신의 마음의 상(Image)이다. 그것은 ‘나’ 라는 한 사람의 감정이다.[147] 노년에는 특히 건강한 자아상을 소유해야 한다. 건강한 자아상은 자부심을 갖게 해준다. 자부심은 두 가지 요소를 지니고 있다. 즉, 자기개념과 자기가치이다.

자기개념은 자아의 지적인 요소로서 내가 누구냐의 생각과 이념이다. 이것은 사람이 어린 시절부터 자라나는 과정에서 특별히 부모, 친척, 교사 그 밖의 사람들로부터 받는 메시지를 해석하고 내면 화합에 따라서 개발(발달)된다.

자기개념은 변화할 수 없는 것이 아니지만, 그 변화에 강하게 저항하는 습성이 있다. 자부심의 둘째 요소는 자기가치이다. 이것은 우리가 자기개념에 덧붙이는 느낌과 함께 값진 존재라는 감정적인 요소이다. 자기가치는 종종 우리자신을 하나의 이상과 어떻게 비교하느냐에 달려 있다.[148]

노년에는 긍정적인 자아상을 개발해야 한다. Maurice Wagner 박사는 그의 저서인 ‘The Sensation of Being Somebody’ 에서 건전한 자아 개념의 요소에 대해서 그는 자아개념의 본질적인 요소를 형성하는데 있어서 진귀한 의미를 가지고 있는 세 가지 종류의 감정을 제시했다. 소속감, 가치감, 유능성, 이 세 가지 종류의 감정은 자아개념의 정신적 구조를 형성한다. 이 세 가지 감정은 삼발이를 유지시키고 있는 세 개의 다리처럼 자아개념을 안정시키고 받쳐준다. 만약 이 세 가지 중 한 가지라도 약해지기 시작하면 자아개념은 비틀거리게 된다.[149]

147) Norman Wright, *Improving Your Self-Image, 건전한 자아상*, 김진숙 역 (서울: 나침반, 1980), 7.
148) 대한예수교장로회총회교육원, 244
149) Norman Wright, 29.

소속감은 '나' 라는 존재는 누구에 의해서 어떤 공동체 속에서도 나 자신이 필요한 존재임을 인식하며 감사하며 사명감을 소유하는 것이다.

가치감은 "나는 훌륭하다", "나는 중요하다", "나는 하나님으로부터 인정받는 하나님의 자녀이다"라는 정체성이 뚜렷한 가치 있는 감정을 느낄 때 증명된다. 뿐만 아니라, 우리는 우리의 행동에 대한 그들의 보증을 기대한다. 어떤 면에서 소속감과 가치감은 비슷하다고 볼 수 있다. 가치감은 우리의 눈이나 타인의 눈에 비추일 때 올바르게 행동하는 것과 올바르게 됨과 관련이 있다.

유능성은 "나는 할 수 있다."라는 만족함의 느낌이다. "나는 그것을 해낼 능력이나 힘이 있다."는 감정이다. 만족하는 것은 과거의 성취뿐만 아니라 현재에도 적용된다. 그것은 우리가 우리 자신을 위해서 가지고 있는 목표와 이상을 성취하는데 기초가 된다.

이 세 가지 감정의 본성을 살펴보면서 우리는 다음의 사실들을 알 수 있다. 소속감은 다른 사람들이 그들의 용납을 나타낼 때 그들의 자발적인 태도에 근거를 둔다. 가치감은 자기 승인이라는 내성적인 태도에 근거를 둔다. 유능성은 과거의 관계에서 받았던 평가나 그 사람의 성공에 대한 현재의 느낌에 근거를 둔다.

노년에 어떻게 소속감을 발전시킬 수 있을까? 우리는 어떻게 가치 있게 될까? 어떻게 하면 유능성 있는 삶을 살까? 건전한 자아상을 개발하게 되면 그 질문에 대한 답을 알게 되는 것이다. 그래서 다음의 3가지가 강조된다.

첫 번째, 예수 그리스도와 개인적인 만남을 추구하는 일이다.

두 번째, 성경의 진리를 받아들이는 것이다. 하나님의 말씀은 우리가 긍정적인 느낌을 가지는데 기초가 되어 우리의 사고의 변화가 행동에 나타날 것이다.

세 번째, 우리의 思考의 생활에 관한 성경적인 가르침을 이해하고 적용하는 것이다.

3) 실버사역의 5가지 방향성

교회 안에서 고령화가 진전된다는 것을 현실적으로 인정한다면 이의 극복을 위해 어떻게 할 것인가에 대해 다음과 같은 5가지의 방향성을 설정해 볼 수 있을 것이다.[150]

① 노인들은 교회에서 기도하는 사람들로 자리를 굳히는 것이 바람직하다.

② 노인들은 고령을 소극적으로 생각하기보다는 적극적으로 즐기고 그 자리에서 무엇을 할 수 있는지를 찾아 역할을 감당해야 한다.

③ 노인들은 중심세력에서 보좌하는 세력으로 자리를 옮길 준비를 하거나 진행하면서 젊은이들을 돕는 역할을 하는 것이 바람직하다.

④ 노인들은 교회 안에서 지혜의 집단으로서 그 역할을 확실하게 해 나아가야 한다.

⑤ 노인들은 교회에서 스스로 낮추고 젊은이들로부터 사랑을 받으려고 하기보다는 그들을 사랑하며 자기들의 존재를 확인하고 아직도 해야 할 역할이 남아 있으면 얼마나 그것이 소중한가를 느끼면서 보일 수 있게 하는 것이 좋다.

교회는 노인들을 외면하지 말아야 한다. 그렇다고 노인들도 사랑과 공경만을 받으려고 해서는 안된다. 동기는 사랑이나 도덕적 의무감이 작용하기보다는 하나님이 우리를 사랑하시고 생명을 지탱, 지속하게 하시기 때문에 생명을 영생하도록 보전하는 사람들이(요한복음 12:25) 더불어 사는 모형을 만드는 것이다(요한복음 12:24). 이것은 예수님께서 먼저 보여 주셨다(요한복음 13장). 노인들을 통해 교회에서는 내가 먼저 그리스도의 제자로서 삶의 본이 되는 것을 보여 주어야 한다.[151]

150) 맹용길, '고령화사회에 대한 신학적 고찰', 제19회 기독학문학회 세미나; *고령화 사회에 대한 기독교적 조망* (2002. 10), 48-50.
151) ibid, 50.

이것을 가리켜 노인들을 통해 변형적 본보기(transformative example)라는 말을 듣고 그것을 요구받게 되며 동시에 대안적 사회(alternative society)가 될 수 있음을 보여주는 것이다.[152]

노인들은 교회의 자원이다. 그들은 보고(寶庫)이다. 보고는 창고에 가둬두면 쓸모없는 것이 된다. 노인들은 교회의 보고를 열어 내 놓은 보물로서 활용되어야 한다. 이것은 하나님이 일하시면서 그들에게도 일하도록 권하시며 받은 달란트를 활용하여 착하고 충성된 종이 될 것을 바라시는 것이다.[153] 실버사역은 바로 이 점을 고려하여 방향을 설정해 가야 하는 것이다.

(4) 실버사역의 전체 구도

우선 김휘동은 그의 논문에서 교회의 노인교육은 교육목회가 지향하고 있는 3가지 기초 공동체의 형성에 초점을 두고 실시되어야 한다고 주장하고 있다.[154]

① 교회의 노인 교육은 노인을 그리스도의 신앙 중심으로 여생을 살아가게 하는 것이어야 하며 아울러서 신앙공동체를 형성하도록 함에 있어야 한다.

② 교회에서의 노인교육은 노인의 현실적인 삶의 전 영역을 고려해서 이루어져야 하며 노인의 신앙, 문화화를 이루게 하는 것이어야 한다. 노년기는 많은 문제들을 해결해야 하는데, 이를테면 신체적인 문제, 성격적인 변화, 사회 및 가정에서의 은퇴 문제, 신앙적인 문제들을 현실적으로 해결해야만 한다. 이런 것들을 가능한 한 통합적으로 지원해주는 교육이 필요하다는 것이다.

③ 교회의 노인교육은 노인으로 하여금 선교의 사명자로서 선교공동체를 지

---

152) Charles Scriven, *The Transformation of Culture* (Scottdale, PA; Herald Press, 1988). 맹용길, 50. 재인용
153) 맹용길, 50.
154) 김휘동, 51.

향하는 것이어야 한다. 교회는 노인들로 하여금 사회와 세계에서 그리스도의 증언자요, 봉사하며 섬기는 자로서의 삶을 살아갈 수 있도록 하여야 한다.

이관직도 노인들을 위한 사역의 방향으로 두 가지 접근을 아울러 할 필요가 있다고 주장하고 있는데, 즉 하나는 노인들을 위한(for) 사역이고 다른 하나는 노인들과 더불어(with)하는 사역이다.[155] 다시 말하면 교회는 노인들의 전인격적인 필요를 채워주는 사역을 제공해야 하며 또한 노인들을 단지 사역의 수혜자로만 대하지 않고, 그 사역에 노인 성도들이 참여할 수 있도록 훈련시키고 격려해 주어야 한다는 것이다.

그런 의미에서 그는 많은 한국 교회들이 노인들을 위한 사역은 어느 정도 활성화되어 있지만 노인들과 함께 하는 사역은 너무 미흡하다고 지적하고 있다. 그것은 노인층에 해당하는 성도들의 자원이 많음에도 불구하고 그 자원을 최대한으로 살리지 못하는 것은 노인들이 가진 달란트들을 땅에 묻어두는 것과 같은 것이라는 것이다.

그래서 교회 내에 실버사역부를 두어 노인들이 사역의 짐을 나누어 지게 하자는 것이다. 심리적인 측면에서도 노인들의 우울증을 줄이는 아주 좋은 방법이며, 사회적으로도 소속감을 제공해주는 공동체의 역할을 함으로 인해 노인들에게 보람과 성취감을 느낄 수 있게 해 준다고 주장한다.

그렇다면 실버사역을 어떻게 해야 할까? 그저 노인들을 대상으로 한 노인학교 수준이 아닌 진정한 실버사역의 개념을 어떻게 세워가야 할까?

이를 위해 먼저 노울즈(Macolm S. Knowles)의 성인학습 이론을 이해하는 것이 도움이 될 것이다.[156]

---

155) 이관직, 116-117.
156) 윤경남, 37.

① 학습자 환경의 고려 ; 학습동기를 끌어 낼 수 있는 환경, 자료 등을 준비한다.

② 계획 수립을 위한 위원회 조직 ; 운영위원회, 후원회 등

③ 학습자의 욕구 및 흥미진단 ; 인간의 기본적인 욕구 이해와 교육적 욕구를 조사한다.

④ 교육 목표 설정 ; 위의 조사에 따르는 노년의 흥미와 욕구 순위로 폭넓은 교육 목표를 세운다.

⑤ 목표 달성을 위한 구체적인 학습계획 ; 노인교육 과정의 기준과 원칙을 정하고 교과목을 정한다.

⑥ 학습활동의 진행과 평가 ; 학습자의 인격 존중, 의사결정에의 참여 유도, 표현의 자유, 책임 분담 등을 활성화하며, 학기가 끝날 때마다 다음 교육 자료를 위해 평가 기회를 가진다.

송남순(1997)도 그의 글에서 교회에서의 노인 교육과정(educational process)은 처음 계획에서부터 마지막 평가의 재방향 설정에 이르기까지 노인들과 함께 짜여져야 한다고 말한다.[157] 노인들이 계획에서부터 적극적으로 참여할 때 헌신적으로 프로그램에 끝까지 참여할 수 있다는 것이다. 그러기위해 노인교육을 실시하기 위해 먼저 그들이 무엇을 배우기 원하는지 알아봐야 하고 그들의 성취 가능 정도도 진단해야 한다는 것이다. 더불어 같이 교육 목표를 정하고 교육 내용을 추상적인 주제보다는 노인들이 직접 안고 있는 문제에서 시작하는 문제 중심의 교육으로 그들의 경험과 연결시켜야 한다고 말한다. 역시 소그룹으로 나누는 것이 좋다고 그는 주장한다.

밀러(Miller) 역시 노인에 대한 종교적 교육의 목적을 다음과 같이 제시하고

---

157) 송남순, 268.

있다.[158]

① 깨달음(awareness)을 위한 교육

노화에 영향을 미치는 생물학적, 심리학적, 사회적 그리고 문화적 조건 뿐 아니라 개인적 감정을 깨닫게 하며, 삶의 한계를 두신 하나님의 존재를 깨달을 수 있게 하는 것이다. 노년이 되면서 가까이 다가 온 죽음, 여생동안 무엇을 할 수 있을지에 대한 계획, 젊을 때와 다르게 느껴지는 몸의 기능들… 이런 변화에 대해 말할 수 있게 하고, 그 내면의 감정들을 표현할 수 있게 하고, 나아가 그 감정을 수용하게 만드는 것이 이 깨달음의 교육이 지향하는 바이다.

② 의지적 결단(intentionality)을 위한 교육

늙어감에 따라 맞게 되는 여러 상황들에 대해서 책임감을 가지고, 자기 스스로 그리고 노인들끼리 서로를 돌볼 수 있게 하는 것이다. 그리고 그것을 통해 결국 하나님의 목적과 뜻을 수용할 수 있게 하는 것이다.

결정을 내리는 일에 두려움을 느끼는 노인들이 자신들의 상황에 맞게 의지적인 결정을 내릴 수 있도록 도와주되, 그 상황은 하나님의 뜻에 따라 그들에게 주어진 특별한 것이라는 것을 알게 함으로 기꺼운 마음으로 하나님의 뜻에 합한 결정을 내릴 수 있게 돕는 것이 의지적 결단의 교육이 행하는 바이다.

③ 일치성(coherence)을 위한 교육

이전 세대, 그리고 후세대의 삶과 합류하는 연속선상에서 삶을 이해하게 함으로 자신의 삶에 대해 보다 큰 성취감을 갖게 하는 것이다. 그리고 그 이해는 결국 하나님 말씀과 뜻과 능력을 알게 됨으로써 이루어지는 것이다. 노인들은 아직까지 발휘하지 못한 억압된 잠재력과 놓쳐버린 기회들에 대해서 안타까움을 가지고 있기 쉽다. 그들에게 과거와 미래로 연결되는 자신의 삶의 연속성을 깨닫게 함으로서 자신의 세대에서 이루어지지 않은 하나님의 약속들이 언젠가

---

158) Miller, Adult Religious Education and the Aging, in W. Clement(ed.), *Ministry with the Aging* (San Francisco: Harper & Row, 1981), 235~249.김동배, '고령화 사회에서 교회의 역할', *제19회 기독학문학회 세미나; 고령화 사회에 대한 기독교적 조망* (2002. 10), 77~78. 재인용

는 이루어지리라는 희망을 가지게 하는 것이 일치성 교육이 지향하는 바이다.

④ 상호의존(mutuality)을 위한 교육

노인들의 모든 관계가 서로 돌보는 공동체로서 상호 영향을 미치게 함으로서 그 안에서 하나님의 공의가 구현될 수 있게 하려는 것이다. 그것은 결국 하나님 사랑과 공의의 심판에 의해 이루어지는 것이다. 노인들은 배우자와 친구들의 죽음에 의해서 그 교제의 폭이 점점 줄어들게 된다. 노인들을 죽음으로 이끄는 것은 육체의 질병 못지않게 고독과 인간으로서 갖추어야 할 존엄성의 상실일 수도 있다. 노인들이 감수하기에는 일면 불공평해 보이기도 하지만 그 속에는 더욱 서로 사랑하라는 하나님의 뜻이 있을 수도 있다. 즉, 하나님은 그의 사랑으로 이루어진, 노인들을 위한 하나님의 공동체 안에서 그들이 교제하고 존엄성과 우정과 대화를 되찾을 수 있기를 원하시는 것이다.

한편 한국교회 노인학교연합회가 펴낸 '노인학교 운영 지침서'를 보면 노인학교의 교육 목표와 교육 내용, 교육 방법 및 평가에 대해 자세히 기술하고 있다.[159]

1) 교회 노인학교의 교육목표

노인교육은 노인의 특성과 욕구에 맞는 교육이어야 한다. 따라서 교회에서 운영하는 노인학교의 목적은 노인들의 영적인 욕구와 사회적인 욕구에 부응하는 교육을 제공하는데 있다. 노인학교의 목적을 구체적으로 설명하면 다음의 여섯 가지의 목표를 들 수 있겠다.

① 선교적 목적

---

159) 고양곤, '교회 노인학교 운영의 활성화 방안', **노인학교 운영지침서** (서울: 한국교회 노인학교 연합회, 2000).

아직 하나님을 알지 못하는 노인들을 노인학교 프로그램에 참여하게 하여 기독교의 진리를 깨달아 예수를 믿고 구원을 얻게 한다.

② 봉사의 목적

교회가 앞장서서 지역사회 노인을 위한 경로사상을 고취하고 소외된 노인들을 도와주며 건전한 인생관을 가지고 삶의 마무리를 아름답게 할 수 있도록 교회가 그 기회를 제공한다.

③ 교육의 목적

평생교육의 시대적 사명에서 교회가 앞장서서 지역노인들에게 교육의 기회를 제공하여 국가적 과제를 수행함으로 사회교육 발전에 이바지 한다.

④ 역할회복의 목적

노년기에 상실한 역할과 지도력을 회복하고 사회적응을 활발하게 하며 보람 있는 생활을 개발하고 유지할 수 있도록 도와준다.

⑤ 건강의 목적

노인들로 하여금 무병장수 하도록 도와주며 각종 취미, 오락, 여행, 만남과 대화 등을 통하여 즐겁고 희망찬 생활을 하도록 도와준다.

⑥ 통합적 목적

교회 내의 노인층을 노인학교에 동참시킴으로 소속감을 가지고 노후에 경험하는 갖가지의 문제를 해결할 수 있도록 도와주며 교회생활을 열심히 계속 할 수 있도록 지도하며, 비신자 노인들을 신앙분위기로 유도하여 그리스도의 사랑과 친교를 나누게 한다.

2) 교회 노인학교의 교육 내용

교회의 노인 교육의 목표가 분명하게 설정되면 각 목표의 성공적인 달성을 위한 교과내용을 선정하고 교육방법이 설정되어야 한다. 교회에서 운영하는 노인학교는 노인들의 신앙적 성장을 위한 교육내용과 사회교육 측면의 내용이 포함되어야 할 것이다. 먼저 노인학교의 교육내용을 선정할 때는 다음의 일반적 원칙을 지켜서 신앙성장을 위한 교육내용과 사회교육차원에서의 교육내용을 선정해야 한다.

① 교육내용 선정의 일반적 원칙
 - 노인교육의 목표가 선정된 바에 따라서 그 교육내용을 선정하고 조직한다.
 - 대상 노인들의 능력수준과 흥미 또는 욕구에 맞을수록 학습효과를 얻을 수 있으므로 학습자의 능력, 흥미, 욕구 등을 고려하여 학습내용을 선정한다.
 - 청소년과 중년기 성인들이 노년층에 요망하는 교육내용을 반영시킨다.
 - 노인들의 현재생활과 직결된 내용을 반영시킨다.
 - 노인들의 경험과 밀착된 내용을 반영시킨다.
 - 적절한 반복교육을 통하여 누적적인 효과를 나타내도록 조직되어야 한다.
 - 하나의 내용이 단순히 반복되지 않고 점차 깊이와 넓이를 더해가도록 교육내용의 연속성(sequence)을 고려하여야 한다.
 - 노인들의 생활체험 속에 통합되도록 조직한다.
 - 하나의 교육내용이 여러 교육 목표와 동시에 관련을 맺도록 조직한다.
 - 교육내용은 그 사회의 문화적 배경과 지역노인들의 특수성을 참작하여 개발한다.
 ② 신앙성장을 위한 교육내용
노인의 신앙성장을 위한 교육내용은 예배, 친교, 기도, 봉사, 그리고 전도 등의 다섯 가지 요소를 갖추어야 한다. 이같은 내용들은 초대교회가 실천한 것이다. 즉 "저희가 사도의 가르침을 받아(교육)… 서로 교제하며 떡을 떼며(친교) 기도하기를 전혀 힘쓰며(기도), 하나님을 찬미하며(경배)… 또 재산과 소유를 팔아 각 사람의 필요에 따라 나누어주고(섬김과 나눔), 뿐만 아니라 그들은 나

가서 복음을 전파함으로써 주께서 구원받은 사람을 날마다 더하게(전도)"하는 결과를 가져오게 한 것이다(행 2:42-47). 이외에도 노인학교에서는 교육과정에 경건회 순서를 넣어 신앙생활에 필요한 지도를 제공할 수 있다.

③ 사회교육 차원에서의 교육내용

노인들의 사회적 욕구를 충족시키기 위한 교육내용은 노인의 욕구와 지역사회의 특성에 따라 다양하게 설정될 수 있다. 노인교육에 필요한 내용으로는 다음의 다섯 가지 사항을 포함할 수 있겠다.

- 노인이 은퇴한 후 일상생활을 해 나가는 과정에 필요한 지식
- 노후의 건강관리와 노인병에 관련된 지식
- 노인의 여가활동과 취미활동에 관련된 지식
- 노인의 경제활동에 관련된 지식
- 가족 또는 지역사회와 유대관계를 맺어나가는 요령 등의 과목들을 선정하여 가르치는 것이 좋다.

3) 교회 노인학교의 교육방법

노인학교에 나오는 노인들을 위한 교육방법은 언어를 통한 강의방법, 삶의 현장을 방문하여 실습을 통하여 배우는 현장교육, 그리고 시청각교재를 이용한 상징적인 교육방법 등을 들을 수 있다. 효율적인 노인교육에 필요한 구체적인 교육방법을 제시하면 다음과 같다.

① 교육재료들은 가능한 한 노인들에게 의미 있고 익숙한 것으로 선정하고, 주제는 현실적인 내용을 다루며, 구체적인 과제를 주어 노인의 흥미와 동기를 부여하여야 한다.
② 교육시간 배정에서 엄격한 시간제한을 피하고 될 수 있는대로 학습자들

의 건강상태나 교육수준에 맞도록 적절한 시간을 배당하도록 한다. 또 노인들이 피로감을 느끼지 않도록 긴 강의시간을 피하고 자주 휴식시간을 갖도록 한다.

③ 학습활동에서 노인들의 참여를 강조한다. 설명위주의 강의보다는 토론과 문제해결중심의 과제수행, 실험과 실습, 견학 등 학습자의 적극적인 참여와 경험을 요구하는 학습방법을 채택하여야 한다.

④ 교육내용, 재료, 교육방법 등이 노인들의 요구와 필요로부터 출발하여야 한다. 따라서 노인 학습자들을 교육과정과 교수방법의 개발에서부터 참여케 하여 그들의 욕구와 요구를 충분히 반영시키는 것이 바람직하다.

⑤ 교육 장소는 따뜻하고 자유로우며, 노인들의 신체적 특징을 고려하여 실내조명의 밝기, 교재활자의 크기, 시청각교재의 선택, 강사의 목소리 조정 등에까지 세심한 준비가 필요하다. 학습장은 교실뿐만 아니라 야외, 캠프장, 공연장, 생활현장 등 지역사회의 모든 시설과 공간이 될 수 있다.

4) 교회 노인학교의 교육평가

노인학교의 교육평가 목적은 노인교육과정을 통한 피교육자의 개인적인 성장과 교육프로그램 운영의 개선을 성취하기 위함이다. 노인교육의 효과(성과)를 평가하는 것은 일반교육과는 달리 측정방법에 여러 가지 문제점을 가지고 있다. 왜냐하면 교회에서 운영하는 노인학교의 경우는 신앙교육의 효과와 사회교육의 성과를 수치로 표현하기가 어렵고, 가치기준도 일정하지 않으며, 특히 노인학교의 평가는 학습노인 및 교회, 그리고 지역사회의 특수성을 고려하지 않으면 안되기 때문이다.

① 노인들의 영적성장을 위한 신앙교육 차원에서 교육평가는 하나님께 영광 돌리고(예배, 교육, 기도, 전도생활) 이웃을 사랑하는(나눔과 봉사) 태도와 행동, 즉 경천애인(敬天愛人)의 행위를 관찰, 면담, 자기평가 등의 방법으로 측정할 수 있다.

② 사회교육 측면에서의 교육평가는 노인교육의 효과(성과)에 대한 평가와 노인학교 운영과정에 대한 평가를 들 수 있다. 노인교육성과의 평가는 설정된 노인교육의 목표를 기준으로 하여 교육받기 전, 후 간에 어떤 발전이 있었는지를 노인 스스로 측정하는 자기평가가 바람직하다. 노인학교운영 과정에 대한 평가는 노인대학의 운영구조 및 결정과정, 인사문제, 재정문제, 학습 환경 및 학습내용 선정과정, 학생모집 및 교수방법, 프로그램 개발 및 평가 등 전반적인 운영방법의 효과에 대한 평가이다.

결국 실버사역의 궁극적인 목표는 겉사람은 날로 후패하지만 속사람을 더욱 새롭게 함으로 인해 '다 이루었다' 고 고백할 수 있는 성숙한 인간으로의 변화를 유도하는 데 있다고 할 수 있을 것이다. 곧, 하늘나라에 대한 소망을 강하게 갖게 함으로 인해 그리스도 안에서의 행복한 별세(別世)를 준비시키는 것이다.

"노인은 오래 살았다고 해서 영예를 누리는 것이 아니며, 인생은 산 햇수로 재는 것이 아니다. 현명이 곧 백발이고, 티없는 생활이 곧 노년기의 원숙한 결실이다. 그는 하나님의 뜻대로 살아 하나님의 사랑을 받았다."(외경 지혜서 4:8-10)

이러한 관점들을 고려하여 실버사역의 내용을 다음과 같이 수립해 볼 수 있을 것이다.

1) 실버사역의 Soft Ware

실버 세대에 대한 교육은 청소년기의 '놀이를 통한 학습(Learning by playing)'의 개념이 아니라 '학습을 통한 여가 활용(Playing Leisure by Learning)'의 개념이 도입되어야 한다.[160] 즉, 자발적이고 선택적인 평생학습 프로그램의 개념이 필요하다는 것이다.

이를 위해 사역의 방향을 크게 4가지로 나눌 수 있을 것이다.

① 노인들을 향한 사역
– 정기적인 커리큘럼이 있는 강좌
– 관심사를 나눌 수 있는 지원그룹의 구성 ; 미국의 경우 전체 자살의 20% 가까이가 노인들의 우울증에 의한 자살 수치로 나타나고 있다. 그런데 정신적인 지원 그룹이 있다면 소외감 또는 고독을 상당히 줄일 수 있을 것이다.
– 죽음을 대비하는 교육 ; 삶의 마지막을 후회없이 잘 마무리할 수 있도록 도와야 한다. 그러기위해 자신의 인생을 되돌아보며 무조건적인 사랑과 용서, 화해가 이루어질 수 있도록 도울 필요가 있다.
– 소그룹 공동체의 형성 ; 노인들에게 깊은 소속감을 제공하게 된다. 더불어 영적 가족 공동체로서의 역할을 할 수 있도록 운영한다. 또, 소그룹 공동체를 중심으로 다양한 대외적 활동을 할 수 있도록 지원한다.
– 영성교육 ; 하나님의 음성과 들을 줄 아는 귀와 마음을 열게 하는 교육을 한다.
– 사랑과 성에 관한 교육과 모임 ;
② 노인들과 함께 하는 사역
– 젊은 세대들과 함께하는 프로그램 ; 노년부와 어린이부의 연합 예배 등의 공동 프로그램 등을 진행하면 좋다.

---

160) 윤경남, 38.

- 독거 노인과 젊은 세대 결연 프로그램 ; 손자, 손녀가 없는 노인들과 할아
  버지, 할머니가 없는 어린이를 대상으로 하여 결연해 주는 프로그램을 말
  한다.
- 유치원, 유아원과 연계한 프로그램
- 가족들과의 밤 프로그램 ; '시아버지와 며느리의 밤, 아버지와 아들의 밤,
  어머니와 딸의 밤, 고부의 밤' 등의 구분된 만남 말고도 노인들과 함께하
  는 가족의 밤 행사를 통해 가족 간의 우의를 다지고 노인들에게는 소속감
  및 삶의 활력을 줄 수 있다.
③ 노인들에 의한 사역
- 전도활동 및 자원봉사활동
- 노인 성가대, 노인 핸드벨 합주단 등의 운영
④ 노인들을 위한 사역
- 독거 노인 식사(반찬 등) 및 생활용품 지원. 시장 봐주기. 집안 청소나 빨래
  해 주기. 교통 편의 제공 등
- 학생부(중, 고등부) 및 대학 · 청년부에서 자원 봉사형식으로 참여.

한편 딤목(Albert Dimmok)이 말했던 노인들의 욕구를 채워준다는 관점에
서 실버사역의 프로그램을 선정한다면 이렇게 정리할 수 있다.[161]

① 대처 욕구(coping needs) ;
'노인의 자기관리' 라는 과목으로 줄어든 수입에의 적응법, 홀로 서는 학습,
새로운 직업 상담, 법적 재정 보조, 스트레스 관리, 자기 시간관리, 응급시 대
처방안, 영양관리 훈련, 물품구입 요령, 자기 안전과 보호(사고 예방), 개인적
연락 관계 등을 다룬다. 이를 통해 '노인도 일할 수 있다' 는 개념에서 '노인은

161) 송남순, 269-271.

일을 해야 한다' 는 개념으로 의식 전환을 할 필요가 있다.

② 표현의 욕구(expressing needs) ;

'노인의 삶을 풍요롭게' 라는 과목을 통해 어떻게 하면 은퇴 후에 노인이 성취감도 맛보면서 창조적인 삶을 살 수 있을까를 생각하게 한다. 여기서는 노인들이 학습의 모험을 할 수 있도록 도와준다. 예를 들면 '성서연구' 를 통해 심도 있고 진솔한 학습을 하면서 개인의 삶의 경험과 관련시켜 나가는 질적인 교육을 할 수 있다. 때로는 주제별 성서연구도 흥미로울 것이다. 또 하나는 '역사 공부' 를 할 수 있다. 노인은 과거의 회상 속에서 산다고 했다. 노인들은 개인 역사뿐만이 아닌 민족의 역사, 세계사에도 관심이 있다. 이야기 식으로 엮어진 역사책을 함께 읽고 비판, 토의하면서 과목을 이끌어 갈 수 있을 것이다. 외국어 공부, 신학이나 상담학, 대중 매체 같은 전문 영역의 공부, 춤이나 노래, 목공예, 꽃꽂이, 도자기, 뜨개질 같은 창의적인 워크샵 등도 좋을 것이다.

③ 친교의 욕구(fellowshipping needs) ;

이를 위해서는 목회적 차원의 배려가 필요한데, 예를 들면, 주일 예배후 노인들을 위한 공부와 쉼의 방을 마련해 줌으로 인해 서로가 교제할 수 있는 공간을 만들어 주라는 것이다.

④ 기여의 욕구(contributing needs) ;

자신이 가지고 있는 재주, 재능, 또는 훌륭한 기능을 파악한 다음 그들의 재능을 적극 활용하도록 도와야 한다. 예를 들면 김치 잘 담그는 것부터 시작해서 간장 및 된장 담그기, 수예나 뜨개질, 한국적 음식 만들기, 꽃 가꾸기, 목공예, 붓글씨, 그림, 운전 등의 재능들을 발굴하여 적극 활용할 수 있도록 도와주라는 것이다. 이외에도 무공해 비누 만들기, 우유 팩 모으기, 종이 봉투 접기 등의 새로운 일들을 만들어 낼 수도 있고 특별한 재능의 경우 비법 전수회 등을 가져도 좋을 것이다.

⑤ 나눔의 욕구(sharing needs) ;

기도와 간증의 시간, 나의 삶에 지침이 된 성경 말씀 나누기, 노인 회원들의 신앙의 여정 이야기하기, 노인들만의 철야 기도회, 특별 신앙교육 기간 갖기, 젊은이들과 신앙적 경험 나누기 등이 좋은 예가 될 것이다.

⑥ 자기 초월의 욕구(self-transcending needs) ;

영원한 삶을 경험하도록 돕는 이 프로그램은 노인들이 하나님을 어떻게 섬길 수 있을 것인지를 위한 세미나, 죽음을 위한 교육, 과거의 삶에 대한 가치와 의미 부여, 자신과 배우자의 죽음을 신앙적으로 받아들이고 죽음에 대한 준비와 슬픔을 감당할 수 있도록 돕는 일 등이 여기에 해당된다.

2) 실버사역의 Hard Ware

실버사역을 효율적으로 운영하기 위해서는 그 하드웨어도 잘 준비되어야 한다.

① 전담부서의 설치 및 전문 인력의 확보 ;

효율적인 실버사역을 위해 독립된 실버사역부가 설치되어야 한다. 이를 위해 담당 목회자와 평신도 사역자를 배치하여야 할 것이다.

② 교회 사회사업(Church Social Work) 개념에서의 접근이 필요하다 ;

실버사역은 어차피 복지 개념이 추가되어야 한다. '선한 사마리아인'(누가복음 10:25-37)의 사명을 실천하는 관점에서의 실버사역을 추진해야 할 것이다. 이를 위해 교회 또는 지역교회 연합으로 양로원, 요양원, 노인복지관, 노인병원 등의 설립을 추진할 필요가 있다.

이런 관점에서 기존의 기도원을 복지관 개념으로 전환하는 것도 고려해 볼 만하다.

③ 재정적 지원 강화 ;

실버사역에 대한 재정적 지원을 꺼리는 교회들이 많다. 투자된 만큼 교회의 수입과 직결되지 않기 때문이라는 비판들이 있음을 알아야 한다. 그동안 그들이 교회를 이렇게 성장시켜 왔음을 생각하면서 과감한 투자가 있어야 한다. 즉, 교통수단을 지원한다든지 교회 시설을 노인들이 사용하기 좋게 개선하는 등의 노력이 있어야 한다. 더불어 노인들에 대한 재정적 지원도 필요하다. 구약 시대에 있어서 과부와 홀아비, 고아와 나그네는 사회가 관심을 가져야 할 대상이었다. 그래서 추수할 때도 이삭을 다 거두지 않은 것(신명기 24:19-22 참조)이다. 그렇기에 구제사업의 차원에서 경제적 지원이 있어야 한다. "너희가 여기 내 형제 중에 지극히 작은 자 하나에게 한 것이 곧 내게 한 것이라"는 말씀을 기억해야만 한다.

④ 1년 단위가 아닌 평생학습 차원에서의 커리큘럼 ;

실버사역은 졸업이 없다. 그렇기에 평생 학습 차원에서 과정을 구분하여 배울 수 있도록 순회 커리큘럼을 구성해야 한다.

⑤ 명칭 ;

명칭은 노인대학이나 경로대학이라는 이름보다는 좀 더 신선하게 다가올 수 있는 이름을 붙이는 것이 좋다. 특별히 경로라는 말은 노인을 공경한다는 의미이기 때문에 마을에서 노인을 공경하기 위해 세워주는 '경로당' 외에는 의미가 없다.[162]

윤경남(1998)은 평생 교육원, 늘푸른 교실, 행복한 배움터, 사랑의 교회 등의 이름을 추천하고 있다. 온누리교회의 '모세대학' 도 좋은 이름이라고 생각한다.

(5) 실버사역의 교육 내용

이승익은 실버사역을 하는데 있어서 교육 내용은 세워진 교육 목표에 부합

---

162) 샬롬 노인문화원 윤경남 원장의 견해. 필자도 적극 동의한다.

된 내용이나 수강하는 노인들에게 무엇이 필요한가에 달려있다고 말한다. 즉, 실버사역을 위한 노인학교의 설립 목표가 달성될 수 있는 교과 영역과 교과목이 무엇인가를 선정하여 교육과정으로 편성하고 이것을 프로그램으로 작성, 실천해야 하는데 다음과 같은 영역별 교육과정을 예로 들 수 있을 것이다.[163]

① 사회 변화에 대한 이해 ; 시사문제, 지방자치, 선거, 사회복지제도, 상속 문제, 법률, 경제, 생활설계, 세계 정세, 역사, 사회 견학, 산업동향, 한국 역사, 지리, 세계 역사 등.

② 젊은 세대와의 교류 ; 자녀교육, 교육의 원리, 가정교육, 상담의 원리와 방법, 가정 내의 인간관계, 청년심리, 청소년 문제, 진리와 전통, 세대차와 인간관계 등

③ 건강의 유지 ; 노년기의 보건생활, 위생생활, 식생활, 레크리에이션, 체조실기, 건강상담, 체력측정, 노년기의 건강 관리, 각종 성인병의 이해 등

④ 취미, 교양에 충실 ; 원예, 수예, 민요, 시조 읊기, 외국어 회화, 생활 철학, 종교와 인생, 관광지식, 분재, 난 가꾸기, 조경 지식, 문학과 생활, 답사 여행, 산업 시찰, 영화 감상, 우리나라의 통일 전망 등.

⑤ 사회 봉사 활동에의 참가 ; 봉사활동의 이론과 실천, 사회적 역할의 이해, 뜻있는 지역행사에 참가, 양로원 및 고아원 방문, 지역 사회 개발론 등.

그렇지만 실버사역에 있어서 커리큘럼을 책정하기 위해서는 노년기 삶의 주요 요소를 분석해 보면 그 영역을 정리해 볼 수 있을 것이다. 즉, 노년기의 삶을 결정짓는 주요 영역인 건강, 물질적 복리, 경제활동, 가족관계, 주거, 교육, 여가활동 등의 요소마다 노인 욕구가 얼마나 충족되고 있는가를 보면 노인의 삶의 질을 알 수 있기 때문이다.[164]

---

163) 이승익, 276.
164) 이가옥 외, '노년기 삶의 질: 개념 및 지표 구성', **노년기 삶의 질: 지표 개발과 평가**, 2000년 9월, 세계 노인의 날 기념 제6회 학술세미나 발표 논문, 10.

이를 토대로 하여 삶의 질 영역별로 살펴보면 커리큘럼 방향을 검토해 볼 수 있을 것이다.

표 : 노년기 삶의 질 지표 체계 [165]

영역	부문	하위영역	개별지표
건강	객관적	질병 유무	만성질환이 없는 비율
			정신장애가 없는 비율
		기능 정도	일상생활수행능력 제한이 없는 비율
			수단적 일상생활수행능력 제한이 없는 비율
		적절한 치료 · 수발유무	적절한 치료유무
			적절한 수발유무
		건강하지 못한 기간	질병기간의 역수
			일상생활수행능력 제한 기간의 역수
			수단적 일상생활수행능력 제한기간의 역수
	주관적	주관적 평가 및 만족도	현재 건강에 대한 평가
			동년배와의 비교
물질적 복리	객관적	소득소비 수준	가계소득
			개인 및 배우자의 소득
			용돈지출
		분배 · 결핍수준	결핍탈피 수준
			노인가구내 분배의 형평성
			노인과 전체기구간 소득비
		경제적 안정성	자산소득원 비중
			연금수혜비율
			자립형 노인 비율
			자립형 소득원 비중
			자립형 생계수준
	주관적	주관적 평가 및 만족도	동년배와 비교
			생계지출부담으로부디 탈피
			경제적 어려움으로부터 탈피
			과거 비교 만족도
			경제상태 전반 만족도

---

165) 이가옥 외, 41-43.

영역	부문	하위영역	개별지표
경제 활동	객관적	취업률	조취업류
			취업희망자 중의 취업률
		취업의 연속성	직업종류의 연속성
			근로기간
		임금 및 근로조건	임금수준
			근로시간
			근로환경의 쾌적성
	주관적	주관적 평가 및 만족도	일의 내재적 가치
			비금전적 근로동기
			지속적 근로희망
			일을 희망할 때 할 수 있는 비율
			일에 대한 만족도
가족 관계	객관적	가족관계자의 존재	배우자 존재율
			자녀 생존율
		외형적 긴밀성	자녀와의 동거비율
			별거 자녀와의 상호 접촉빈도
			별거 자녀와의 상호 연락빈도
		가족으로부터의 수혜	경제적 지원을 받는 비율
			정서적 지지를 받는 비율
		가정에서의 역할	정서적 지지를 주는 비율
			가족 의사결정 참여정도
		가족간의 태도 및 가치의 일치	가족생활에 대한 태도의 동의
			가족 규범의 일치
	주관적	주관적 평가 및 만족	배우자와의 관계 만족도
			자녀와의 관계 만족도
			가족으로부터의 대우에 대한 평가

영역	부문	하위영역	개별지표
주거	객관적	독립성	노인독방 유무
			주택소유여부
			주택 공유가구수
		편리성	문화시설 유무
			주택의 편의성 (부엌, 화장실, 목욕시설의 종류)
			근린시설 및 공공시설 접근의 편의성
		쾌적성	내부공간의 쾌적성(채광, 환풍정도)
			집주변의 공기, 소음의 정도
		안전성	내부공간의 사고위험이 없는 비율
			주거지역의 도난·범죄가 없는 비율
		사회성	가구원들과의 사회적 관계
			이웃주민들과의 사교와 신뢰
	주관적	주관적 평가 및 만족도	주택에 대한 만족도
			편리성, 쾌적성, 안전성에 대한 평가
			이웃들에 대한 만족도

영역	부문	하위영역	개별지표
교육	객관적	지적 능력	문자해독률(문맹율의 역수)
			고졸 이상 비율
			컴퓨터 사용능력
		지적 발달 활동 참여	성인 교육 프로그램 참여 비율
			독서 인구 비율
	주관적	주관적 평가 및 만족도	지적 · 학습욕구 충족에 대한 평가
여가 활동	객관적	여가활동 참여유무	취미생활 유무
			사회활동 유무
	주관적	주관적 평가 및 만족도	취미생활에 대한 만족도
			사회활동에 대한 만족도

한편 영역에 따른 실버사역의 구체적인 프로그램들의 예를 들면 다음과 같은 것들이 있다.[166)]

■ 영역에 따른 노년 프로그램의 예

1) 지적 영역

- 세대차와 사회변화를 이해하기

- 힙합바지를 입는 청소년들의 이야기

- 간단한 랩송배우기와 만들기

- 은퇴생활에 필요한 지식과 생활배우기

- 노년기의 시간 관리법

- 노인의 몸에 대하여

- 은퇴 후의 삶을 생각하여 봅시다.

- 지금 시간이 없어서 못 하는 것은 무엇인가?

- 시간이 주어진다면 하고 싶은 것은?

- 정치, 경제, 사회, 문화에 대한 최신 동향 알기

- 건강 증진을 위한 폭넓은 지식 갖기

---

166) 전천혜, '영역에 따른 노인교육 내용', 교육교회 (1998. 4.): 45-48. 전천혜, '노인교육 프로그램 정말 하고 싶은가', *교육교회* (1998. 11): 27-29. 종합정리

2) 정의적 영역

- 적극적으로 일하고 생활하려는 태도 유지하기
- 당신을 요청하고 있는 곳이 있습니다.
  (노년기의 사람들이 자원봉사 할 수 있는 곳의 직원들이 와서 소개하는 프로그램)
- 취미를 계속 살리고 여가를 즐겁게 보내기
- 노인에게 알맞은 취미와 여기에는 어떤 것이 있으며 어떻게 보내야 하나?
- 노년의 소외감은 왜 생기며 어떻게 극복하나? (노년심리-소외감)
- 허무함을 느끼십니까? (노년심리-허무감의 원인과 극복)
- 나의 배우자도 죽는다
- 어떤 유서가 가장 근사할까?(유서에 쓸 것을 마련하기 위하여 이제부터 할 일은?)
- 동료 또는 자신의 죽음에 대하여 심리적으로 준비하기
- 노년기를 위하여 취미를 가지자(취미와 여가는 인생에게 반드시 필요한 것이다)
- 정년 퇴직과 수입 감소 적응하기
- 정년 퇴직을 어떻게 준비할까? (정년퇴직을 공개적으로 대비하는 프로그램이다)
- 허무함을 느끼십니까? (정년기의 허무감의 심리와 극복, 그리고 긍정적 요인)
- 배우자 사망 후의 생활에 적응하기
- 소외감과 허무감을 극복하고 인생의 의미 갖기

3) 사회적 영역

- 동년배 노인들과 친교 유지하기
- 나의 친구를 소개합니다

친구 소개하기 – 친구를 위하여 자기가 수고하는 일에 대하여 초점을 두어서

– 가정과 직장에서 일과 책임을 합당하게 물려주기

언제, 어떻게 (아버지 – 아들에게, 시어머니 – 며느리에게) 일을 물려주어야 하나?

나는 아직도 가정에서 어른인가? 나는 어떤 때 어른임을 느끼는가?

– 어떤 노인이 가정에서 인기가 있다고 생각하는가? 어떤 대접을 받을 때 노인은 가장 기분이 좋은가?

– 자녀, 손자들과 원만한 관계를 유지하기 위하여 10계명을 만든다면 그것은 어떤 것이 될까?

– 가정이나 사회에서 어른 구실하기

– 자녀 또는 손자들과 원만한 관계 유지하기

4) 신체적 영역

– 줄어가는 체력과 건강에 적응하기

– 노년기의 신체리듬 (우리의 몸은 어떻게 늙어가나? 어디가 제일 약해지나?)

– 노년기에 알맞은 간단한 운동을 규칙적으로 하기

– 간단한 운동배우기

– 건강유지에 필요한 음식에 대한 안내

– 어떻게 병과 더불어 살까?

– 건강 유지에 필요한 알맞은 섭생을 하기

– 지병이나 쇠약에 대하여 바른 처방하기

5) 영적 영역

– 영적인 존재인 인간

– 성경은 장수에 대하여 어떻게 말하고 있나?

– 사람은 왜 죽어야 하는가? (죽음에 대한 자기 태도 측정)

■ **맥클러스키의 이론에 의하여 정리한 교과 과정**

1) 환경적응에 대한 교육적 요구

(정년퇴직, 경제적 빈곤, 배우자의 사망, 사회적 소외, 신체적 노쇠, 질병에
대처하는 요구)

– 노년학: 인간의 노화, 노년의 심리, 늙음을 어떻게 받아들일까? 늙지 않는
삶, 영원한 삶

– 죽음이란 무엇인가? : 죽음에 대한 심리, 내세는 있는가? 유산정리는 어떻
게? 장기 기증은? 배우자의 사망 문제(심포지움 형식)

– 은퇴교육

– 건강관리와 유지: 나는 얼마만큼의 건강을 기대할 수 있나? 민간요법의 허
와 실, 건강식품, 노령화와 영양섭취, 예방의학 관계자료, 의료보험

– 재산관리법(좋은 은행 상품 등의 소개)

– 나는 누구인가?

– 노년의 독신생활 문제

2) 표현에 대한 교육적 요구

(활동과 표현 자체가 기본 동기)

– 여가 활동의 지식과 방법: 복음송, 율동, 건강 체조, 찬송가 배우기, 바느
질, 독서 안내, 목각, 그림, 고전무용, 바둑, 장기, 탈춤놀이, 레크리에이
션, 서예

– 노인 페스티발

– 여행 혹은 단체여행: 관광 혹은 방문 프로그램 – 무료입장 장소 혹은 유료
이더라도 방문하면 유익한 장소를 발굴하여 그 곳에 대한 여러 정보(교통

편, 입장료, 입장시간 등)를 기록한 자료를 제공한다. 특히 교회의 노인교육의 프로그램의 경우 국내, 국외 성지에 대한 안내도 좋다.
- 노령기의 의미 있는 일상생활 문제

3) 사회에 공헌하고자 하는 교육적 요구
- 자원 봉사자로 일할 일터의 소개
- 자원봉사의 의미
- 노인들의 일터 소개
- 노인에게 알맞은 사회적 능력 개발- 예: 호랑이 할아버지

4) 영향을 주려는 요구
- 간세대 교육 프로그램(세대초청의 밤) - 아버지와 아들의 저녁, 시어머니와 며느리의 저녁, 삼대 가정 초청의 밤
- 젊은 세대에 대한 이해와 교육방법(노인들과 자녀들이 관계문제) - 이즈음 세대는 어떤 특징-세대문화에 대한 이해-을 가지고 있는가? 자녀세대 부부간의 질서에 대한 이해, 자녀세대의 자녀교육에 대한 이해, 공부… 자녀세대의 바쁜 생활에 대한 이해, 며느리의 사회활동 참여에 대한 이해
- 어떻게 친구를 사귀고 어울릴 수 있나?
- 인간관계 훈련 -전체 노인의 관계훈련 1박 2일 캠프, 노인 부부 관계 훈련캠프
- 가정에서의 웃어른으로서의 자세와 역할
- 노인과 가정관리 - 노인은 얼마만큼 가정관리에 참여하는 것이 좋은가?

5) 인간존재의 초월성에 관한 교육적 요구

(좀 더 향상된 생활을 하려는 요구)

– 성경공부(부부의 의미, 부부의 책임 – Evelyn Whitehead의 후기 노년기
　를 위한　종교적 개념)

　① 개인 구원

　② 소망

　③ 종교적 시간과 개인의 역사

　④ 개인을 향하신 하나님의 무조건적 사랑

　⑤ 공허감과 해방감에 대한 영적 훈련

　⑥ 도상의 순례자로서 기독자의 사상

– 노인 교리 교재; 그림으로 설명하는 형태

– 노인 영상 프로그램; 영원한 삶

■ 주간 프로그램

① 주간／월간 만남

② 공예프로그램

③ 음식 콘테스트

④ 이야기 대회, 드라마 대회

⑤ 음악 ; 다함께 노래 부르기, 노래 듣기, 노래 그룹 결성

⑥ 공동 생일 축하 ; 케익과 장식이 있는 생일잔치

⑦ 가족 시청각의 밤 ; 가족의 필름(비디오) 소개

⑧ 가족 소개의 밤 ; 가계, 오래된 사진 소개

⑨ 연날리기 대회

⑩ 부활절 계란 바구니 제작

⑪ 사진 찍는 법

⑫ 전기기구 사용법(가스 레인지, 전기밥솥…)

⑬ 성경공부

⑭ 건강 프로그램; 손 건강, 움직임, 수지침

⑮ 지역의 문제점을 듣고 이야기하기; 동장, 이장, 군수

⑯ 슬픔을 극복하는 법

⑰ 집안의 인기 있는 노인이 되는 법

⑱ 인터넷 원로방 활동에 들어가기

⑲ 지난 삶 돌아보기

⑳ 효과적으로 대화하기

㉑ 가족과 나

■ **여행 프로그램**

① 지방 산업지 방문

② 동물원, 식물원

③ 운동장 운동관람

④ 기차여행

⑤ 단풍 여행

⑥ 박물관

⑦ 음악회

⑧ 역사적 기념비와 기념탑 방문

⑨ 오랜 무덤 방문

⑩ 지역 내의 오래된 교회 방문

⑪ 지역 내의 오래된 집 방문

⑫ 영화, 연극 참석

⑬ 구호단체 방문

⑭ 정부기관 방문

⑮ 교도소 방문

⑯ 양로원 방문

■ **봉사와 목회 프로그램 (나도 남을 도울 수 있다)**

① 교회에서 생일 축하 카드 발송 작업, 주보 접기

② 양 조부모 제도(할머니, 할아버지와 어린이 이어주기)

③ 교회 사무실의 지원 봉사

④ 음식 날라주기

⑤ 비밀스러운 천사되어 주기; 한사람(어린이, 청소년, 자녀 누구나)이나 한 가정을 정하여 상대방 모르게 사랑을 베풀다가 1년 정도 지난 후 나타나 만나게 하는 방법

⑥ 장학금 만들기

⑦ 겨울새 먹이 먹이기

⑧ 계절학교에서 조부모 역할하기

⑨ 자체 절기(여름, 겨울) 성경학교 하기

⑩ 전화로 이어 기도하기

한편 한국 노인의 전화는 서울특별시와 공동으로 '노인교실 강의 교재' 라는 책자를 펴낸 바 있는데 여기서 제안하는 교과목의 내용들은 다음과 같다.[167]

1) 학습부

　① 노인의 삶과 지혜

　　　– 강의 목표; 노후를 건강하게 사는 방법

　② 풍요로운 노후생활을 위하여

---

167) 한국 노인의 전화 & 서울특별시 편, **노인교실 강의 교재** (서울: 한국노인의 전화, 1998).

– 강의 목표; 급속히 고령화되어가는 현대사회에서 노인들은 자신의 문제를 어떻게 지혜롭게 대처할 것인지 구체적인 방법을 제시하고 노년기를 자신의 전 생애를 마무리하는 가장 아름다운 시기가 되도록 하는데 목적을 둠.

③ 안락한 노후생활
– 강의 목표; 노인의 개념과 노인복지정책 이해로 노후생활 바로하기

④ 노인들이 알아야 할 법률상식
– 강의 목표; 노인들의 재산을 자신의 의사대로 분배토록 함. 유언과 상속문제 교육

⑤ 고사성어의 깊은 뜻과 오묘함
– 강의 목표; 많은 진리를 담고 있어 한마디로 천 마디의 설명을 대신할 수 있음.

⑥ 가족의 갈등 풀어가기
– 강의 목표; 현대사회에서 노후생활에서는 가족 성원간의 관심과 대화가 행복의 근원임을 인지하고 이를 스스로 실천하는 방법을 터득하도록 함.

⑦ 노년기 이혼과 재혼
– 강의 목표; 노년기 이혼과 재혼의 특성과 구체적인 방법 제시

⑧ 아름답게 늙는다
– 강의 목표; 보람있는 노년의 생활을 위하여

⑨ 노년의 성과 재혼
– 강의 목표; 아름다운 노인의 성을 위하여

⑩ 가정 내 노인의 역할
– 강의 목표; 성공적인 노년을 위한 자기 관리

⑪ 존경받는 노후생활

－ 강의 목표; 후손들과 함께하는 노후생활을 위하여

⑫ 노인과 가족관계

　　－ 강의 목표; 바람직한 가족관계를 위하여

⑬ 집단경험학습(심성수련)을 통한 인간 관계 훈련

　　－ 강의 목표; 자아발견 및 성장, 타인 이해, 집단 변화, 행복한 삶

⑭ 노인의 심리학

　　－ 강의 목표; 교육적이고 즐겁고 평화롭게 사는 방법

⑮ 노인 예절과 질서

　　－ 강의 목표; 생활 예절을 몸에 익혀 아름다운 노인이 되자!

⑯ 삶의 목표와 방향

　　－ 강의 목표; 노인들의 의식개혁 신장

⑰ 노인의 건강과 신앙 간증

　　－ 강의 목표; 어려운 현실과 환경 속에서도 결코 좌절하면서 낙심하
　　　지 말고 보람있게 존경받으며 살도록 노력한다.

⑱ 노인건강과 영양관리

　　－ 강의 목표; 노인의 질병현황과 영양관리의 요점

⑲ 건강하게 장수하는 비결

　　－ 강의 목표; 매일의 삶 속에 건강 장수의 비결이 있음을 깨닫게 한다.

⑳ 노인의 인생관과 건강

　　－ 강의 목표; 몸과 마음을 건강하게 관리해서 적극적으로 사회에 봉
　　　사하고 여생을 멋지고 행복하게 보내는 방법

㉑ 민속요법과 노인건강

　　－ 강의 목표; 서양의학에서 민속요법으로 건강 유도

㉒ 성인병은 예방할 수 있다.

　　－ 강의 목표; 노인병인 성인병에 걸리지 않도록 하는 방법

㉓ 바림직한 생활 습관

 - 강의 목표; 좋은 생활 습관과 긍정적 사고를 통해 건강을 관리함.

㉔ 노인의 자원봉사를 통한 사회 공헌

 - 강의 목표; 자원봉사를 통한 자부심 함양

㉕ 베푸는 인생

 - 강의 목표; 노인은 나름대로 베풀음을 주어야 하는 존재임을 자각
  한다.

2) 음악부

① 음악치료

 - 강의 목표; 내재되어 있는 억압된 감정을 밖으로 표출하여 삶의 활
  력을 준다.

② 인간과 음악

 - 강의 목표; 세대간의 이해와 시대적 흐름 속에 건전한 노래를 배우
  며 음악을 이용한 인간의 신체적, 정신적, 감정적 상태를 교정해 간다.

3) 여가부

① 남은 여생을 웃음으로

 - 강의 목표; 즐거운 노후를 맞이하기 위하여

② 노래지도

 - 강의 목표; 노래의 생활화

③ 신체적 레크리에이션

 - 강의 목표; 신체운동을 통한 성취감과 만족감을 얻게 한다.

④ 쾌지나 칭칭나네

 - 강의 목표; 행복한 삶을 위하여 육체적인 건강과 정신적인 건강, 사

회적인 건강을 주며 생활의 기쁨과 보람을 느끼게 하며 힘찬 생활의 재창조를 만들어내는 원동력이 되게 하는데 목적이 있음.

⑤ 노년기의 정신 안정과 건강운동법

– 강의 목표; 노년기에 알맞은 동양적 건강법 이해

4) 취미부

- 색종이 접기와 나뭇잎 위에 색칠하기

– 강의 목표; 색종이–색종이의 다양한 색감과 짜깁기라는 익숙한 방법으로 손의 운동과 집중력을 일으킬 수 있다.

색칠하기–나뭇잎을 사용함으로써 어르신들의 감성을 자극해 동심으로 돌아갈 수 있는 기회를 제공한다.

제4부

실버사역의 시작

4. 실버사역의 시작

(1) 실버사역을 위한 교회의 준비

노인을 돕는 것은 교회의 당연한 책무이다. 예수님이 이 땅에 오신 중요한 이유 중의 하나는 우리에게 풍성한 삶을 주시기 위함이었다(요한복음 10:10). 그 예수님의 오신 이유가 곧 우리가 사역해야 할 이유도 되는 것이다. 교회는 사역들을 통해 특별히 소외되고 도움이 필요한 사람들에게 풍성한 삶을 가져다주어야 할 사명이 있는 것이다. 그러한 관점에서 실버사역을 바라보아야 한다.

그렇다면 교회에서는 실버사역을 위해 어떠한 준비를 하여야 할까? 갈라거의 지적은 우리에게 좋은 시사점을 던져준다.[168]

---

168) Gallagher, 36-37.

갈라거는 교회가 사역을 하기 위해서는 전인(全人, Whole Person)에 관심을 두어야 한다고 말한다. 즉, 노인들을 바라 볼 때 영적인 것뿐만 아니라 육체적이고 정신적인 모든 면에서 바라보면서 사역을 준비하여야 한다는 것이다. 구체적으로 다음과 같은 관점들에 관심을 가지라고 말한다.

- 나이 든 사람들이 가지고 있는 기본적인 욕구들이 무엇인지 이해하고 중요하게 생각해야 하지만 영적인 건강과 영적 성장에 대해 우선적으로 관심을 기울여야 한다.
- 노인들의 마음에 새롭게 관심을 끄는 것이 무엇인가, 이들을 도전할 수 있는 것이 무엇인가, 이것들을 잘 알아야 한다. 또한 노인들에게 더 풍성한 삶에 대한 비전을 제시하고 훈련을 통해 그에 이르도록 도와준다면, 노인들은 삶의 폭도 넓어지겠지만 더 나은 삶에 대한 기회도 제공받게 될 것이다.
- 하나님의 교회가 갖는 중요한 기능 한 가지는 그리스도인의 친교이다. 그래서 교회가 친교의 마당이 되어야 한다는 인식을 해야 한다. 반면 사회적인 면에서도 순기능적인 교회가 되어야 한다. 이 사역을 통해서 사회에 이바지하는 면을 잃어버려서는 안 된다.
- 노인들의 욕구에 대한 지속적인 관심을 가지고 만족을 주어야 한다. 그리고 우리가 어떤 능력을 갖추었는지 알고 가능한 분야에서 먼저 해야 할 서비스를 찾아야 한다.
- 노인들이 요구하는 것 중에서 사실 자신들로서는 해결할 수 없는 것이 많다. 이것을 채워줄 수 있는 서비스가 무엇인가를 생각하여야 한다.
- 우리는 사역에 있어서 목양적인 측면에서부터 대사회적인 서비스까지 아주 다양하고 폭넓게 참작되어져야 한다.
- 우리는 노인들 편에 서서 도움을 주어야 하고, 오직 노인들을 위한 사역으로 생각되어야 마땅하다. 이러므로 모든 형태가 돕는 것을 전제로 구성되

어야 한다. 그동안 교회가 다른 세대들에게 제공했던 정규적인 프로그램들이 많이 있었다. 노인 사역 안에서는 이런 규칙적인 프로그램들이 역시 노인들을 위해서 만들어져야 한다. 예를 들어 성경공부그룹, 예배, 여러 친교를 위한 활동분야들이 그것이다.

- 노인들은 한 나라의 국민으로서 나라를 위해 일하다가 직업 세계에서 은퇴를 했으나 다른 세대와 비교할 때, 의외로 좀 더 재정적인 재량권이 많은 사람들로 생각해야 한다. 또 다른 세대보다 가치 있는 일에 대해 헌신할 수 있는 자리에 있다는 것을 고려해야 한다. 시간과 재능과 자원적인 면에서 남을 섬길 수 있는 여력이 있다는 사실은 실버사역에 있어서 가능성 있는 중요한 부분임을 인식해야 한다.

특별히 노인들에 대한 편견을 벗어 버리고 긍정적이고 소망이 넘치는 관점을 소유해야만 한다. 곧 노인 사역에 참여하는 전문인과 비전문인 모두가 노년기의 변화와 위기에 대한 올바른 이해가 뒷받침되어야 한다는 것이다.[169] 편견이란 어떤 대상에 대해 지나치게 단순화하거나 과장하여, 또는 그릇된 인식을 하고 있는 것을 말한다. 특별히 사역자들이 이러한 편견을 가지고 있다면 실버사역은 그저 행사나 일반적인 프로그램 때우기 정도로 밖에 유지될 뿐, 그 사역을 통해 열매를 맺기는 어렵게 될 것이다.

(2) 실버사역을 통해 얻게 되는 유익들

갈라거는 또 교회에서 실버사역을 했을 때 다음의 9가지 유익들이 있게 될

---

169) Melvin A. Kimble, "Education for Ministry with the Aging", in William M. Clements. (ed.), *Ministry with the Aging: Designs, Challenges, Foundations* (San Francisco: Harper & Row, Publishers, 1981), 219.

것이라고 말한다.[170]

① 노인 사역이 잘 될 때 교회 안의 다른 사역들로 확장되어질 수 있다.

왜냐하면 노인을 돌보는 일은 그 노인이 속한 전 가족에게 영향을 미치기 때문이다. 만약 우리가 어떤 할아버지, 할머니를 위해서 사역을 한다면 이들의 자녀들이나 손자들까지도 손길이 미치게 된다. 자녀들이나 손자들은 자기 어른을 섬겨주고 영향력을 갖다보면 교회를 바라보는 눈이 달라지고 교회에 대한 호감을 갖지 않을 수 없다. 그래서 친구들에게 다시 소문을 내고 교회에 대한 좋은 뉴스가 동네마다 퍼지게 마련이다. 그래서 가족 중에 젊은이들은 저들의 아버지와 어머니, 그리고 할머니와 할아버지가 필요로 하는 것들을 공급해주는 바로 그런 교회를 찾기 마련이다.

② 노인 사역을 할 때 바로 교회가 생생한 삶의 공동체라는 사실을 여러 다른 공동체들에게 본을 보이게 된다.

사회는 노인들의 욕구에 보답해 보려는 노력을 해 왔었다. 그러나 교회는 너무나도 오랫동안 이 분들의 필요와 욕구를 도외시하며 지내지 않았나 생각된다. 이제 교회는 새로운 시각으로 노인들에게만 필요한 활동에 대해서, 또 사회에서 일어나는 각종 사건 사고들에 대해서 준비하고 알려주고 여러 대비를 해주므로 살아있는 공동체의 삶을 만들어 준다.

③ 노인 사역은 주일학교를 세운다.

노인들은 어린 생명들, 손자 손녀들 그리고 증손자들까지 돌볼 수 있는 분들이다. 젊은 부모들은 주일 학교나 중고등부에서 활동적이고 힘 있게 움직이며 사역을 하겠지만, 노인들은 힘으로는 하지 못해도 어린 새싹들에게 깊은 지혜

---

170) Gallagher, 37-38.

를 전수할 수 있는 분들이다.

④ 노인 사역은 예배 참여자의 숫자를 증대시킨다.

가족이란 함께 예배드리기를 참 좋아한다. 노인들이 사회 활동에 관심을 가지고 있을 때 그리고 노년 그룹 안에서 소속을 가지기 원할 때 이들은 예배에 참여하고 싶어지고 기회가 되면 출석하기 시작한다. 그러면 다른 가족들도 이들과 함께 합류하게 될 가능성이 높다. 교회도 사람들에게 어떤 유익이나 흥미거리를 주게 되면 사람들은 자연스럽게 그 교회에 관심을 갖게 될 것이고 이런 것들이 사람들을 교회에 소속시키게 만드는 계기가 될 것이다. 먼저 노인이 교회에 나오게 되어 교인이 된다면 차차 모든 가족들이 정규 예배 성도가 되어지지 않겠는가.

⑤ 노인 사역을 하다보면 혹시 성경을 이야기하지 않더라도 이들의 삶 속에는 조금씩 성경 진리가 파고들어 간다.

그리고 성경이 들어가기 시작하면 노인들은 현대의 변질되고 타락된 사회에 대해서 대항해 싸울 용기를 얻게 된다. 노인들에게는 사회가 잘 되기를 바라고 관심도 많다. 그렇지만 여러 가지로 좌절하고 있을 때 용기를 줄 수 있는 것은 역시 성경이다. 특별히 오늘날 가정에 불어 닥친 문제야말로 이들에게는 큰 공포가 아닐 수 없다. 현대판 막나가는 가정에 대해서 도저히 납득하지 못하는 사람들이 바로 노인들이다.

지금 노년층들은 각종 미디어 매체로 인한 충격, 고독, 우울, 공포, 죄악, 폭력, 자살, 그리고 알코올 중독 등 이런 과거와는 영 다른 새롭게 불거진 문제들 때문에 어리둥절해 한다. 그렇지만 대안을 찾지 못했었다. 바로 성경은 이들에게 삶의 대안이 된다.

성경은 이 모든 사회를 바르게 이끌고 가는 안내서이자 상한 감정들을 치유하고 도와주는 길잡이가 된다. 그러므로 교회는 성경적인 진리를 들고 이들이 특별하게 갈급해 하는 사안들을 적용시켜 영적으로 성장할 수 있도록 도와주어야 한다.

⑥ 노인 사역은 노인들에게 공동체 안의 사람들을 거의 한 가정으로 생각하도록 풍성한 경험들을 제공한다.

노인들 간의 연결고리는 서로를 아주 단단하게 묶어 준다. 여러 친교를 위한 그룹들, 사회적인 애경사들, 그리고 기도 모임들, 이러한 연결고리들은 이 분들의 삶을 풍성하게 만들어 주며, 거의 가정이나 다름없는 느낌을 갖게 한다. 교회가 개인의 '가정교회'라고 할 만큼 유대감을 갖게 한다.

⑦ 노인 사역은 노인을 돌보는 사역이다. 이들의 욕구들을 충족시키고자 힘쓰는 일을 한다.

노인들은 안정감을 좋아하고 여러 사람들과의 친교와 관계를 중시한다. 그러나 아직도 많은 노인들이 가정에 혼자 우두커니 앉아서 텔레비전 앞에서 사회로부터 격리되어 말동무 하나 없이 살아가고 있는 실정이다. 교회가 효과적인 노인 사역을 위해 생각할 수 있는 것이 있다면, 문밖 거동이 자유롭지 못한 분들을 찾아서 음식을 제공할 수도 있고, 가야 할 곳이 있을 때 운송을 담당하는 시스템을 갖추어 운영하며, 그리고 상담 서비스도 감당할 수 있다.

⑧ 노인 사역은 섬기고 싶어 하는 성숙한 노년들에게 하나의 기회를 제공하기도 한다.

노인들은 정말로 주는 것을 좋아한다. 이들은 특별히 아이들과 함께 있는 것을 좋아해서 같이 놀고 같이 움직이는 것을 좋아한다. 그러나 너무 지나치지 않도록 조심하라. 비록 노인들이 할 수 있어서 하겠다고 하지만 자원 봉사의 시간과 계획이 있어서 무리하지 말아야 하며 멈추어야 할 시간에 거기서 꼭 멈추어야 한다.

⑨ 노인 사역은 청년이나 장년들에게 이웃을 섬길 수 있는 기회를 제공한다. 청장년들은 노인들에게 새로운 기술이나 지식에 대하여 노인들을 가르칠 수 있다. 이들이 컴퓨터 반을 운영한다든지, 건강 교실, 운동 클럽 등에서 봉사한다면 효과적이다. 물론 이와는 반대로 노년들이 젊은이들에게 가르치고 젊은 이들을 섬길 수도 있을 것이다.

(3) 실버사역을 시작하기 위해 준비해야 하는 것들

노인문제의 심각성은 이미 언급한 바 있다. 고령화 사회에서의 노인문제는 더 이상 개인이나 가족 내에서만 해결하기에는 어려워지고 있다. 오늘날 노인복지에 대한 일차적 책임은 국가에 있지만 국가의 재원과 능력에는 한계가 있으므로 이의 보완을 위해 하나님 말씀의 선포(Kerigma)와 친교(Koinonia), 사회 봉사(Diakonia) 차원에서 교회가 가지고 있는 양질의 복지자원을 노인복지 사업에 활용하는 것이 바람직하다. 또한 교회의 노인복지 사업은 노년기의 중요 관심인 영적 문제에 대한 해답을 줄 수 있다는 점, 교회에서 이루어지는 봉사가 가족과 같은 친숙한 분위기에서 이루어질 수 있다는 점, 그리고 봉사를 받는데 있어서 노인들이 거부감 없이 수용적 자세를 가질 수 있다는 점 등에서 사회적 타당성을 지닌다.[171]

그렇기에 교회는 건물을 지을 때 노인들의 편리를 고려하고 노인들을 위한 공간을 우선적으로 마련할 때가 온 것이다. 교회의 예산을 편성할 때 아동부, 청소년부의 예산과 함께 상대적으로 노인부의 예산을 편성할 때가 온 것이다.

---

171) 원영희, '교회는 노인들에게 열려 있는가?', *기독교사상* (1999. 9): 57-58.

과거 우리 교회가 유아 교육에 관심을 갖고 유치원이나 어린이 선교원을 운영하는 것이 교회의 선교적 사명이었다면 오늘 이 시대에 교회의 선교적 사명은 늘어나고 있는 노인세대에 목회적 관심과 교육적 관심, 배려를 하는 것이라고 말할 수 있다.[172]

이러한 관점에서 원영희(1999)는 노인복지에 대한 교회의 방향성을 다음과 같이 제시해 주고 있다.[173]

① 노인 목회 및 노인 복지에 대한 인식 제고

우선적으로 목회자들의 노인목회 및 노인 복지에 대한 개념이 변해야 한다. 그것은 노인목회를 통해 노인들의 영적 성장이 이루어지고 연장자로서의 노인들이 바른 신앙인으로 서게 되면 이것이 곧바로 그 가정에 영적인 영향력을 끼칠 수 있기 때문이다.

② 노인을 위한 전담부서 및 전문 인력의 확보

이제 교회에서는 노인목회나 노인복지 분야에서 일할 전문 인력을 확보하고 이를 위한 전문기구나 조직을 구성해야 한다. 교회에서 노년부를 정식으로 만들고, 사역할 수 있는 장소도 마련하여 노인들의 신앙을 잘 지도하여 제대로 된 신앙생활을 할 수 있도록 도와야 하는 것이다. 신앙 교육은 노인들의 신체적, 정신적, 사회적인 면과 영적 특성을 고려하여 노인들의 눈높이에서 실시되어야 할 것이다.

③ 노인 프로그램의 활성화

우선 노인들의 욕구를 잘 파악하여 노인들이 진정으로 원하는 프로그램을 진행함으로 인해 노인들의 삶의 질을 향상시켜야 한다. 특별히 교회는 선교 및 노인 복지 타원에서 노인들을 위한 평생교육의 일원으로 노인학교 프로그램을 개발하고 실시해야 한다. 더불어 노인들에게는 죽음에 대해 이해시키는 교육

---

172) 송남순, 265-266.
173) 원영희, 66-70.

이 필요하며, 세대간 사회적, 영적, 사교적 접촉을 가질 수 있는 프로그램을 마련해야 한다. 즉, 젊은 세대들과 더불어 함께 하는 시간, 손자녀가 없는 노인과 젊은 세대의 결연사업을 통한 정서적 나눔 등을 통해 세대간 화합의 장을 만들어 줄 필요가 있다는 것이다. 이외에도 노인복지 시설을 통해 노인선교 및 노인에 대한 사회 봉사를 보다 효과적으로 할 필요가 있다.

④ 노인을 위한 편의 용품 및 시설의 마련

노인들이 교회에 오면 편안하게 예배도 드리고 교제도 나눌 수 있는 편의 용품이나 시설을 만들어주어야 한다. 예를 들면 휠체어나 돋보기, 지팡이, 안락한 의자 등을 준비해 두는 것이 좋다. 더불어 큰 글씨체의 성경이나 교육할 때 영상 같은 시청각 교재를 활용한다든지 교통 수단 제공도 중요하며 노인 도우미를 배치시키는 것도 좋은 방법이다.

⑤ 재정적 지원의 강화

실버사역은 먼저 적절한 예산의 편성으로부터 시작된다. 이를 위해 특별 헌금 등을 통해 노인선교기금을 조성하는 것이 좋다.

⑥ 교회 인적 자원의 활용

평신도들이 노인복지 사역에 대해 관심을 갖도록 만들어 줄 필요가 있으며 이에 적극적으로 참여할 수 있도록 길을 열어주는 것이 중요하다. 더불어 노인들이 직접 전도나 노인문제에 나서게 하는 방법도 고려되어야 한다.

한편 실버사역을 하는 데 있어서 교회가 시설 면이나 교육, 그리고 서비스 면에서 준비해야 할 사항이 많다. 이를 구체적으로 살펴보면 다음과 같다.[174]

1) 교육 측면
  – 교양 ; 조명이 밝고 소음이 없는 강의실

---

174) 이인수, *21세기 실버산업과 노후생활* (서울: 도서출판 양지, 2000), 169.

– 예체능(공예, 그림) ; 안전한 작업대, 이동식 원형탁자 등

– 순환기질환 자기관리; 간호사의 지도 감독, 소독 장비

– 한방 자가 치료 ; 한의사의 지도 감독, 병원 침대, 침구(鍼灸)

– 조리 실습 ; 영양사의 지도 감독, 오븐, 주방시설

– 건강 관리 ; 레크리에이션 지도감독, 재활 · 운동 기구

2) 서비스

– 등하교 ; 휠체어 탑재버스 및 기사(미국의 경우 많이 사용)

– 생활 안전 관리 ; 응급 처치 및 구급 요원

– 급식 ; 주방, 보건영양사(식이 요법 관리)

– 언어장애 및 고민 상담 ; 개별 면담실, 언어치료사

– 위생 관리 ; 양호실 및 양호사, 비상 약품

– 노인 자치 기구 활동 ; 노인 학생회 운영

좀 더 구체적으로 갈라거는 노인 사역을 위해 점검해야 할 5가지를 다음과 같이 제시한다.[175] 이 5가지는 어떻게 보면 실버사역뿐만이 아니라 교회 사역 전반에 걸쳐 필요한 준비 사항일 수도 있을 것이다.

1) 기도하라.

기도 속에서 하나님의 뜻을 구하라. 그리고 다른 사람들과 기도를 함께 하고 가진 꿈도 나누라. 여기에 관심 있는 사람들과 매주 기도 모임을 갖는 것이 좋을 것이다. 우리가 할 일이란 처음도 오직 기도요, 마지막도 기도이다. 특별히 지역 교회에서 노인 사역이냐 기도냐 가름할 때 둘의 비중은 똑같다고 할 수 있다.

---

175) Gallagher, 39-49.

2) 비용을 계산하라.

누가복음 14장 28절에서 하시는 말씀을 들어 보자.

"너희 중에 누가 망대를 세우고자 할진대 자기의 가진 것이 준공하기까지에 족할는지 먼저 앉아 그 비용을 예산하지 아니하겠느냐"

정말 노인 사역은 망대를 세우는 것과 같아서 우리 교회나 단체가 소유하고 있는 재정, 시간, 그리고 사람들 마음속에 있는 열정까지 계산해 보아야 한다. 우리가 과연 이에 필요한 헌신을 모두 감당할 수 있는가 하는 문제는 아주 중요하다.

물론 노인들도 풍부한 재정과 시간을 갖고 있을 수 있다. 그러나 역시 거기에는 쉽지 않은 걸림돌이 남아 있다. 이들은 동의하지 않을 수도 있고, 반대로 적극적인 마음을 가진 분도 있기는 하지만 행동하기 까지는 시간이 걸릴 것이다.

또 교회 안에는 불평하고 불만하는 사람들이 반드시 있게 마련이다. 많은 교인들은 믿음으로 행복을 찾고 긍정적인 변화를 가져왔음에도 불구하고, 이런 사람들처럼 똑같은 설교와 똑같은 교회를 다니건만 도움이 되지는 않고 오히려 물의를 일으키고 교회의 힘만 낭비하는 사람이 있게 마련이다.

노인들과 함께 사역을 하면서 발견하게 되는 것은 실제 존재하는 어떠한 사역의 문제가 아니라 대부분이 회원 서로간의 관계로 인해 생겨난다는 점이다. 그렇기 때문에 문제가 발생하면 관계 안에서 갈등의 문제를 잘 해결해 나갈 수 있도록 도와주는 것이 현명하다. 분쟁의 해결 방법에 대해서는 다시 한 번 다루기로 한다.

3) 당신의 사명을 더욱 개발하라.

중요한 것은 우리가 도달해야 할 특별한 길이 있고, 이 길을 결정하기 위해서는 최소한 지금 서있는 현주소가 어디이고 갈 곳이 어디인지 알아야 할 필요가 있다.

곧, 노인 사역을 좀 더 세련되게 하거나 강력하게 하려는 마음이 있다면 먼저 비전이 무엇인지 정확한 구상을 가져야 한다. 기본적인 비전에 대한 구상은 적어도 노인들의 필요와 욕구들이 고려된 것이라야 한다. 또 노인들의 영혼이 그리스도와의 관계에서 어떻게 되어야 하는지 고려되어져야 한다. 그리고 좋은 비전이 성취되기 위해서는 올바른 방향이 있어야 한다. 다시 말하자면 먼저 노인들의 근본적인 욕구들을 위한 비전이며 또 영적인 비전을 품자는 것이다.

느헤미야는 비전의 선지자였다. 우리는 느헤미야의 리더십을 보면서 어떻게 비전이 구체화 되는가에 대해 배울 점이 너무 많다. 잠언 29장 18절에서 "묵시가 없으면 백성이 방자히 행하거니와 율법을 지키는 자는 복이 있느니라"라고 말씀한다. 여기서 비전이 없다면 백성이 망한다는 말을 곰곰 생각해 볼 필요가 있다.

어떤 사람이 말하기를 비전이란 "뒤를 돌아보는 지혜를 가지고 내적인 영감을 통해서 미래를 내다보는 힘"이라고 했다. 또 다른 학자는 이렇게 말한다. "보이지 않는 것을 보면서 가능하게 만드는 것"이라고 한다.

이와는 좀 달리 어떤 사람은 "비전이란 현재로부터 미래로 건너가게 하는 눈에 보이지 않는 다리"라고 했다. 죠지 바나(George Barna)는 이렇게 말했다. "사역을 위한 비전이란 선택된 백성들에게 하나님이 부여하신 분명한 정신적 이미지이며, 이런 비전은 먼저 하나님에 대한 정확한 이해가 기초가 된다. 또 비전은 곧 자신이며 환경이다."[176]

우리는 비전을 가지고 있는 리더들이다. 느헤미야는 비전의 사람이 되기 위해서 준비하느라 수많은 시간을 보내야 했다. 그리고 자신으로서는 넘을 수 없는 산 같은 문제들을 만나야만 했다. 그러나 느헤미야는 결코 단념하지 않았다.

---

176) George Barna, *The Power of Vision: How You Can Capture and Apply God's Vision for Your Ministry* (Ventura, CA: Regal Books, 1992), 28.

그리고 중요한 것은 비전이란 간단하면서도 분명해야 한다는 것이다. 노인 사역을 하려고 마음먹었다면 오직 사람들을 섬기려는 동기가 출발점이 되어야 한다. 그리고 이 사역을 더욱 확장하려고 하는 프로그램이 있다면 가지고 있는 프로그램이 어떻든지 간에 여기에다 돌봄의 마인드가 더 강화되는 방향으로 나가야 한다. 사역의 확장은 곧 돌봄의 확장이라고 할 수 있다. 돌보려는 자세는 노인 사역을 하는데 절대적인 것이다.

우리가 항상 주의할 것은 어떤 말의 어감차이로 인해 벌어지는 사소한 시비거리에 매달려서는 안 된다는 점이다. 목적, 사명, 비전, 동기. 이런 말들은 사람마다 어감을 얼마든지 달리 할 수 있기 때문에 매달리다보면 오히려 깊은 수렁에 빠져버리고 만다. 오히려 "우리의 주인은 누구신가, 나는 누구인가, 우리모임이 정말로 원하는 것은 무엇인가?" 차라리 이런 것을 되돌아보는데 시간을 써야 한다. 어떻게 하면 성공적인 사역자가 될 수 있을지, 그리고 어떤 동기로 어떤 꿈을 가지고 사역할지, 마음에 어떤 결심이 생긴다면 큰 글씨로 메모하라. 그리고 가슴에 새겨라. 그리고는 그것을 향하여 뛰어라.

당신의 사명이 무엇인가, 비전이 무엇인가? 정확하고 단순한 말로써 마음 가운데 확정하라. 그리고 그 초점을 언제나 잃어버리지 말라.

4) 목표와 대상을 세워라.

맡겨진 사명을 완수하기 위해서는 필수적으로 목표와 대상을 세워야 한다. 심령 속에 영감을 받아서 예리한 목표와 대상이 정해져야만 한다. 대상은 자신의 상황과 걸 맞는 단순한 것이라야 한다. 또 이런 대상은 역시 필연적으로 성취 가능해야 하며, 예측 가능하고, 이해가 충분히 가며 독특하고 현실적인 것이라야 한다. 우리가 행하고자 하는 실버사역의 여러 대상들에 우선순위도 세워야 한다.

목표와 대상들은 초점을 잃지 않기 위해서 매우 중요하다. 우리가 꼭 해야만 하는 것이 있다면 초점을 맞추는 일이다. 목표를 세우고 대상물을 정해야 한다. 그래야 초점을 맞출 곳이 있고, 또한 행하고 있는 일들이 도달점을 향하여 잘 가고 있는지 점검을 해 볼 수 있다. 목회자에게는 목표를 가지고 있다는 것도 중요하고, 또 모든 회중들을 그 목표를 향하여 인도하는 것도 중요하다. 목표에 성공하는데 단시간의 계획뿐 아니라 장시간이 걸리는 계획도 세워져야 한다. 또한 한 쪽으로 치우침이 없도록 영적으로, 육체적으로, 감정적으로, 사회적으로 구비된 목표 설정도 잊지 말아야 한다. 그리고 숫자상의 목표를 다 가지고 있어야 한다.

5) 꿈은 커야 한다. 그러나 현실을 무시하지는 말라!

성숙한 눈으로 자신이 가진 노인 사역의 현재와 가능성을 내다보라! 꿈을 꾸고 비전을 품으라. 그러나 기억할 것은 꿈은 크게 가지되 현실적인 상황을 무시해서는 안된다는 점이다. 가끔 보면 충동적으로 계획을 세웠다가 그 계획을 자랑하기도 한다. 그러다가 변덕스럽게 계획을 자주 바꾸기도 하는 경우가 있다. 마치 교계에 예언의 바람이나 유행을 타고 나면 성경에 대한 신뢰가 떨어지는 것과 마찬가지로 허풍선 계획이 남발되다가는 결국 신뢰를 잃고야 만다.

꿈만이 중요한 것은 아니다. 우리들은 현실의 삶에도 충실해야 한다. 우리가 꿈대로 다 되지 않을 수도 있다. 그러나 정말 중요한 것은 날마다의 삶에 더욱 충실하게 사는 것일 수도 있다.

(4) 실버사역을 위한 9가지 제안[177]

1) 프로그램을 계획하라.

각각의 목표들을 어떻게 성취할 것인가? 그 일에 누가 책임을 질 것인가? 그

---

177) Gallagher, 49-53.

목적을 달성하기 위해 무엇이 필요한가? 누가 그 일을 도울 것인가? 각각의 목표에 대한 시간 일정은 어떠한가?

작은 것부터 시작해도 좋다, 사역을 세워나가는데 전력을 기울여라. 한 가지의 프로그램을 완성하고 하나씩 사역을 해나가라. 이렇게 하기 위해 다음의 세 가지 지침을 참고하라.

① 질(質)이 양(量)을 만들어 낸다.

처음에는 숫자가 적더라고 노인을 위하여 최고의 사역을 하는 것이 중요하다.

② 양은 더 좋은 질을 만들어 준다.

사역이 점점 자라감에 따라 더 많은 열매를 거두게 될 것이다. 아주 질 높은 사역을 하느라 정작 양을 소홀히 했을지도 모르나, 수준 높은 사역은 많은 인원을 불러오게 되고, 이는 또 질을 높여주는 작용을 하게 된다.

③ 질 높은 수준이 유지되지 않는 양은 역효과를 낼 수도 있다.

오직 숫자에만 마음을 쏟으면서 질에는 별다른 발전을 보지 못했다면 그 사역은 점점 쇠퇴할 것이다.[178]

한마디로 실버사역은 질로써 세워지고 그 질이 양을 만들어 내는 과정으로 가야 한다. 그렇기 위해 사역 계획에 대해 충실해야 한다. 스케줄이나 광고를 복사하여 어디서나 볼 수 있도록 하고 잘 준비하라. 교회의 중진들은 노인들의 질문에 대답해 주기 위해서 세부사항까지 알고 있게 하라. 노인들은 자기가 모르는 일이 진행될 때 섭섭하며 소외감을 느낀다. 내용을 알고 있으면서 "아무도 나에게 말해주지 않았어!"라고 말하지 않는다. 자기도 알고 있다는 생각이 중요하다. 만약 "나는 들어 보지도 못했어!"라고 말하는 분이 하나라도 있다면

---

178) Charles L. Chaney & Ron S. Lewis, *Design for Church Growth* (Nashville, TN: Broadman Press, 1977), 18.

갈등이 번져나가기 시작했다는 증거다.

그리고 중요 멤버들과 함께 사역을 나누어라. 미리 서로가 무엇을 할 계획인지 잘 알고 있을 필요가 있으며, 모든 사역자들 간에 자기 것뿐만 아니라 다른 것도 잘 알고 있어야 장소나 시간적인 조화가 이루어진다.

2) 커리큘럼을 잘 선택하라.

좋은 커리큘럼을 선택하고자 할 때는 배우는 사람과의 창의적인 상호교환이 이루어질 수 있는 성경적인 교사법을 가져야 한다는 것을 명심해야 한다. 그 커리큘럼이 전체 시간을 교사 혼자 말하는 식으로 가르친다면 바람직하지 않으므로 피해야 한다. 그리고 수업의 주제가 노인들의 삶과 직접적인 연관이 있어야 함은 물론이다.

3) 하나의 스케줄에 완성도를 높여라.

자신에게 묻고 대답해 보자.

"여러 종류의 행사나 모임을 언제 시작할까?"

"그것이 다른 프로그램과 섞이거나 충돌되지는 않는가?"

"그 일은 어디서 할 것인가?"

"그 곳은 노인들에게 적당한 장소인가?"

"도움을 위한 협조가 필요한가?"

"또 다른 계획이나 대내외적인 광고가 필요할까?"

교회의 전체광고판에 계획된 날자와 시간을 게재하라. 그래야 스케줄이 지켜질 수 있고 다른 프로그램들과 충돌을 피할 수 있다.

4) 스텝진을 공모하여 뽑아라.

필요한 부분이 어떤 것들인지 간단하게 기록하라. 그리고 강단에서도 자원자를 받는다는 광고를 하라. 강단에서 말해도 아무런 응답이 없을 수도 있고 또 자원자들이 들어오기는 하는데 자격이 없거나 적합하지 못한 경우도 있다. 어쨌든 적당한 사람이 준비되면 주일 아침 예배시에 모든 사람들이 지켜보는 가운데 통로까지 내려와서 '이 사람이 유일한 분'이라고 소개하라.

또 소개할 때 여러분들을 위하여 좋은 선물을 줄 대단한 사람이라고 요란하게 소개하는 것도 매우 효과적일 수 있다. 그리고 신청은 많았으나 뽑아준 사람이 적은 경우 "여러분 여러 지원자들이 참여해 주셔서 감사하지만 모두 모시지 못해 죄송합니다. 여기 우리를 섬기고 도와줄 스텝들을 소개합니다!"라고 사과하고 전체에게 소개하는 것도 중요하다. 뽑히지 못했을 때 서운한 마음이 없지 않아 있으므로 배려해 주어야 한다. 일꾼들을 뽑을 때 참고할 사항을 보자.

- 분명하게 봉사의 일거리가 무엇인지 세부적으로 밝히라. 그리고 기도하면서 그런 필요에 어울리는 사람을 찾아라.
- 기회를 충분히 주어라. 능력이 있지만 망설이는 자원자들이 있다. 이들이 사역에 참여할 결단을 내릴 수 있는 시간을 주어야 한다.
- 그리고 하나님의 인도하심을 깨달을 수 있는 시간도 주어야 한다.
- 마지막으로 결단을 촉구하라. 그리고 봉사에 필요한 사전 준비를 해주고, 본격적인 사역에 필요한 훈련도 있어야 한다. 교회 안에서 노년들이 하는 중요한 사역은 그리스도를 영화롭게 할 것이며 그들의 삶도 새롭게 바뀌는 계기가 된다. 목회자는 사역자들을 발견해 가며, 동기를 부여하며, 자원자를 뽑아 새 일꾼이 되게 하며, 그리고 이들을 일꾼으로 훈련해 나가야 한다.

5) 교통 대책을 세우라.

필요에 따라서는 교통편의를 도와줄 수 있는 운전 가능한 사람들을 교회 안에서 모집해 시작하는 것이 좋다. 필요에 따라서는 휠체어를 넣고 다닐 수 있는 밴 승용차를 활용할 수도 있고, 특별한 행사라도 있다면 버스를 전세내야 한다. 그리고 어디를 가려고 할 때 필히 비상대책이 있어야만 한다. 노인들에 대한 만약을 대비한 보험문제, 비상시 연락 가능한 가족들, 그들이 먹어야 하는 약품들, 이런 응급을 위한 기본 준비가 되어 있지 않다면 차라리 가지 않는 것이 좋을 것이다.

6) 필요한 설비하기.

비록 사면 바람을 막아주고 비나 맞지 않게 하는 지붕 있는 방 하나면 족하다고 생각할지도 모르겠지만, 그래도 어느 정도 꼭 필요한 것부터 꾸며 보라. 방 청소도 하고, 눈길을 끌만한 광고판 하나라도 벽에 걸어라. 그리고 여러 활동하는 모습들이 찍힌 대형 사진이나 좋은 그림도 걸리는 것이 좋다. 벽을 장식하기 위해서 양을 거느린 목자가 나온 그림이라도 폼 나게 붙여 보라. 모이는 홀에도 친근한 분위기를 느낄 수 있도록 절약적인 인테리어도 구상해 보자.

7) 광고의 도움을 받으라.

과거의 여러 활동을 할 때 찍었던 사진도 확대해서 내다 걸자. 우편 발송도 하고 전단지도 배포하되 자주 하라. 그리고 말할 것도 없이 입으로 만나는 사람에게 권하고 격려해야 한다. 선전 효과가 되는 기회마다 놓치지 말고 이용하라. 지방 신문, 관공서의 회보, 지역 방송, 건물 앞에 서있는 게시판, 그리고 대형 마켓이나 백화점에서도 노인들을 위하는 일이니까 협조해 줄 수 있다.

8) 예산을 세워라.

무엇이 공급되어지고 있고, 또 당신이 필요한 물질은 무엇이라 생각하는가,

그리고 그것들이 어디에서 올 것인가? 돈은 어디에서 보내질 것인가? 예산을 정확히 세우고 그 예산의 출처까지 점검하라! 그리고 기도하라!

9) 평가하라.

지속적으로 모든 프로그램에 대해서 평가를 가져보아야 한다. 평가회로 모이는 규칙적인 모임을 가지라. 그리고 멤버들이 무기명으로 자기들의 생각을 제안할 수 있게 기도함이나 건의함을 만들어라.

(5) 실버사역을 위한 효과적인 교수 학습 진행과 방법

한편 실버사역을 진행하는데 있어서 교수나 학습 진행 방법이 아동이나 청장년과는 판이하게 다르다는 것을 고려해야만 한다. 특별히 다음의 6가지 원리를 유의하여야 한다.[179]

① 노년기의 교수, 학습의 결과는 반드시 학습 전체가 완전학습을 목표로 할 수는 없다.
② 노약자나 성인병적 질병의 환자가 동참하고 있기 때문에 이들에게 심적인 부담이 되지 않고 강의를 듣는 것만으로도 만족을 느끼게 하라.
③ 학습의 결과는 생산적이거나 실용을 위한 목적은 일차적인 것이 아니다.
④ 학습을 통하여 학습에 동참하는 과정, 그 자체에 만족감을 갖도록 하여야 하는 경우도 있다.
⑤ 연령의 차이, 교육과 경험의 차이, 건강상의 차이로 반드시 목표 지향적으로 생각할 수는 없다.
⑥ 모든 설명은 쉽고 재미있고 정신적인 부담을 느끼지 않도록 진행하여야

---

179) 이승익, 277.

한다.

(6) 실버사역 운영시 유의할 사항

실버사역을 운영하는데 있어서 많은 어려움이 따르지만 특별히 학생 통제는 고민거리 중의 하나가 될 수 있다. 실버사역의 대상자인 노인들은 교사보다 연령도 많고 사회 경험도 많기 때문에, 그뿐 아니라 과거의 경력이나 지위에 대한 자부심 때문에 학생으로서보다는 자문자로서 권한 행사를 하려드는 경우가 많다는 것이다. 더불어 노인은 심리적으로 경직성과 보수 성향이 크기 때문에 학교 운영상 부과되는 여러 가지 지침과 요강에 대해 거부와 불신감이 커서 교직원의 통제에 불응하는 경우가 많다.[180]

노인 학생은 또한 자기와 비슷한 사회적 배경을 가진 학생에 대한 동류성 확인(identity of peering group)이 커 자기와 현저히 다른 배경을 가진 학생에 대해 배척심이 증가하는데, 이러한 보수적 경향은 60대에 가장 크며, 70대 이후에는 현저히 감소한다. 따라서 노인학교를 운영할 때 교과목 이수나 학생 자치활동에 가장 왕성한 의욕을 보이는 60대 학생들에게 가급적 동류집단간 교제 기회를 많이 보장해 주는 것이 좋다.[181]

특별히 실버사역을 하는데 있어서 학생들 간에 친숙하지 않은 노인의 행동 가운데 불편하게 인식되는 행동들을 속성별로 분류하면 외향성(Extroversions), 관용(Congeniality), 과민성(Neuroticism), 문화 및 생활 습관(Culture & Life Style), 양심(Conscientiousness), 언어 습관(Verbal Habit) 등 5개로 나눌 수가 있다.[182]

외향성 중에는 복장상태, 사교성, 친절함 등이 노인 학생들에게 가장 민감하

---

180) Randolph Hills Nursing Center, *Annual Reports on the Management 1994*, Series 2. 이인수, 170. 재인용.
181) 이인수, 170.
182) Mindel, 'Multi Generational Family Households, Recent Trends and Implications for the Future', *The Gerontologist,* 19(1979), 456-463.

게 인식되고, 관용으로는 다른 학생이 자기의 소유물(예; 학용품, 의자)을 잠시 사용하는데 대한 관대함, 질투심의 정도 등이 민감하게 인식된다. 과민성으로는 항상 불안하고 우울해 보이는 태도, 쉽게 화를 내거나 당황하는 태도 등이 친숙하지 않은 학생들에게 불편하게 인식된다. 문화 및 생활 습관으로는 보편 타당한 사고방식, 교양과 상식 등이 가장 중요하게 인식되고 양심으로는 책임 감, 위생 관념, 규칙 준수 등이, 끝으로 언어습관으로는 타인 사생활에 대한 간섭, 소문내기 등의 생활 습관이 노인학교 학생들 중 친숙하지 않은 노인에게 민감하게 반응을 불러오는 행동 특성으로 분석된다.[183]

또 노인교육 프로그램을 운영하는데 있어서 남녀의 비율과 연령의 구성도 검토대상이다. 미국의 양로 시설이나 노인 휴양 촌락에 개설된 노인학교의 경우 남녀의 비율은 3:7정도로서 여자 노인이 압도적으로 많다. 이러한 성 비율의 격차는 여자의 수명이 남자보다 훨씬 길기 때문에 나타나는 현상이기도 하지만 여자 노인은 남자 노인들에 비해 실내활동 위주의 여가 활용을 선호하기 때문에 그러한 결과들이 나타난다고 볼 수 있을 것이다.[184]

연령 구성은 남자는 60-70대까지 고른 구성을 보이나 여자 노인학생의 경우는 대부분 70대 이후가 가장 많은 비율을 차지하고, 남편이 없는 노인의 비율도 압도적으로 많은데, 이는 60대 초반의 저 연령층 여자 노인과 남편이 있는 노인은 청소나 빨래 등 가사 돌봄, 손자녀 양육 등에 의한 부담으로 외부활동의 기회가 제한되기 때문인 것으로 분석된다.[185] 그러나 교회에서 운영하는 경우 이 비율은 상당히 완화되는 것이 현실이다.

이러한 상황을 고려한다면 남녀 학생별, 그리고 연령대별 차이에 따라 교사

---

183) 이인수, 170-171.
184) ibid., 171.
185) ibid., 172.

나 운영자가 느끼는 차이점이 다양하게 나타날 수 있는데 그 차이점을 정리하면 다음과 같다.[186]

① 시설의 환경(예; 온도, 습도, 조명도 등)이나 교육 여건 등에 대한 인내력(perseverance)은 여자보다 남자가 높으며, 연령대별 차이는 항목에 따라 교차적인 반응을 보인다. 예를 들어 실내 온도에 대한 불평은 고령의 학생이 더욱 많이 하지만 강의 자료의 내용에 대한 불평은 낮은 연령대의 학생이 더욱 많이 한다.[187]

② 교사나 직원에 대한 도움 요청(seeking help)은 여자 노인, 그리고 고령의 학생들이 많이 한다.[188]

③ 유머 감각(humor)과 능동적으로 화목한 분위기를 이끌어가는 경향(activity)은 낮은 연령대의 남자 노인이 가장 높다.[189]

④ 교과 과정 등에 대한 의견 수렴시 솔직한 느낌(earnest expression of feeling)을 표현하는 경향은 낮은 연령대의 여자가 가장 높다.[190]

⑤ 교육 도중 환상(spacing), 백일몽(day dream) 등 도피적인 행동 경향은 개개인의 당시 가족 상황에 따라 다양하게 차이가 나며, 사회적 배경에 의한 차이는 없다.[191]

---

186) ibid., 172-173.
187) 양곡신협, 양짓골 노인대학 운영과정 지침(1996). 이인수. 172. 재인용.
188) Randolph Hills Nursing Center, 이인수, 172. 재인용.
189) Somers & Spears, *The Continuing Care and Retirement Community* (New York; Springer Publishing Co.,, 1992), 32-40.
190) 이인수. 172.
191) Goldschneider, "living Arrangements among the Older Population: Constrains, Preferences and Power", *Ethnicity and the New Family Economy* (New York: Westview Publication, 1979). 이인수. 172. 재인용.

제5부

노인에 의한 사역

5. 노인에 의한 사역

(1) 사역에 노인을 참여시키라

　노인을 더욱 초라하게 만드는 것이 그저 아무 일도 못하게 하고 앉아 있도록 만드는 것이라는 사실을 아는가? 그 말은 노인들을 더욱 힘 있게 살아가도록 만드는 방법이 그들에게 뭔가 의미를 주고 스스로 의미 있는 일을 직접 하도록 하는 일이다.

　그동안 많은 노인 사역자들은 노인들에 대한 편견을 가지고 있었다. 노인들은 항상 대접 받아야만 하고 스스로 역동적인 참여가 가능하고 또 노인들이 오히려 그를 더 원한다는 사실을 간과해 왔다. 어떻게 보면 과거의 노인들이 그러했을지도 모른다. 그러나 시대는 달라졌다. 지금의 노인은 21세기를 살아가는 노인들이다. 불과 몇 년전만 해도 사회를 이끌어갔던 분들이다.

　그렇기 때문에 노인 사역은 노인들이 직접 참여해서 그들의 손으로 행정도

해 나가고 그들이 직접 프로그램에 참여도 하는 식으로 만들어 갈 필요가 있다. 다시 말해서 노인과 더불어 사역을 해 나가야 한다는 것이다.

구체적으로 보자면 우선 노인 사역 전반에 노인들을 직접 포함시킬 필요가 있다. 자치회나 임원회를 만들어서 전반적인 기획은 물론이고 구체적인 집행까지 스스로 해 가도록 하는 것이 좋다. 더불어 실제 프로그램에서도 그저 강의를 듣는데 그치지 않고 강의에 직접 참여하도록 하여야 한다.

특별히 학생 자치 기구는 회장단과 각종 분과 위원장이 주류를 이루는데 프로그램 실시 장소의 쾌적한 환경 위생 유지, 노인 수준에 맞는 적절한 교과 과정 구성, 예산 기획, 학생의 신상 문제 발생(질병, 유고(有故))시 상호 부조 등 다양한 복지 업무를 담당할 수 있다. 특히 학생들이 교사의 연륜과 사회적 경험이 풍부하기 때문에 학생 자치 기구는 학생 문제뿐만 아니라 교사의 어려움에 대한 자문까지도 담당할 수 있게 되는 것이다.[192]

그렇다고 무작정해서 될 일도 아니다. 갈라거는 노인들을 사역에 참여시키기 전에 꼭 알아야 할 기본적인 자세로 다음의 7가지를 제시하고 있다.[193]

1) 실제적인 친교 중심 또 실제적인 돌봄이 이루어지는 모임으로 개발되어야 한다.

노인 사역도 철저한 소그룹 개념이 도입되어야 한다. 소그룹은 진정한 친교를 가능하게 하고 돌봄도 제대로 해 나갈 수 있도록 만든다. 노인 사역에서 소그룹 개념을 도입하게 되면 사랑과 관심, 유대가 필요한 노인들에게 또 하나의 가정을 부여해 주는 효과가 있다.

그러기위해 우선 리더 소그룹을 만들어 사역자가 직접 양육을 하고 양육된

---

192) 이인수, 170.
193) Gallagher, 61-66.

리더들이 또 다른 구성원들을 돌볼 수 있도록 만들어야 한다. 더불어 작은 소그룹에서 리더들이 하여야 할 일을 사역자가 모범으로 보여주는 것이 중요하다.

이렇게 사역자가 인도하는 리더 소그룹 양육을 마치게 되면 이들을 중심으로 노인 소그룹을 만들면 된다.

그런데 소그룹을 만들 때, 목적이나 주제가 있는 소그룹을 만드는 것도 하나의 방법이 된다. 다시 말해서 노인들의 필요를 채워줄 수 있는 다양한 소그룹을 만들라는 것이다. 예를 들면 가정의 문제만을 다룰 수도 있고, 어떤 그룹은 중독문제, 아니면 이성을 주제로 하여 모일 수도 있다. 배우자를 잃었거나 심한 상처의 문제는 노인들 세계에서 매우 중요한 주제인데 이런 주제 모임도 생겨날 수 있을 것이다.

그런데 중요한 것은 어떤 주제를 가졌든지 결국은 예수님의 사랑에 시선을 집중해야 함은 두말할 것도 없다. 또 모든 그룹들은 규칙적인 모임을 가져야 한다. 그리고 그룹 내의 일은 은밀히 모임 내에서만 오고가며, 서로가 신뢰를 가지는 것이 중요하다.

나이 들어 험한 세상을 산다는 것은 많은 어려움이 있다. 특히 노인들 중에는 심히 마음이 상하고 곤고한 사람이 찾아 올 것이다. 이들이 필요한 것은 상한 마음을 치유 받는 일이다. 또 어떤 분들은 단지 마음의 용기를 얻으려고, 어떤 경우는 단순히 이웃에 대한 정 때문에 찾아 왔을 것이다. 어쨌든 노인 그룹에서는 누구든지 들어 올 수 있도록 문을 활짝 열어야 한다. 그래야 노인 사역이 성장하며 생명력이 있다. 그리고 이것이 궁극적으로는 온전한 교회의 모습이기도 하다. 확신하라. 노인 소그룹들은 들어오고, 친교하며, 서로를 받으며 돌보는 하나님의 전이 되어야 한다는 것을.

  2) 어떤 일이든 가능한 많은 사람들이 참여하여 함께 하라.

성경 출애굽기 18장에 보면 모세의 이야기가 나온다. 모세는 한 때 감당하기 어려운 짐을 지고 있었다. 그에게 재판을 받으려고 사람들이 줄을 서서 기다렸다. 이 때 모세의 장인 이드로가 보다 못해 앞에 나서서 모세에게 권하여 멋진 해결책을 내놓게 된다.

13 이튿날 모세가 백성을 재판하느라고 앉아 있고 백성은 아침부터 저녁까지 모세 곁에 서 있는지라 14 모세의 장인이 모세가 백성에게 행하는 모든 일을 보고 이르되 네가 이 백성에게 행하는 이 일이 어찌 됨이냐 어찌하여 네가 홀로 앉아 있고 백성은 아침부터 저녁까지 네 곁에 서 있느냐 15 모세가 그의 장인에게 대답하되 백성이 하나님께 물으려고 내게로 옴이라 16 그들이 일이 있으면 내게로 오나니 내가 그 양쪽을 재판하여 하나님의 율례와 법도를 알게 하나이다 17 모세의 장인이 그에게 이르되 네가 하는 것이 옳지 못하도다 18 너와 또 너와 함께 한 이 백성이 필경 기력이 쇠하리니 이 일이 네게 너무 중함이라 네가 혼자 할 수 없으리라 19 이제 내 말을 들으라 내가 네게 방침을 가르치리니 하나님이 너와 함께 계실지로다 너는 하나님 앞에서 그 백성을 위하여 그 사건들을 하나님께 가져오며 20 그들에게 율례와 법도를 가르쳐서 마땅히 갈 길과 할 일을 그들에게 보이고 21 너는 또 온 백성 가운데서 능력 있는 사람들 곧 하나님을 두려워하며 진실하며 불의한 이익을 미워하는 자를 살펴서 백성 위에 세워 천부장과 백부장과 오십부장과 십부장을 삼아 22 그들이 때를 따라 백성을 재판하게 하라 큰 일은 모두 네게 가져 갈 것이요 작은 일은 모두 그들이 스스로 재판할 것이니 그리하면 그들이 너와 함께 담당할 것인즉 일이 네게 쉬우리라 23 네가 만일 이 일을 하고 하나님께서도 네게 허락하시면 네가 이 일을 감당하고 이 모든 백성도 자기 곳으로 평안히 가리라 24 이에 모세가 자기 장인의 말을 듣고 그 모든 말대로 하여 25 모세가 이스라엘 무리 중에서 능력 있는 사람들을 택하여 그들을 백성의 우두머리 곧 천부장과 백부장과 오십부장과 십부장을 삼으매 26 그들이 때를 따라 백성을 재판하되 어려운 일은 모세에게 가져오고 모든 작은 일은 스스로 재판하더라 27 모세가 그의 장인을 보내니 그가 자기 땅으로 가니라

모세의 이야기는 우리에게 여러 가지 지혜를 준다. 가능한대로 많은 사람들을 사역에 참여시키는 것이 좋다는 것이다. 이 사역의 대열에 함께 많은 노인들이 참여하게 하자. 모두가 대표자가 되어 일을 감당하면 얼마나 좋겠는가.

나이가 많은 어느 신실한 성도가 이런 기도를 드렸다. "하나님, 제가 많은 일을 할 수는 없지만 아무 작은 것이라도 주를 위해 할 수 있기 원합니다. 제가 할 수 있는 것, 꼭 해야만 하는 것을 알려 주세요. 그리고 꼭 제가 해야만 하는 것이 있을 때 하나님이 주시는 은혜로만 할 수 있으니 저를 도와주세요!"

그렇다. 노인들은 자연적으로 다른 사람들에 대한 의존적 성향이 강해진다. 그러나 노인들을 도와줄 때는 가능한 자신들이 가지고 있는 지식과 경험적 지혜, 그리고 이용 가능한 모든 자원들을 동원하게 하여 스스로 독립적이고 자신 있는 삶을 영위해 나가도록 유도하는 것이 바람직하다. 실제로 노인들에게는 의존성이 증가하는 반면, 또 한편으로는 독립적인 삶을 살고자 하는 욕구도 강하다.[194] 그렇기 때문에 노인들이 수동적인 입장에서 무조건 도움을 받기만 하는 것은 좋지 않다고 말하는 것이다.

이러한 개념은 실버사역을 기획하고 실행하며 평가하는 전 과정에도 구체적으로 적용되어야만 한다.[195] 자이거(Zeiger)도 노인들에게 '억지로 떠 먹이는 (forced feeding)' 방식은 좋지 않다고 말하면서 그동안 실버사역의 지도자들이 너무 많이 '지도' 하고, 너무 많이 '계획' 하고, 너무 적게 '인내' 하려고 하는 잘못을 저질러 왔다고 지적하고 있다.[196]

자이거는 또 실버사역을 담당하는 사역자들에게 이렇게 말한다.[197] "정말 중요한 것 중의 하나는 교회가 노인들로 하여금 가능한 한 자기가 자신들의 짐을 들고 갈 수 있도록 하는 프로그램, 그리고 교회의 전체 사역에 최대한 공헌하

---

194) 이석철, "노년 상인들을 위한 교회의 사역", **복음과 실천**(1999. 가을), 263.
195) ibid., 264.
196) Earl F. Zeiger, *Christian Education of Adults* (Philadelphia: The Westminster Press, 1958), 124-125.
197) ibid., 117.

고 도움을 주도록 하는 프로그램을 제공해야 하는 것이다. 노인들은 다른 사람들과 함께 '속하기(belong) 원하는 것이지, 젊은 세대들의 어깨에 부담을 주는 짐 덩어리가 되기를 원하지 않는다."

3) 모범을 보여주며 이끌어 가라.

노인 사역에서 리더가 보여주는 행동은 참으로 중요하다. 노인 사역에서 리더의 행동은 모든 노인들에게 기준이 된다. 리더의 자세나 하는 말들, 그리고 많은 행동들이 노인들의 거울이 되고 본보기가 된다.

진정으로 사랑하는 마음으로 시간을 투자하고 정성을 다한다면 노인들은 그 리더를 존경하면서 따라가게 될 것이다. 노인 사역에 있어서 리더는 가장 앞서서 뛰어가는 사람이고, 하나님만 바로 보시던 예수님처럼 리더가 높은 이상을 품고 열정을 쏟는다면 당연히 그룹 안의 모든 멤버들에게 큰 영향을 끼치게 될 것이고 하나님이 바라시는 최고의 목표 지점으로 이들을 이끌 수 있게 될 것이다.

모든 사역이 다 마찬가지이지만 노인 사역의 리더들도 신뢰성이 있어야 하고, 다른 사람보다도 넓은 시야를 가지면서 사역의 방향을 잘 설정해야 하며 일의 순서를 찾고 질서있게 사역의 조각 그림들을 완성시켜 나아가야 한다.

사역을 감당하다가 견해 차이가 생긴다 할지라도 어떻게 대응해야 하는지에 대해 잘 알아야 하고, 그룹의 분위기도 잘 감지할 수 있어야 한다. 더불어 회원들을 잘 배려할 줄도 알아야 하며, 무엇보다도 기도할 줄 아는 사람이어야 하는 것이다.

4) 노인들의 특별한 욕구들을 충족시켜 주어라.

나이가 먹으면 아이들이 된다고 말한다. 그것은 그만큼 그 마음이 가난해진다는 것을 의미하는 것이다. 영혼이 가난한 자들은 푸른 초원을 그리워하게 된다. 당연히 배도 고플 것이고 먹고 마시고 쉴 곳을 그리워 하게 되는 것이다. 그렇기 때문에 교회는 마음의 공허를 덜어줄 수 있는 친교의 장을 제공해 주어야 하고, 사람들을 그리워하는 그 갈증을 풀어주어야만 한다. 뿐만 아니라 영적인 허기도 채워 주어야 한다.

교회는 언제든지 사랑과 돌봄이라는 두 가지가 균형을 잘 이룰 수 있도록 신경써야 하는 것이다.

5) 숫자나 재정의 성장이 아니라 영적, 정서적 건강도를 통해 사역을 평가해야 한다.

교회는 그동안 숫자적인 면에서 성공도를 평가해 왔었다. 물론 숫자가 늘어나는 것이 중요하기는 하다. 그러나 숫자는 한 사람, 한 사람의 영적 성장이라는 측면에서 본다면 엄청난 함정 가운데 빠질 수도 있다. 그렇기 때문에 숫자를 먼저 내세워서는 안된다. 숫자는 영적 성장을 통해 이루어지는 부산물이어야 하는 것이다. 단지 숫자에만 눈이 어둡게 된다면 우리는 모래성을 쌓을 수도 있음을 기억해야 한다.

현재 우리가 하고 있는 사역을 돌아보면서 사역의 질적인 충실도를 꼭 따져봐야 한다. 그래서 초심으로 돌아가 내적인 성장이 과연 이루어지고 있는가를 점검해 보라는 것이다.

숫자에만 치중하다 보면 이벤트나 Show적인 성격을 가진 프로그램들이 그 사역을 주도하게 될 것이다. 그러다보면 실제로 숫자는 늘어날 수 있다. 인기 연예인을 부르고, 요즘 세상에서 인기를 끄는 그러한 것들을 프로그램에 넣는다면 당연히 숫자는 늘어날 것이다.

그런데 그러한 것이 과연 하나님의 부르심에 합당한 것인지 다시 생각해 봐야만 하는 것이다. 우리가 하는 그 사역이 노인들의 영적인 성장에 과연 도움을 줄 수 있는지, 감정적으로 과연 건강한 것인지를 평가해 봐야 한다. 쉽게 자란 나무는 체질이 허약하다는 것을 잊지말라. 겉모양을 보지 말고 궁극적인 목표에 우리의 중심을 두어야 할 것이다.

6) 노인들이 사역에 참여하는 것이 큰 유익을 준다는 것을 격려하라.

우리는 '노인이 되면 당연히 일은 안 할 것이고 능력도 떨어진다' 는 통념을 가지고 있다. 그러나 노인들 중에는 나이와 상관없이 엄청난 능력을 가지고 활발하게 활동하는 사람도 있다. 아무리 나이가 들었어도 그들의 경륜이 사라지는 것은 아니다.

특별히 교회 안에서는 아무리 나이가 많아도 의미있게 할 수 있는 일은 얼마든지 있다. 얼마든지 맡은 역할을 감당할 수 있다는 것이다. 예를 들면 전화 심방같은 것이 그것이다.

중요한 것은 본인이 직접 사역에 참여하는 것과 그렇지 않은 것에는 엄청난 차이가 있으며, 본인을 위해서도 사역에 참여하는 것이 너무나도 좋은 일이라는 사실을 자주 격려해야 하는 것이다.

7) 웃는 자들과 함께 웃고 우는 자들과 함께 울라.

나이가 들어 갈수록 감정을 잘 표현한다는 것은 참으로 중요하다. 살다보면 웃을 때가 있지만 울어야 할 때도 있다. 잠잠해야 할 때도 있고, 말해야 할 때도 있다. 우리는 웃는 자리에 가면 웃기도 하고 웃기도 해야 한다. 우리가 알아야 할 것은 기뻐할수록 좋고, 긍적적인 유모어를 즐길수록 상한 마음들을 치료하는 데는 명약이 된다는 사실이다.

잠언 17장 22절은 이렇게 말씀한다.

"마음의 즐거움은 양약이라도 심령의 근심은 뼈로 마르게 하느니라"

(2) 노인들의 참여가 주는 유익

실버사역에 노인들을 직접 참여시키는 일이나 이를 계기로 노인들이 사회의 각종 자원 봉사 업무를 담당하게 함으로써 얻는 유익은 어떤 것들이 있을까? 대체적으로 노인들의 사회 참여는 그저 봉사활동 수준 정도로만 인식되고 있어서 그 참여도 미미한 것이 사실이다. 자원은 많으면서도 그러한 노인 자원들을 적절하게 활용하고 있지 못한 것이다.

그런데 노인들이 실버사역이나 사회의 각종 봉사 업무에 직접적으로 참여를 하게 되면 우선 자신들의 가치를 새롭게 해 줌으로 인해 자존감이 향상되며, 이는 곧 영적, 정신적, 육체적 건강에 영향을 미칠 수 있다. 뿐만 아니라 소외감도 없애주며, 의사소통도 활발하게 해 줌과 아울러 효과적인 여가 시간 활용을 하게 해 줌으로 인해 스스로에게 많은 만족감을 가져다 준다. 그뿐 아니라 상실되었던 사회적 지위와 역할을 보충해 줄 수 있는 것이다.[198]

결국 노인들의 자원 봉사나 사역에의 직접적 참여는 자신들의 삶을 더욱 풍성하게 만들어 줄 뿐만 아니라 국가나 지역사회 공동체의 책임있는 일원으로 살아가는 아주 좋은 방법이 될 수 있는 것이다. 이는 개인적인 차원에서의 영적, 정신적, 육체적 건강 뿐만 아니라 사회 전반적인 복지의 증진에도 도움을 주며, 이를 통해 비 노인층들의 노인에 대한 시선도 교정하게 해 주는 다양한 효과를 거둘 수 있을 것이다.

그렇기 때문에 앞으로의 노인 사역은 단지 수혜 대상자로서의 차원을 넘어서 스스로 참여하는 사역으로 변화시켜야 한다고 말하는 것이다.

---

198) 강춘근, '고령화 사회의 노인의 사회 참여와 자원봉사활동', *고령화사회에 대한 기독교적 조망*, 2002. 10, 제19회 기독학문학회 발표논문집, 113-114.

특별히 교회는 잠재적 자원인 노인의 자원봉사 활동에 대한 인식의 전환이라는 관점에서 아주 중요한 역할을 하여야 하는 것이다.[199]

첫째, 이슈 제기자(issue-initiator)로서의 역할을 수행할 수 있다. 이슈란 어떤 문제에 대한 공공의 관심을 집중시키는 것이라고 본다면, 교회는 사회 문제, 즉 노인의 자원봉사활동의 중요성과 그 필요성을 환기시키고 국민들에게 널리 인식시키고 홍보를 함으로써 더불어 살아가는 삶에 대한 의미를 부여해 줄 수 있다.

둘째, 지속적이고 체계적인 노인 자원 봉사 활동을 위하여 자원 봉사 교육 프로그램을 실시할 수 있을 것이다. 이러한 교육을 통하여 노인 자신이 전문적인 자원 봉사 활동가, 교육가로 활용될 수 있기 때문이다.

셋째, Out-Reach 프로그램의 개발과 보급을 할 수 있다. 자원 봉사 활동에 있어서도 현장 접근 프로그램을 수행할 때 다양한 실제적인 경험을 쌓을 수 있고, 또 자원 봉사를 수혜받는 수혜자 중심으로 관점을 전환시켜 도울 수 있기 때문이다.

넷째, 노인 자원 봉사활동에 대한 네트워크를 들 수 있다. 교회가 노인 자원 봉사 활동 활성화를 효과적으로 전개해 나가기 위해서는 지역사회에 존재하는 교회들의 효율적인 연계 시스템의 구축, 즉 네트워크를 도모해야 한다는 것이다. 또 지역 사회 복지관이나 시설에 종사하는 사람들을 이용할 수도 있을 것이다. 어떤 면에서 볼 때 노인에 의한 자원 봉사 공급자가 많지 않기 때문에 이러한 네트워크의 작업은 더욱 필요하며 시급하다고 볼 수 있을 것이다.

다섯째, 교회는 자원봉사 은행 제도를 실시할 수 있다. 이러한 제도는 우리나라의 상호 부조의 정신을 현대적인 의미로 전환시킨 것으로 서로의 어려움을 돕고 효과적인 자원을 동원하며 활용하기 위한 것이다.

마지막으로 국가에서 제정한 노인의 날(10월 2일)에 노인 자원 봉사자(개인/

---

199) ibid., 125-126.

기관/단체)에 대한 포상이나 수료증을 제작, 배포해 준다. 이것은 노인에게 자원 봉사활동 동기를 유발할 수도 있고, 자원봉사에 대한 심리적 보상도 될 수 있을 것이다.

(3) 노인들을 사역에 참여시키는 실제적인 방법들

그렇다면 구체적으로 어떻게 노인들을 사역에 참여시킬 수 있을까? 그 구체적인 방법들을 소개하고자 한다.[200]

1) 이제는 노인들도 이메일을 많이 쓴다. 특별히 이메일을 쓰는 노인들은 이메일이라는 통신매체 자체가 유대감을 높여주는 계기가 된다. 그렇기 때문에 이메일을 통한 기도 그룹을 만들어 서로 기도할 수 있도록 묶어주면 좋다.
2) 전화를 통해 서로를 돌보는 사역팀을 만든다.
3) 전화국의 여러 정보 서비스 신청이 된 자동 응답 전화기를 설치하여 24시간 서로의 음성을 듣거나 수시로 연락할 수 있는 센터 역할을 하도록 한다.
4) 공부를 마쳤다든지, 소그룹의 모임 있은 후, 또는 미팅을 가진 후 후속모임을 가지는 그룹을 운영하는 것도 좋다. 여기서 그 시간에 대한 회고나 심화, 반성 등을 함께 해보는 것이다. 노트에 각자가 메모를 하며 준비하고 자기의 개인적인 생각들을 가지고 열띤 토론을 벌여 본다.
5) 전화 알림방 사역이다. 노인들에게 전화를 걸어 다가오는 행사에 대해 널리 알리는 일을 주로 한다. 만약 한 사람이 열 사람에게 전화를 건다면 10명만 되도 100사람이 된다. 하루 저녁에 금새 100사람에게 소식을 전할 수 있다. 이렇게 개인적으로 전화를 건다면 언제나 효과가 크게 나타난다.

---

200) Gallagher, 66-70. 이를 참고로 하여 필자가 수정한 것임.

6) 노인 연감을 만드는 일이다. 매해 연말이 되면 노인들의 손으로 책을 펴내게 된다. 지난 한 해 동안의 활동들을 사진과 함께 활동 이야기를 기재하는 것이다. 이들의 삶을 기념될 만한 사진과 함께 기록으로 남길 때 만족감을 주고 지난 즐거웠던 일들에 대해 추억하게 된다.

7) 노인들이 리더를 선출하게 한다. 그룹에서 그들을 뽑았을 때 그 리더들에게 협력을 얻기가 보다 쉽다.

8) 자원 스텝진들이 번갈아 가며 그들과 만남을 갖는 것이다. 만나서 훈련에 대해 이야기도 하고, 또 서로 기도하고 또 서로 친목도 이루고자 만남을 갖는 것이다.

9) 인근지역에 외국에서 유학차 온 학생들이나 외국인 노동자들을 날을 정하여 초청행사를 갖는다. 외국인들은 그 자리에서 노인들에게 자기 고국에 대해서 소개도 하고, 우리나라와는 어떤 차이가 있는지도 물어 본다. 이 사람들을 대상으로 재정 후원도 좋고, 여기에 다녀 간 것에 대한 기념품을 주기도 한다. 가능하면 노인과 일대일로 하룻밤을 함께 지내는 1박 2일의 프로그램도 좋을 것이다.

10) 새벽 활동을 계획하는 것이다. 스케줄을 잡는 데는 약간의 어려움들이 있기도 할 것이다. 그러나 모험이 좀 따르더라도 오히려 이런 것 때문에 즐거운 시간이 될 것이다. 대부분의 노인들은 이른 아침 잠을 깬다. 낮에 어떤 계획을 가질 때는 때로 공동체 전체의 활동과 중복되는데 그런 염려도 할 필요가 없다. 예를 들면 새벽 배드민턴 모임이나 걷기 모임들이 있을 수 있다.

11) 노인들 여러 명이 함께 모여 아무런 계획도 가지지 않고, 아침이나 점심 식사를 같이 나가는 것이다. 가능하면 지역에서 조금 떨어진 한적하고 양지바르고 환경이 좋은 곳에 나가는 것이다.

12) 그룹에 속한 멤버들에게 한 사람씩 교대로 최고의 시간이 되도록 만들어

주는 것이다. 예를 들면 '오늘은 OOO씨의 날' 등으로 정하여 그 사람을 위한 특별한 전시회나 행사를 하는 방법이다. 기억할 것은 이런 행사를 하는 데는 보통 오후보다는 아침 시간이 나을 수 있다.

13) 회원들의 가족을 알아 가는 일이다. 돌아가며 자기 가족을 알리는 기회를 갖는다. 회원들의 아들, 딸들에 대해서 어디에 어떻게 사는지 어떤 자녀들인지를 서로 알아가며 또 손자들 나아가 증손자들도 있다면 그들까지 익혀가며 때로는 소개를 받기도 한다. 자기 가족을 소개하는 노인들은 그 순간 큰 기쁨이 아닐 수 없다. 또 가족들에게도 어른에 대한 인식을 새롭게 갖게 한다.

14) 이름표를 붙이게 하자. 모든 행사마다 이름표를 붙일 수 있도록 독려하고 준비해준다.

15) 노인들이 교회 활동 범위 안으로 들어와 소속감을 갖도록 해야 한다. 자신이 속한 그룹뿐 아니라 전 교회의 일원이 되도록 긍정적인 면으로 이끌어 주어야 한다. 그리고 교회의 협력 위원회나 여러 스탭들을 잘 섬기고 따르도록 격려하고, 자녀들과 함께 사역도 예배도 동행하도록 권하고, 또 각종 행사나 모임에도 같이 참여할 수 있으면 좋을 것이다.

16) 그들의 가정이나 가족들을 방문하여 만나 보는 일이다. 방문을 할 때는 항상 먼저 약속을 전화로 한 다음 방문을 해야 한다. 그래야 모임이 더욱 소중해 진다.

17) 속한 그룹에 대한 상세한 소개나 활동에 대한 소개를 담은 팜플렛이나 우편 엽서를 제작하도록 한다. 행사에 대한 사진, 순서, 장소, 시간 등을 담는다. 이미 알고 있을지라도 지면을 아름답게 채우고 이렇게 함으로 회원 모두에게 유용한 팜플렛이 된다.

18) 일 년에 최소한 한 번은 영성수련이나 퇴수모임(retreat)을 갖도록 한다. 이러한 모임을 간다면 사는 곳에서 좀 떨어지고 한적한 곳이 좋으며, 이

곳에서 기도하며 쉬기도 하는 것이다. 하루의 시간을 잡고 떠날 때는 한 달에 한 번 정도가 적당하고 휴일이면 더 좋을 것이지만 다른 요일도 좋다.

19) 회원들에게 119 구조대나 적십자에서 제공하는 응급조치를 이용하라고 권한다. 모든 노인들이 이런 비상시 구급이나 응급을 위한 활동을 알게 하고, 문제가 생겼다면 현장에 구조대나 적십자를 부를 수 있다고 알려 주어야 한다.

20) 지역의 병원이나 호스피스 단체 또는 약물, 마약, 알코올 중독 감호소, 같은 곳에 노인들 한 분, 한 분이 사역자가 되어 예배를 드리고 그들을 돌볼 수 있도록 한다. 이런 곳에 노인들이 간다면 생각밖에 많은 유익과 효과를 가져올 수 있다.

21) 사용하지 않는 물건들을 가져와서 바자회를 하는 것도 좋다. 그리고 이 바자회에서 나온 비용들로 의미있는 곳에 사용하도록 한다. 이런 행사가 노인들에게 자존감을 높여준다.

22) 감사 편지 보내기.

23) 유아, 어린이, 청소년, 중년, 노년 전세대가 한꺼번에 만나는 파티도 준비하게 한다.

24) 시청각 교재를 자주 사용한다. 먼저 노래가 멋진 앙상블과 함께 흘러나오고 서정적인 운문의 시로서 마감을 장식한다. 잠시라도 낭만에 젖어 들어가는 것도 이들에게는 잃었던 것을 다시 찾게 한다.

25) 정보력이 있는 사람들을 잘 관리하라. 이들로 하여금 기관에서 필요한 책자를 만들게 하고 또 이런 분들과 함께 질문하고 답변하는 시간을 마련하여 모인다면 서로가 유익하다. 우리 사역장 내에서도 지식과 정보가 막혀버린다면 사역에 있어서도 손실이 아닐 수 없다.

26) 노인들이 주제발표를 자주 하도록 한다. 어떠한 주제를 주고 그 주제에 대해 1-2주동안 준비하게 한 다음, 그룹별로 토론을 거쳐 파워포인트나

아니면 차트를 통해 주제 발표를 하도록 한다. 이러한 협동 작업은 노인들의 협력심을 북돋우게 될 것이다.

27) 노인들로 하여금 활동하는 분야마다 모두 목표를 세우도록 하자. 그리고 목표가 이루어지는 것을 보게 하자. 이렇게 할 때 교회 안에 모든 그룹들이 방향을 잃지 않고 나가게 될 것이다.

28) 사역을 자원한 분들이 선한 사업을 구상한 것마다 그 내용에 대해서 밝히 드러나게 해야 한다. 이 분들이 지금 하고자 하는 것이 무엇인지 확실히 알고, 또 목회자나 사람들이 사역 내용에 대해 믿어 주어야 한다. 혹시 하고자 하는 일이 분명치 않다고 해도 목회자는 이들을 신뢰해 주어야 한다. 이 분들에게 허락한 활동들에 대해서 최대한 잘 될 수 있도록 좋은 자료들을 찾아서 제공하라.

29) 노인 사역자들이 어떤 시간을 따로 내어서 창의력을 발할 수 있도록 해 보자. 오직 위로부터 영감을 받기 위한 기간이 되도록 노력하는 시간이다. 아무 비판도 하지 말고 생각이 흘러가는 대로 놔두라. 그러나 생각이 끝났을 때는 평가를 해 보자.

30) 노인들로 하여금 자신들의 특별한 관심이나 욕구들이 무엇인지 서로 대화하게 하자. 이 분들의 생각이 어디서 영향을 받은 말이든지 제지하거나 규범을 두지 않아야 한다.

31) 사역 중에 진행되는 학과목이나 연구제목들에 대해서는 노인들에게 검증을 받는 것이 좋다. 그들 자신의 필요에 따라 채택되어야 좋다. 물론 처음부터 어떤 것을 할 것인지 다 맡기는 것은 아니다. 무엇보다도 우리 사정은 우리 자신들이 누구보다도 잘 알고 있다. 그리고 목회자는 더 잘 알 것이다.

32) 광고 게시물, 팜플렛, 만화나 그림, 삽화, 명화 같은 일들을 노인들이 완전히 맡아서 할 수 있는 장소를 준비하자. 시시때때로 들어오는 소식이

나 광고 사항들을 종합적으로 취급하여 계속 기재해 나가야 한다. 이런 시스템을 갖춘다면 후에 사역자들도 유용하게 활용할 수 있을 것이다.

33) 정확한 출석표를 작성해 나가게 하자. 숫자에 관심을 갖기 위함이 아니다. 회원들이 결석을 하게 되면 '기다림의 편지'나 '안부 편지'를 보내도록 하자.

34) 홈 페이지를 만들어 개인 게시판을 이용하게 하고 거기에 가족이나 친구, 소속한 노인들, 우편엽서, 사진들, 그리고 좋은 관심거리가 있다면 그것들도 올린다. 혹시 가족이나 개인 홈 페이지가 있다면 링크될 수 있게 한다.

35) 노인들이 큰 행사를 계획하고 외부로 나가기로 했을 때 단체 예약 사항이나 전세 버스 준비에 대하여 확실하게 하자. 변경사항이 생기지 않도록 하며 혹시 모를 예약사항에 대해 사전 점검해야 한다.

36) 노인들의 모든 모임들과 활동들이 언제나 살아있는 분위기가 되도록 하라. 이렇게 하는 것이 그렇게 어려운 일은 아니다. 노인들은 먹는 음식을 좋아한다. 따라서 음식이 분위기를 새롭게 하는 도구가 될 수 있다. 더불어 역시 노인들을 개개인간 상호 교류가 잘 이루어지도록 도와주면 된다.

37) 구립이나 시립 도서관으로부터 빌릴 수 있는 무료 영화나 비디오를 이용하게 하자.

38) 종합 앨범을 비치하게 하며 앨범 속에 각 사람의 사진과 또 가족 사진까지 넣게 하여 밑에는 개인적인 소개를 짤막하게 쓴다. 그리고 속한 그룹들의 행사 사진을 넣어서 사실적인 통계치를 가지고 살아온 역사를 기록하고, 인터뷰 내용이나 다른 정보들도 기록으로 남겨 놓으면 신뢰를 더욱 쌓게 되고, 사역에도 유익이 있게 될 것이다. 이 뿐 아니라 언젠가 후임자가 새로 오게 된다면 가장 훌륭한 선물이 될 것이다.

39) 노인들이 사역에서 인수인계를 할 때면 준비해야 하는데, 기획에 대한

것이나 팀을 운영하는 것 등을 잘 준비하여 인계해 주어야 한다.

40) 노인들에게 음향기기를 통하여 찬송가나 복음성가를 틀어 주고 듣도록 한다. 이는 저들에게 믿음을 더하게 하며 리더십에 대한 즐거움과 새 힘을 얻게 한다.

41) 노인 사역자들에게 까다로운 질문을 하기도 하고 또 질문지를 통해서 읽고 답하도록 한다. 사람은 적극적인 질문도 할 줄 알아야 발전적이지만 새로운 질문을 받는 것도 자기에게 도전을 줌으로 새로워 질 수 있다.

42) 노인들에게 뿌려지는 광고 중에 여행이나 어떤 모임에 대해서는 체크해 나가야 한다. 게시된 광고를 다 믿어서는 안 된다. 관련을 맺기 전에 누군가는 그 기관에 미리 방문해 보아야 한다. 가격에 융통성은 있는지, 추가적인 비용을 요구하지는 않는지, 그리고 그 이상의 혜택은 없는지 알아보고, 가능한 그곳에서 식사까지 하는 것이 좋을 것이며 그리고 시설 안에 휠체어가 다니는데 아무런 지장이 없는지도 살펴보아야 한다. 가능하면 외부인들이 사역장에 와서 개인적인 행동을 하지 못하도록 하되, 해야 한다면 내용을 깊이 파악하도록 한다.

43) 좋은 프로그램이 있으면 녹화해 두었다가 함께 보고 토론회를 갖는 것이다. 노인들이 가장 흥미 있는 프로그램에 대해서 토론하고 평가해 보자.

44) 예배를 드린 후에는 선물도 좋겠지만, 커피나 빵, 음료수, 샐러드, 그 외에 신선하면 좋고, 가능한 집에서는 잘 먹지 못하는 새롭게 즐길 수 있는 음식을 꺼내는 것이 좋다.

45) 노인들에게 일 년에 최소 1회 이상 자원봉사 계획을 넣는 것이 좋다. 이런 프로그램은 자기보다 못한 누군가를 위하여 돕고 헌신하는 좋은 기회를 제공할 뿐 아니라 공동체가 더욱 활성화되고 세워지게 하는 촉진제가 된다.

46) 일 년에 한 번은 연극을 준비하여 연다. 이는 갖고 있는 재능을 발휘할

수 있는 기회가 되며 극중 인물이 될 경우 회원들에게 각광을 받게 될 것이다.

47) 노인들이 사역 내에서 각자가 맡아야 할 역할에 대해 세부적인 항목을 알게 하고, 없으면 마련해 주어야 한다.

48) 노인들 각자가 전도에 대한 계획을 세우고 실천하게 한다.

49) 노인들이 꼭 필요한 욕구와 취미와 흥미를 반영한 프로그램을 발전시키되 이 분들의 힘에 너무 무리하지 않도록 적당한 것으로 해야 한다.

50) 노인들을 위하여 한밤중 여행이나 주말여행을 마련하는 것도 좋다.

(4) 실버사역 중에 닥치는 비판을 다루는 방법

노인들과 함께 사역을 하다보면 반드시 칭찬만 있는 것이 아니다. 당연히 비판도 함께 따라오도록 되어 있다. 특별히 노인들이 사역에 참여를 많이 하면 할수록 비판의 분량 역시 많아질 수밖에 없다.

그런데 중요한 것은 그러한 비판이 많다는 것은 그만큼 의욕이 넘치는 노인들이 많으며, 오히려 사역에 더 깊이 참여시킬 수 있는 전환의 포인트가 될 수도 있다는 점이다.

그렇기 때문에 노인들의 비판에 대해 우리가 어떻게 반응을 보이게 되는가에 따라 실버사역이 더욱 부흥할 수도 있고 침체할 수도 있는 것이다.

우선 노인들이 하는 비판 가운데 정말 옳은 비판일 경우가 있다. 그것은 곧 사역자가 잘못한 경우일 때도 있다는 것이다. 그럴 때는 사역자가 그 비판을 감사하게 받을 수 있어야 한다. 그저 용서를 구하는 것이 좋다. 만약 자신을 합리화 하고 방어를 한다면 오히려 좋지 않은 결과를 가져올 수도 있다.[201] 자존심

---

201) Neil T. Anderson, *Victory Over the Darkness: Realizing the Power of Your Identity in Christ* (Ventura, CA: Regal Books, 2000), 204.

을 버리고 그저 "여러분이 옳고 제가 잘못입니다"고 말할 수 있어야 한다.

반면에 비판하는 노인이 잘못한 것이고 사역자가 확실하게 옳은 경우도 있을 것이다. 그럴 때도 자신의 정당성을 내세울 필요가 없다.[202] 방어할 필요가 없다는 것이다. 만약에 자신을 방어하기 시작하면 문제는 점점 깊어지고 길어진다. 그러다 보면 서로에게 상처를 주게 되는 경우가 많다. 상한 마음을 가지고는 결코 아름다운 사역을 할 수가 없다. 비판하는 노인에게 "아, 그렇게 생각하시는군요. 충분히 이해했습니다. 앞으로 잘 반영하겠습니다"는 식으로 대화를 마무리하면 될 것이다.

한편 노인들은 어떤 식으로 비판을 하는지 그 속성을 잘 알아야 한다.[203]

우선 어떤 노인들은 자기가 무시당한 일에 대해 뒤에서 욕을 하거나 똑같은 앙갚음을 하기도 한다. 어떤 이들은 일단 겉으로 동의하고 양보는 하지만 속으로는 비판적인 마음을 굽히지 않는 경우도 있다. 나중에 어떻게 앙갚음을 할지 모른다.

경우에 따라서는 반항하기도 한다. 이런 사람들은 "난, 너 같은 인간 필요 없어! 이 교회 안 나오면 그만이지!"라고 말하기도 한다. 또 어떤 부류는 방어하고 변명하기도 한다. 이들은 적극적으로 자신의 행동을 변명하면서 자신의 잘못을 인정하지 않으려고 한다.

결국 이러한 문제에 직면할 때 사역자들이 처신을 잘해야 한다. 최대한 분노하지 말아야 하며 목양적 돌봄과 치유가 있도록 문제를 이끌어 가야만 한다.

이런 상황에서 건강한 해결을 돕는 방법을 찾기 위한 몇 가지 질문이 있다.[204]

---

202) Ibid., 204.
203) Gallagher, 71-72.
204) Ibid., 72.

① 과거에 있었던 일들 중에 오늘까지 나를 고통스럽게 하는 일들이 어떤 것들인가? 기억나는 일 중에 무시당했고 비판을 받았던 일들이 무엇인지 말해 보라.

② 나를 비판하고 무시한 사람을 용서해 주려고 몸부림치는 마음이 있다면 그렇게 하는 동기가 무엇인가?

③ 과거에 나를 거절하고 비판하고 상처를 주었던 일에 직접 맞닥뜨려 싸우려는 용기를 내가 가지게 된 원인은?

④ 내가 과거에 겪었던 비판, 거절, 상처 등에 대해 하나님께 말씀드리고 싶은 이야기는?

⑤ 아주 나에게는 소중했던 어떤 사람이 나를 거절하고 비난하며 외면할 때 평상시에 내가 취하는 행동은?

⑥ 내가 거절을 당하고 비판을 받게 될 때 자신에 대한 생각과 느낌은 어떤가?

⑦ 거절과 비난을 당하여 아파하고 있을 때 다른 사람이 나를 도와줄 수 있다면 어떻게?

⑧ 나에게 상처를 준 사람들을 용서하기가 왜 그다지도 어려운 것인가?

⑨ 비판, 거절, 상처를 받은 것 중에 이건 하나님께 맡길 수밖에 없는 것이라고 생각하는 것은 무엇인가? 예를 들면 너무 심각해서 나로서는 도저히 해결이 안 된다고 생각하는 점은? 그렇게도 어려운 점은 어떻게 설명할 수 있을까?

⑩ 나를 욕한 사람을 눈감아 주기가 왜 그렇게 어려운 것인가? 묶였던 마음을 풀려면 무엇을 어떻게 하면 될까? 대체 언제나 마음을 비울 수 있는 것일까?

사실 우리가 아무리 이 문제를 잘 풀려고 해도 노인들이 따라와 주지를 아니하면 어쩔 수가 없다. 거기에다가 노인들은 교회에서 있는 시간보다 더 많은 시간을 교회 밖에서 보낸다. 그런데 우리의 사역들은 사역하는 그 시간에만 한정되는 경우가 많다.

　그렇기 때문에 21세기의 노인 사역은 노인들을 위한 사역이기도 하지만 노인들 자신의 사역이 되어야 한다고 말하는 것이다.

제6부

노인들에게 효과적으로 다가가기

6. 노인들에게 효과적으로 다가가기

(1) 어떻게 다가갈 것인가?

노인을 잘 알아야 우리들은 노인들에게 다가갈 수 있다. 여기서 '안다'는 것은 철저한 이해를 포함한다. 특히 노인들은 신앙 자체만을 위해 교회에 나온다기 보다는 관계(關係)를 원해서 교회에 나오게 되는 경우가 보통이다. 그렇기 때문에 노인들에게 어떻게 다가가는가에 따라 실버사역이 부흥될 수도 있고 그렇지 못할 수도 있다.

특별히 노인들은 사람들의 손길에서 나오는 사역을 원하고 있는 것이지, 결코 어떤 프로그램에 의해서 도움 받기를 원하는 것은 아니다. 그들이 직접 갈망하는 것은 개인적이고 친밀한 이해와 수용이요 따뜻한 인간적 관심과 접촉인 것이다. 특히 가정적으로나 개인적으로 어려운 일이 있거나 중요한 때에 이러한 손길을 더욱 필요로 하는 것이다. 그들이 바라는 것은 마음에도 없는 걸

치레의 아첨이나 대접이 아니라 하나의 인간으로서의 자신의 존재를 인정받기 원하며 존중되기를 바라는 것이다.[205]

결국 노인들은 자신들이 가지고 있는 문제들이나 불현듯 다가오는 불안과 염려에 대해 이해해 주고 공감해 주는 사람이 있다는 것만으로도 엄청난 동류 의식과 함께 안정감을 되찾게 되는 것이다.

메이버그(Meiburg)도 바로 이 점을 노인사역의 중요한 초점으로 지적하고 있다.[206] 곧 실버사역이 효과적으로 이루어지려면 사역자들의 노화에 대한 충분한 이해와 배려, 마음에서 우러나오는 자세가 있어야 노인들에게 참된 정서적 도움을 줄 수 있다는 것이다. 그렇지 않으면 사역 자체가 피상적이고 가식적인 것으로 변질될 수 있다고 경고한다. 사람은 영적인 존재여서 자신이 가지고 있는 편견이나 불편함이 곧바로 상대방에게 전달될 수 밖에 없다. 그렇기 때문에 실버사역을 하려면 우선 사역자나 담당자들 자체가 노인을 진심으로 사랑하고 배려하는 긍휼의 마음을 가진 자라야 되는 것이다.

결국 노인에게 잘 다가가기 위해서는 우선 사역자 본인의 마음부터 정리되어야 한다는 것이다. 나도 언젠가는 노인이 될 수 있다는 생각, 자신의 부모님을 모시듯이 정성껏 보살펴 드리는 것이 자신의 임무라는 개념, 나의 보살핌으로 천국을 앞둔 노인들이 하나님을 영접하고 하나님과의 교제가 깊어질 수 있다는 그러한 생각들을 신념으로 가지고 있어야 노인들에게 가까이 다가갈 수 있는 것이다.

또 한편으로는 교회에서 노인들이 가지게 되는 문제를 살펴봄으로 인해 오히려 노인들에게 어떻게 다가갈 수 있을 것인가의 해법을 찾아 볼 수도 있다. 그레이(Grey)와 모버그(Moberg)는 그들의 책 The Church and Old Person에

---

205) 이석철, '노년 성인들을 위한 교회의 사역', **복음과 실천** (1999. 가을): 262–263.
206) Albert L. Meiburg, "Senior Adulthood: Twilight or Down?", in James E. Hightower Jr., ed., *Caring for Folks from Birth to Death* (Nashville: Broadman Press, 1985), 128–129.

서 노인들이 가지는 문제들을 다음과 같이 지적하고 있다.[207]

① 어떤 노인들은 젊은 교인들로부터 자기들이 축출되었다고 생각한다.

② 어떤 노인들은 경제적으로 봉사할 수 없기 때문에 교회를 떠난다.

③ 어떤 노인들은 옷을 잘 입을 수 없기 때문에 교회를 떠난다.

④ 어떤 노인들은 질병과 신체의 허약 등의 이유 때문에 교회를 떠난다.

⑤ 많은 노인들은 교회 안의 변화에 적응하지 못하고 싫어한다.

⑥ 많은 노인들은 교회 안에서 노인의 역할 때문에 자주 갈등을 느낀다.

결국 노인들이 갖는 문제들을 해소시켜 주는 방법을 찾는다면 노인들에게 가까이 다가갈 수 있는 해법도 도출할 수 있게 되는 것이다.

그런데 우리가 노인들에게 다가감에 있어서 예수님이 보이신 사역 모델을 살펴 볼 필요가 있다.[208] 마태복음에 "예수께서 모든 도시와 마을에 두루 다니사 그들의 회당에서 가르치시며 천국 복음을 전파하시며 모든 병과 모든 약한 것을 고치시니라 36 무리를 보시고 불쌍히 여기시니 이는 그들이 목자 없는 양과 같이 고생하며 기진함이라 37 이에 제자들에게 이르시되 추수할 것은 많되 일꾼이 적으니 38 그러므로 추수하는 주인에게 청하여 추수할 일꾼들을 보내어 주소서 하라 하시니라"(9: 35-38)고 말씀한다.

같은 맥락에서 볼 수 있는 성경 말씀이 누가복음 19장 41절로 "가까이 오사 성을 보시고 우시며"이다. 우리는 여기서 예수님의 중요한 3가지 사역모델을 발견하게 된다.

• 예수님이 가까이 오사

• 예수님이 보시고

• 예수님이 우시며

---

207) Robert M. Grey & David O. Moberg, *The Church and Old Person* (Grand Rapids: Erdmans, 1962), 96-117.
208) Gallagher, 79.

곧 예수님이 보여주신 이 3가지 모델은 실버사역을 효과적으로 하기 위한 최선의 방법이라는 것이다. 사역자들이 노인들에게 받아들여지기 위해서는 먼저 노인들 마음에 다가가야만 한다. 예수님이 가까이 다가가신 것 같이 우리들도 그러해야 한다는 것이다. 그들과 함께 시간을 보내야 하며, 그 분들의 상처와 아픔이 무엇인지 알아야 한다는 것이다.

그러면서 그분들과 함께 기도도 하고, 웃고 떠들기도 하면서 때에 따라서는 함께 울 수도 있어야 한다는 것이다. 그것이 주님의 마음으로 노인들에게 다가가는 방법이다. 그럴 때 노인들은 사역자들에게 마음의 문을 열고 사역자들을 받아들이기 시작하는 것이다.

조심해야 할 것은 '다가가라' 고 하니까 가서 설교하라는 뜻은 아니다. 예수 그리스도의 마음을 품고 그들에게 나아가라는 것이다. 노인들과 관계만 잘 형성되면 그 분들은 예수님과의 관계도 잘 풀려질 수 있다. 그러면서 이웃과의 관계의 끈이 깊어지면서 성숙한 천국 시민으로서 살아갈 수 있게 되는 것이다. 그러니 노인 사역자들의 그리스도를 품은 마음이 얼마나 중요한 것인지 모른다.

그렇다면 우리가 다가가야 할 노인들에게 지금 어떤 일들이 벌어지고 있을까? 그들의 관심사는 무엇일까?

미국의 한 실버 아파트의 뉴스레터에 나온 자료들을 통해 이 시대의 노인들의 흐름을 엿볼 수 있을 것이다.[209] 비록 미국의 자료이기는 하지만 한국의 노인들도 앞으로 이러한 추세를 보일 것으로 예측된다.

• 1990년대부터 선진국을 중심으로 자녀 하나 갖기 운동이 전개되고 있다.
• 1989년 미국 시민의 21%가 나이 55세 이상 인구이다. 2020년 정도 가면

---

209) Abstracts on Aging, *The Quarterly Newsletter of John C. Lincoln Senior Apartments* (Winter, 2000), 2.

미국 전체 인구의 1/3이 거의 노인이다.

• 55세 이상 먹은 가장이 35-55세 먹은 가장보다 가진 재산이 2배 이상이
되고, 75세 이상 노인들이 40세 이하의 젊은이들보다 2배의 재산을 가지
고 산다.

• 65세 이전에 최고의 소득을 올린다고 할지라도 65세 이상의 사람들이 잉
여 소득비율은 더 높다.

• 현재 55세 이상의 노인들이 인구 중 겨우 20%를 조금 넘고 있지만 사회의
잉여 재산은 거의 40%를 좌지우지한다.

• 대학 교육을 받은 노인들 비율이 급속하게 증가하고 있다.

• 신기술에는 잘 적응하지 못한다고 해도 한 때 노인들은 당시의 기술에는
능숙했었고, 지금 노인들 중 74%가 비디오를 즐기며, 62%는 케이블 텔레
비전을 연결하여 문화생활을 하고 있다.

• Daniel Yankelovich가 연구한 자료에 의하면 노인 중 71%는 "은퇴한 후
에 가장 중요하게 여기는 것은 바쁘게 사는 것"이라는 것이다. 그리고
27%가 최근 현대의 첨단 기술에 대해서 배워야겠다는 강력한 욕구를 가
지고 있다.

• Robert .S. Menchin은 그의 저서 "The Mature Market"에서 노인의
50%이상이 신기술과 상품에 대하여 관심이 많다고 했다.

이러한 사실을 직시한다면 노인 사역자들이 노인들에게 어떻게 다가가야 할
것인지 그 전략을 상상할 수 있을 것이다.

특별히 노인들에게 다가가기 위해서는 노인층을 배려한 접근 방법을 사용해
야 하는데, 예를 들면 우선 요즘같이 대문을 단단히 걸어 잠그고 사는 시대에
는 전화를 통한 돌봄이 아주 좋은 접근 방법 중의 하나가 될 것이다. 그것도 노

인들에 의한 전화 사역이 더욱 효과적일 수 있다. 뿐만 아니라 심방을 가더라도 인상에 깊이 남을 수 있는 방법을 사용해야 한다. 예를 들면, 머그 잔에 맛있는 사탕을 가득 넣은 다음 비닐로 잘 포장하여 선물을 하는 것도 좋은 방법이 될 것이다.

중요한 것은 노인들에게 다가가는 목적을 항상 잊어서는 안된다는 것이다. 곧 결국은 모든 사역의 초점을 영적 성숙에 맞추라는 것이다. 영적인 성장이 이루어져야 태도나 행동이 바뀔 수가 있다. 성경 공부를 하더라도 삶에의 적용이 가능하도록 해야 하며, 철저하게 들은대로 실천할 수 있도록 방향을 맞추어야 한다.

(2) 실버사역을 확장해 가기 위한 전략

그렇다면 어떻게 하면 실버사역을 확장해 갈 수 있을까? 그 방법들을 생각해 보도록 하자.[210]

① 교회 내 노인들을 점검하기

우선 우리 교회 공동체 안의 노인들을 점검하는 것이 최우선이 될 것이다. 물론 출석하고 있는 노인들은 물론이고 아직 출석하지는 않지만 교인들 가족 중의 노인들이 얼마나 있는지를 파악하여야 한다.

어차피 사역의 중심이 될 사람들이기에 많은 관심과 배려를 할 필요가 있으며, 이 사역에 헌신하도록 도전시킬 필요가 있다.

② 지역의 여러 기관들을 활용하라.

우리 교회의 노인 멤버 중에 지역의 여러 서비스 기관들에서 근무하거나

---

210) Gallagher, 86-87.

사역하고 있는 분들이 있을 것이다. 그 분들에게 노인 사역 전단지를 들고 가서 각 기관들에 배포도 하고 진열도 하며, 회원 포섭도 할 수 있도록 한다.

뿐만 아니라 동네의 노인정들을 다 찾아다니면서 적극적으로 홍보하는 것이 필수적이며, 시, 군, 구, 동 사무소 등은 물론이고, 그러한 기관에 소속된 바르게살기 협의회나 새마을 운동 단체, 기타 기관과 협력하는 각종 단체들 역시 회원 포섭을 할 수 있는 아주 좋은 통로가 된다.

③ 외부에 있는 유익한 단체들

자치단체에서 운영하는 도서관은 노인 사역 자료를 얻기에 좋은 장소이다. 역시 시청이나 도에서 운영하는 도서관도 이용해 볼만하다. 또 기독교 서점, 기타 사회의 서비스 기관들, 주위의 대학들, 지역 병원들과 연관을 갖는 것도 많은 유익을 얻는다. 더불어 지역의 약국들도 좋은 경로가 된다. 이러한 단체들을 통해 얻어지는 자료들을 통해서 노인들에 대한 정보를 얻게 된다.

④ 우리가 속한 교회 사역을 통해서

교회 안에 소속되어 있는 사람들의 이름을 가만히 들여다보라. 그룹에 초대할만한 노인들을 찾을 수 있는지 자세히 보라. 교회에서 하는 어린이 사역은 우리 사역 안으로 초대할만한 노인들을 발견하기에 적당한 곳이다. 아이들에게는 할머니와 할아버지가 있다. 바로 그 분들이 우리가 찾고 있는 사람들이다! 그 분들은 자기 손자를 끔찍이 사랑한다. 우리와 연락만 닿아도 성큼 마음을 열 수 있는 분들인 것이다. 역시 남전도회나 여전도회를 간과하지 말라. 그리고 성가대도 잘 살펴보자. 그리고 여름 성경학교나 가족 초청 잔치, 또 크리스마스, 부활절 같은 특별한 행사들은 마찬가지로 노인들의 이름을 얻게 한다.

⑤ 친목회나 동창회 모임을 통해서

또 하나 생각해 볼만한 것은 각자가 소속된 친목 단체들이다. 모임에 모든 회원들을 나오게 하고 하나 또는 둘 이상의 이름을 소개받는다. 그리고 개인적으로 알고 있는 노인들의 주소를 받아 놓는 것이다. 그렇게 해서 명부를 만들어 파일로 보관을 한다. 그리고 나서 접촉하기 시작하라.

⑥ 유치원 또는 보육원들을 통해서

만약 교회가 유치원이나 보육원 또는 탁아 시설 등을 운영하고 있다면 이거야 말로 노인들을 찾기에 딱 좋은 곳이 아닐 수 없다. 아이들의 손에 노인 사역에 대한 인쇄물을 들려 주고 각 가정으로 나르게 하라. 그리고 우리 지역 내에 다른 교회라도 기독교 학교가 있으면 역시 팜플렛을 주어 부모들에게 얼마든지 전달될 수 있다. 지역의 다른 교회도 노인 사역을 하지 않을지 모른다. 지역 교회에서 협조만 얻을 수 있다면 노인 사역은 가속 기어를 달게 될 것이다. 노인 사역을 하고 있지 않은 교회라면 그런 전단지를 반가워 할 것이다. 왜냐하면 자기 교인들의 가족들이 유익을 얻기 때문이다. 예를 들어, 우리 교회에서 노인들을 위한 건강 검진을 한다거나 건강 세미나를 연다고 하면 어떤 단체이든 노인들이 있다면 호응하지 않을 수가 없다.

⑦ 봉사단체들을 통하여

때로는 Boy Scout이나 Girl Scout, YMCA나 YWCA 같은 단체들은 우리가 하는 노인 사역에 대해 좋은 호감을 가지고 회원들을 모집하는데 도움을 받을 수 있다. 뿐만 아니라 JC나 로타리클럽 등의 봉사단체, 학교 역시 많은 도움을 받을 수 있을 것이다.

⑧ 상점이나 지역의 여러 사무실에 행사 포스터 붙이기와 홍보하기

일단 시선을 끌 수 있는 포스터를 만든 다음, 우선 노인 사역에 참여하고 있

는 멤버들의 사무실이나 가게에 붙이도록 한다. 그리고 그들이 홍보요원이 되도록 하면 더욱 좋을 것이다. 뿐만 아니라 지역 내의 주요한 상점이나 업소 등에도 부착을 부탁하면 좋은 취지이기 때문에 쉽게 응하게 될 것이다.

더불어 사람이 많이 왕래하는 곳에 홍보용 배너 등을 게시하고 전단지를 나눠주면서 참여를 권하는 것도 좋은 방법이 될 것이다.

(3) 실버사역을 확장해 가기 위해 점검해야 할 사항들

실버사역을 확장해 가는 데 있어 많은 시행착오가 있을 수밖에 없다. 그렇기 때문에 사역자는 진행되어지는 모든 일들에 대해 철저하게 점검하고 또 확인할 필요가 있다. 그렇다면 구체적으로 어떠한 점들을 점검해야 할까?[211]

우리가 하는 노인 사역이 정체성이 분명하여 미래가 내다보이면서도 실현 가능한 계획을 가지고 있는가?
- 우리 교회가 지역으로 뻗어 나가도록 새 가족들에게 분명한 소속감과 자부심을 갖도록 하는 시스템을 갖고 있는가? 이러한 준비가 잘 될 때 노인 사역의 협력자를 더 얻을 수 있는 것이다.
- 우리 사역의 미래를 위하여 규칙적으로 기도에 정열을 쏟고 있는가? 또 노인 사역 계획 자체를 놓고 온 마음으로 좋은 계획을 얻기 위해 집중하고 있는가?
- 우리가 이 사역을 하는 동안 그리스도를 위하여 노인 사역에 대한 아름다운 미래를 꿈꾸고 있으며, 그 꿈을 성취하기 위해 우리가 감당할 수 있는 전략을 가지고 있는가?
- 규칙적으로 우리 모임에서 노인들의 이름이 정규적으로 불려 지는가? 즉

---

211) Gallagher, 88-89.

이름들이 기억되면서 그 한 사람에 대해 아주 귀히 여기며 돌보고 있으며, 우리 모임을 통해 그들이 위로와 힘을 얻고 있는가?

- 우리 교회가 주일 외에 정기적인 행사들이 제공되고 있는가? 이런 행사를 통해 사역 안에 새로 들어오는 노인들이 눈에 보이는가?
- 우선 무엇보다 노인들에게 접근하는 것이 얼마나 중요한지를 우리 회원들이 알도록 하는 훈련도 지속되고 있는가?
- 외부 노인들을 주일 학교와 주간 사역 안으로 끌어들이게 하는 전략을 갖추고 있는가?
- 우리 교회를 한 번이라도 방문한 분에게 적극적인 참여 권유 계획을 가지고 있는가?
- 주일 학교, 기타 여러 주간 사역들, 그리고 노인 사역이 힘을 합치고 서로 돕고 있는지, 이들 모두는 사역간의 좋은 관계를 가지고 있는가? 혹시 경쟁관계이거나 배타적으로 시스템이 운영되고 있지는 않는가?

실버사역을 제대로 확장해 가기 위해서는 분명한 계획과 함께 그 계획이 제대로 이루어지고 있는지 냉정한 점검이 있어야만 한다. 특별히 계획을 진행하는데 있어서 본질을 잊어 버리지 않도록 항상 점검하는 것이 중요하다. 즉, 숫자가 많이 모이는 데만 관심을 갖는 것이 아니라 그 모이는 숫자들이 질적으로 얼마나 향상되고 있는지, 그렇게 질적 향상을 위해 우리의 사역팀이 효과적으로 준비되고 또 진행되고 있는지, 궁극적 사역 목적인 그들을 하나님께로 인도하기 위한 접근 방법은 계획대로 진행되고 있으며 제 갈 길로 가고 있는지를 점검하라는 것이다.

그런 의미에서 본다면 사실 무엇보다도 중요한 것은 사역자들의 한 영혼에 대한 관심과 사랑일 것이다. 프로그램으로 노인 사역을 펼쳐 가는 것이 아니라 진정으로 한 영혼에 대한 애정과 긍휼, 그리고 그 영혼에 대한 안타까움을 가지고 사역에 참여하여야 한다는 것이다. 그것이 사역의 본질이다. 이 본질을 바탕으로 하여 사역의 계획이 수립되어져야 하고 그대로 진행되는지를 점검하라는 것이다.

예수님도 이 땅에서 사역하실 때 프로그램적 접근을 하지 않으셨다. 철저하게 한 개인의 영혼에 대한 안타까움과 사랑을 가지고 사람들에게 다가가셨다. 예수님의 이러한 사역의 방식이 우리의 모델이 되는 것이다. 그러한 본질적 마음이 있어야 그러한 사역들로 인해 사람들은 감동받고 변화되어지는 것이다.

(4) 실버사역을 효과적으로 확장해 가기 위한 좋은 방법들

노인 사역을 확장해가기 위해서는 다양한 지혜들이 필요하다. 그야말로 세심한 섬김과 손길이 필요하다. 그 구체적인 방법들을 알아보자.[212]

1) 노인들 한 사람마다 자신이 VIP라는 느낌을 갖도록 하라.

어느 프로그램을 진행할지라도 참가 예정자들이 교회를 방문했을 때 자신이 어떠한 대우를 받고 있는가가 아주 중요하다. 첫 대면에서의 느낌이 참가자의 사역에의 참여도나 헌신도, 충성도를 결정하는 아주 중요한 요인이 된다는 것이다.

우선 참가자의 이름표를 정성스럽게 준비하도록 한다. 규격화된 명찰을 그것도 손으로 쓴 것이 아니라 컴퓨터로 정성스럽게 작성해 놓았다면 기분은 한결 좋아진다. 더불어 가능하다면 스탭들은 참가자의 얼굴을 보면서 바로 이름을 부를 수 있도록 사전에 얼굴을 익혀 놓는 것이 좋다. 사전 신청서를 통해 접수하지 않은 사람이거나 사진이 없었던 신청자라도 이름만이라도 숙지를 하고 있으면 접수하면서부터 기분이 달라진다.

---

212) 이 부분은 필자의 견해와 미국의 Palm Beach Church에서 사용하는 방법을 종합한 것이다.(Gallagher, 89-93.)

이름표는 서로에게 공동체 정신을 불러일으키는 아주 소중한 도구가 된다. 따라서 모임에 올 때마다 이 이름표를 쉽게 찾아 달 수 있도록 배려하는 것이 좋다.

뿐만 아니다. 명찰보다 더 중요한 것은 스탭들이 참가자들을 따뜻하게 맞아들이는 것이다. 특별히 노인 사역에서는 자신들이 이곳에서 참 귀하게 대접받고 있다는 것을 느낄 수 있도록 하는 것은 필수적이다. 삶의 모든 영역에서 소외받는 이들이 교회에서만큼은 왕 대접이나 VIP 대접을 받는다고 생각한다면 교회의 사역에 나오는 것을 기쁨으로 알게 된다는 것이다. 그를 위해 손님들을 맞기 위한 스탭들의 철저한 사전 훈련이 필요하다.

또 참가 노인들을 행사장이나 모임 장소로 안내한 후에도 서로 인사를 나누게 하고 대화의 장을 만들어 줄 수 있도록 하는 것이 아주 좋은 지혜가 될 것이다. 바로 그 자리에 간단한 다과나 음료, 그리고 품위 있는 장식들… 이 모든 것들이 노인들을 기분 좋게 만드는 방법들이 될 것이다.

2) 빨리 친구를 만들어 주고 서먹서먹한 기분을 없애주도록 하라.

노인들이 생소한 장소에 나오게 될 때 기존의 멤버들이 따뜻하게 환영하고 말을 걸어준다면, 더불어 곧바로 소속그룹을 정해 주고 그 그룹의 분위기에 빨리 적응할 수 있도록 돕는다면 말할 나위 없이 좋을 것이다.

이를 위해 실버사역에 참여하고 있는 임원들이나 조장들, 스탭들까지도 낯선 식구들이 나타나게 되면 눈에 보이는 대로 인사하고 친근감을 표시하는 것이 아주 좋다. 더 좋은 것은 신입 회원의 집에 곧바로 심방을 하고 환영을 하는 것이다. 그러면서 주일 프로그램 소개도 하고 주일날의 친교 시간에 참여하도록 권함으로 인해 자연스럽게 교회와 가깝게 하는 것이 좋을 것이다. 즉, 노인들은 친교를 중심으로 하여 일단 서먹함을 없애고, 친교를 무기로 하여 교회생활에도 정착할 수 있도록 하라는 것이다.

처음 모임에 나온 노인들을 어떻게 배려할 수 있을까? 다음의 질문에 스스로 답해 보라. 그러면 좋은 아이디어를 얻을 수 있을 것이다.

① 처음 우리 교회에 들어 올 때 건물, 주차장, 여러 새로운 환경들을 만나면서 받은 첫 인상은 어떠했는가?

② 건물 안으로 처음 들어섰을 때 어떤 생각을 하게 됐는가? 처음 만나는 안내원들, 또 교인들, 어린이들, 성도들을 만날 때 받은 인상은 어떠했나?

③ 처음 들어 왔을 때 당신은 편안함을 느꼈는가? 아니면 편치 못했는가?

④ 대부분의 사람들이 당신을 무시한다는 생각을 하지는 않았는가?

⑤ 당신을 사람들이 기다려 주는 것 같고 모두가 친근하며, 나를 돌봐 줄 사람들 같다는 좋은 느낌을 받았는가?

⑥ 예배 시간에 대해서 받은 인상은 무엇인가? 주일 또는 성경 공부 시간에 대해서는 어떤가?

⑦ 예배 시간이나 노인 프로그램, 또는 만나는 사람들에게서 당신은 영적인 도전을 받지는 않았는가, 아니면 새로운 힘을 느끼지는 않았는가? 그리고 학과 시간과 성경 공부 시간에 참여했었다면 다른 예배시간에 비교해 어떤 생각이 들었는가?

⑧ 학과 시간이나 예배 시간이 끝나고 난 후 무슨 일이 없었는가?

⑨ 당신은 '나도 교회의 한 일원이 되었구나!' 하고 느끼지 않았는가, 또 교회의 한 식구처럼 여러 사람에게서 관심과 배려는 받고 있다고 생각되는가?

⑩ 당신은 교회의 정한 시간이 다가고 자리를 떠나간 뒤 다시 교회에 돌아오고 싶은 마음이나 필요를 느끼는가?

⑪ 주일이 아닌 다른 날 목회자나 성도들이 당신에게 관심을 보이고 있는가? 우리 교회에 다니게 된 일에 대해 감사하고 싶은 마음은? 또 개인적으로 의미 있는 생활을 하고 있다고 생각하는가?

3) 방문자 기록카드 및 회원카드 작성

당연히 새로 오신 분들을 위한 방문자카드 작성은 이루어져야 할 것이다. 그런데 실버사역에서의 방문자 카드에는 좀 색다른 점이 있어야 한다. 즉, 자신을 소개하는 난을 만들고 어떻게 소개하면 좋은지를 적도록 하라. 노인들은 자신들의 과거를 드러내기를 좋아한다. 특별히 자랑하고 싶은 사항을 다 구체적으로 적어서 내도록 하라. 쓰기가 불편하면 도우미가 적을 수 있도록 도와주면 될 것이다.

이와 더불어 반드시 연락할 수 있는 전화나 기타 인터넷 메일 주소 등을 받아 두는 것이 좋다. 이 연락망은 사후 심방이나 아니면 모임 등의 연락 등에 유용하게 쓰이게 될 것이다. 이 연락망에는 가족들의 연락 방법까지 적도록 하라!

4) 처음 오신 회원이나 내방객을 위한 증정 봉투

처음 오신 회원이나 내방객들에게 교회나 노인 사역을 자세히 설명할 수 있는 팜플렛이나 소책자를 봉투에 담아 증정하도록 한다. 여기에 간단한 선물같은 것을 넣어주면 금상첨화일 것이다.

5) 사탕을 가득 담은 머그잔 선물세트

미국 Palm Beach 교회는 '머거스 Muggers'라는 색다른 팀이 있다. 이 머거스 팀은 새가족이 들어 올 경우 수일 내로 그 새가족 집을 심방하게 되는데 이때 가져가는 선물이 바로 사탕이 가득 든 머그 잔이다. 물론 머그 잔에는 교회 이름이나 실버사역 관련 내용이 프린트 되어 있는 것이다. 그냥 잔만 선물하는 것보다는 훨씬 인상적이고 노인들에게 좋은 이미지를 준다. 해볼 만한 방법이다.

6) 소식지 제작 및 발송

실버사역을 하는데 있어서 노인들을 한 곳으로 모으는데 소식지만큼 좋은 것도 없다. 요즘은 홈페이지를 별도로 사용하기도 하지만 이와 더불어 오프라인 매체인 소식지는 또다른 감흥을 준다. 이를 위해 멤버들이 주축이 된 편집팀을 만들고 소그룹마다 기자를 둔다든지 하는 방식으로 멤버들이 직접 참여하게 하여 소식지를 제작하도록 한다. 최소한 한 달에 한번 정도 소식지를 만들어 배포하도록 하며 특별히 방문자들에게도 3개월 정도 소식지를 보내주는 지혜가 필요하다. 3개월이 지나도록 별다른 연락이 없을 경우 발송 명단에서 제외하면 될 것이다.

7) 인사와 안내하는 자원봉사 임무 부여
사람들은 자신들이 선택받았다는데서 기쁨을 느낀다. 특별히 입구에서 사람들을 마중하는 일은 상당한 자부심을 준다. 그런데 이 봉사자들을 임명해서는 안된다. 입구의 칠판 등에 자원 봉사 하기를 원하는 분들은 신청하도록 하고 신청자들을 중심으로 임무를 부여하면 된다.

8) 오디오 테이프나 비디오 테이프 대여 서비스
교회에서 제작하였거나 소장중인 오디오 테이프나 비디오 테이프를 간단하게 사인하고 빌려주는 서비스를 권한다. 설교 테이프 같은 것은 무료 또는 아주 형식적인 기금, 예를 들면 100원씩만 받든지 해서 가져가도록 하는 것도 좋을 것이다.
대여하는 비디오는 신앙 관련 영화나 집회 실황 등이 될 것이고, 오디오 테이프는 특별한 집회 실황이나 유익한 세미나 테이프 등을 비치하면 될 것이다.

9) 긴급 기도 카드 [213]
노인들에게는 긴급한 내용들이 수시로 발생한다. 또 기도할 제목도 수시로

---

213) 부록의 서식7을 참고하라.

생겨난다. 본인뿐만 아니라 주위 사람들을 위한 기도제목도 자주 발생할 수밖에 없다. 이들을 위한 긴급기도카드를 만들어 비치하라는 것이다. 이 긴급기도카드는 특별히 눈에 잘 보이도록 빨간색으로 제작하여 비치한다. 일반적 기도카드는 백색 용지를 써서 긴급카드와 구분하도록 한다.

이 빨간 기도카드가 접수되면 담당 사역자들이나 목회자는 긴급 경보가 울렸다고 생각하고 즉시 후속 대책을 수행하도록 하면 된다. 예를 들면 즉각적 심방이나 기도팀을 운영하라는 것이다.

10) 격려카드 [214]

격려카드는 참여하는 노인들로 하여금 자신의 그룹이나 아니면 자신이 관심을 가지고 있는 사람, 사역자들을 격려하거나 용기와 위로를 줄 필요가 있을 때 사용하는 카드를 말한다. 격려카드는 색깔도 노란색으로 구분하여 비치하는데 이 격려카드를 통해 서로에게 따스한 마음을 전하도록 한다. 가끔은 우편으로 사역자들이 이 격려카드를 보낼 수도 있을 것이다. [215]

11) 비상 구급을 위한 개인별 기록카드

노인들은 언제 어떠한 상황이 벌어질지 모른다. 따라서 참여 회원들마다 병력이나 특별한 보살핌이 필요한 내용들을 구체적으로 조사하여 기록하여 둔다. 심지어는 주로 치료받는 병원과 그 병원의 비상 연락망까지 적어 두면 좋다.

이 내용들은 본인을 통해서도 조사를 하지만 가족들을 통해서도 정보를 수집하게 되면 가족들은 이 사역 자체를 신뢰하게 되는 부수적 효과도 있다.

이 카드에는 비상시 연락할 전화번호와 함께 가족들의 인적 사항까지 기록

---

214) 부록의 서식8을 참고하라.
215) Michael Slater, Stretcher Bearers: *Giving and Receiving the Gift of Encouragement and Support* (Ventura, CA: Regal Books, 1985), 151.

해 두도록 한다. 특별히 당뇨같이 음식 조절이 필요한 회원들을 위해서는 가능한대로 식사 조절까지 할 수 있도록 도우면 좋을 것이다.

더불어 회원들의 병력을 조사하면 사역팀에 어떠한 비상 약을 준비해야 하는지도 알게 될 것이다. 그리고 봉사자들 가운데 의료 보건팀들은 회원들의 중요한 병력 같은 경우는 미리 숙지를 해 두는 것이 노인들을 보살피는데 도움을 주게 될 것이다.

12) 성경 완독 카드

해마다 성경을 완독하도록 권고하는 것은 아주 중요한 과제중의 하나이다. 이를 돕기 위해 성경 완독 카드를 노인들이 보기 좋도록 만들어서 배포하도록 한다. 이를 활용하여 가정에서 성경을 완독하도록 돕고 또 완독한 노인에게는 기념품을 제공하는 것도 좋은 방법이다.

13) 성상담, 결혼상담, 투자상담 등의 세미나 개최

노인들이 의외로 관심 많은 분야중의 하나가 성문제이다. 특별히 한국 사회같이 노년의 성에 대해 무시하고 아예 관심을 가지려 하지 않는다. 그렇다고 노인들의 성문제가 사라지는 것은 아니다. 이제는 노인들에게도 건강한 성생활에 대해 교육할 때가 되었다. 이에 대한 세미나는 노인들에게 상당한 반향을 일으킬 것이다. 반기별로 하든지 아니면 매년 일정 시기를 정해서 수차례에 걸쳐 집중적으로 실시해도 좋을 것이다.

더불어 싱글 실버들을 대상으로 한 결혼 및 데이트 강좌, 그리고 건전한 데이트의 장을 만들어주는 것도 아주 좋은 방법 중의 하나이다.

그리고 투자상담 세미나도 관심거리중의 하나일 수 있다. 돈이나 개인 소장물, 부동산이나 주식 등의 물질을 어떻게 건강하고 성경적으로 잘 관리할 수 있을지에 대해 지혜를 갖도록 만들어주는 것이 좋다.

14) 학생증 발급

노인들은 소속감에 대한 애착이 있다. 그것도 공식적인 문서로 인정해 준다는 것은 더더욱 특별한 의미를 갖게 만든다. 그러한 의미에서 명찰도 좋지만 더 적극적인 방식으로는 학생증과 같은 신분증을 만들어서 목에 패용하게 하면 학생증 같은 신분증 용도 외에도 명찰의 효과까지 거둘 수 있다. 아마도 노인들은 그 명찰형 신분증을 훈장처럼 달고 다닐지도 모른다. 그리고 가족들에게 대단한 자랑거리가 될 수 있을 것이다.

15) 주소록 발간

정기적으로 사진을 담은 주소록을 만들어서 공유하도록 하면 좋다. 작은 글씨보다는 노인들도 읽기 쉽도록 배려하는 것이 중요하다. 이러한 주소록은 공동체 정신을 갖도록 하는데 큰 도움을 준다.

16) 출석부 직접 사인제도 도입

프로그램이나 예배에 참여할 때마다 출석부에 직접 사인하도록 하는 제도를 도입하도록 권한다. 스스로 출석을 확인하는 방법은 자신의 가치를 스스로 높여주는 효과 외에도 출석부의 칸에 출석 여부가 체크되어지는 상황을 보면서 그 모습이 바로 결석을 줄이는 효과도 가져 온다. 더불어 출석부는 결석한 노인들의 후속 대책을 세우는데도 효과가 있다.

17) 단기 선교사역을 계획하라!

많은 교회들이 노인들에 대해 그 잠재된 능력을 새롭게 평가하기 시작했다. 단지 수혜를 받는 대상으로서만이 아니라 직접 뭔가를 할 수 있다는 사실을 깨닫기 시작한 것이다. 그것도 그동안에는 전혀 상상치 못했던 영역, 예를 들면 선교 사역까지도 가능할 수 있다는 판단을 내리게 된 것이다.

노인들의 입장에서도 자신들의 짧은 기간의 헌신으로 세상을 바꿀 수 있다는 소망을 준다는 점에서 자신들의 삶에도 활력을 불러일으킬 수 있다.

이러한 단기사역은 성경의 말씀, 즉 이사야서 6장 8절에 근거를 둔다.

"내가 또 주의 목소리를 들은즉 이르시되 내가 누구를 보내며 누가 우리를 위하여 갈고 그때에 내가 가로되 내가 여기 있나이다 나를 보내소서"

이 성경 구절은 단지 젊은이에게만 해당되는 것이 아니라 나이가 드신 노인들에게도 똑같이 적용되는 말씀이다. 노인들도 선교사역을 감당해 보면서 서로가 도움을 줄 수 있는 신뢰감과 우정을 쌓아 갈 수도 있고 자연스럽게 하나님을 만나는 계기도 되며, 하나님의 사랑을 나눌 수 있는 분위기도 무르익게 될 것이다.

특별히 단기 선교 프로그램에 참여한 이들은 교회에 대해 더욱 애착을 갖게 될 것이며, 이전에는 한 번도 경험해보지 못했던 흥겨움과 새로운 경험을 얻게 될 것이다. 물론 여러 가지 모험도 따르겠지만 은퇴를 한 노인들이 이러한 미지의 세계를 직접 경험해 봄으로 인해 또 다른 사명감을 부여해 줄 수 있다는 점을 분명히 기억해야 할 것이다.

연약해진 몸 때문에 새로운 모험을 두려워 할 수도 있겠지만 건강과 조건이 허락하는 범위 내에서 교회가 새로운 활동의 영역을 열어준다는 것은 노인 사역에 또 다른 영역을 개척한다는 점에서 의미가 있을 것이다. 더불어 외국이 아니더라도 국내의 선교지 방문도 좋으며, '헤비타트(Hebitat)' 같은 단체와 협력하는 것도 방법이 될 것이다.

18) 교회 밖으로 관심을 가지라!

교회 밖으로 관심을 갖는다는 것은 노인들의 역량을 결집시키는 좋은 방법 중의 하나이기 때문이다. 이를 위해 다음과 같은 몇 가지의 방법들이 있을 수 있다.

① 사랑의 손길 펼치기; 동네의 형편이 어려운 집을 방문하여 페인트 칠을

새로해 준다든지 수리를 해 주는 일을 포함하여 놀이터 청소하기, 골목 청소하기 등과 같은 의미 있는 일을 하는 것을 말한다. 이런 일을 할 때는 동영상이나 그림을 먼저 보여준 다음 동기 부여를 하는 것이 좋다.

② 대리 보호자로 섬기기; 병원에 입원한 노인들 가운데는 보호자가 없어서 고통 받는 경우도 있다. 그들의 임시 보호자로 자원 봉사하는 것도 좋은 일이며 또한 보람도 준다.

③ 설교 테이프 배달 봉사; 예배에 참석하지 못한 회원이나 전도해야할 대상 자들에게 주일 설교 테이프를 배달하는 일도 의미 있는 봉사중의 하나이다.

④ 동네 노인의 날 주관 및 후원; 단지 연례 행사 뿐만이 아니라 동사무소나 관공서의 협조를 얻어 매달 한 번씩 노인의 날을 만들어 다양한 행사를 지원하는 것도 좋은 방법이다. 이 시간에는 의미 있는 프로그램이나 건강 세미나 등 다양한 프로그램으로 진행하면 될 것이다. 노인의 주말 프로그램 같은 것을 만들어서 저변 확대를 하는 방법도 고려해 볼만하다.

19) 노인들의 존재가치를 항상 인정해 주라!

실버사역의 핵심은 각자에게 존재 가치를 심어주는 것이다. 이를 위해 노인들이 교회의 사역에 뭔가 기여할 수 있도록 돕는 것이 아주 중요하다. 베드로전서 4:10은 이렇게 말씀한다.

"각각 은사를 받은 대로 하나님의 여러 가지 은혜를 맡은 선한 청지기 같이 서로 봉사하라"

이 말씀대로 노인들이 하나님께로부터 받은 각양의 은사들을 예배 시간이나 사역에 여러 모양으로 봉사하도록 하는 것이 좋다. 그래서 스스로가 여러 영역 가운데 봉사하고 있으며, 이 봉사가 참으로 많은 기여를 하고 있다는 것을 깨닫게 해 주라는 것이다. 이것이 노인들의 영적, 정신적, 육체적 건강에도 좋고 사역의 활성화를 위해서도 좋은 것이다.

20) 본질적 질문에서부터 실버사역을 확대해 가라!

우리가 노인을 위한, 노인에 의한, 노인의 사역을 하고 싶다면 본질적인 질문에 대해 응답해 가면서 길을 찾아가면 된다. 그 본질적 질문은 다음과 같다.

① 노인들이 가진 특별한 재능과 능력이 무엇이라고 생각하는가?
② 노인들이 남은 인생의 시간을 아주 유용하게 보낼 수 있도록 하기 위해 내가 도울 수 있는 길이 있다면 무엇인가?
③ 그들의 관심은 무엇이고 가진 능력은 어떤 것들이라고 생각하는가, 그리고 이런 관심과 능력을 잘 사용할 수 있도록 도울 수 있는 방법은?
④ 노인들의 모임에서 전 회원들의 상호 성장과 유익을 위하여 노인들이 서로 나눌 수 있는 특별한 지식이나 경험이 있다면 무엇인가?

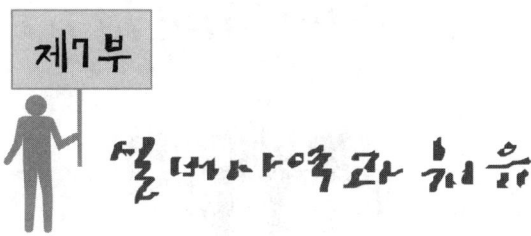

제7부

실버사역과 치유

7. 실버사역과 치유

(1) 실버사역에 있어서 치유의 중요성

노인들은 과거를 가슴에 묻고 살아가는 사람들이다. 그런데 그 과거의 추억 가운데는 행복한 면도 있지만 상처와 아픔도 당연히 있을 수밖에 없다. 거기에 다가 노인들은 자신도 모르게 다가오는 죽음의 그림자, 특별히 동료나 친한 친구들이 세상을 떠나게 되면서 회한(悔恨)과 통한(痛恨)의 감정이 자신도 모르게 온 마음을 지배하게 되는 경우가 많다. 당연히 그 마음에는 슬픔과 고통, 아픔의 감정들이 늘상 널려 있다.

미국의 경우 65세 이상의 노인들 가운데 50%는 관절염으로, 40%는 고혈압으로, 33%는 청각의 문제로, 25%는 심장병으로 고통 받고 있다.[216] 육신의 고

---

216) *The Golden Years: Riding the Crest, Serendipity Support Group Series* (Littleton, CO: Serendipity House, 1990): 28.

통이 슬픔과 상처를 가져오는 것은 어쩌면 당연한 일이다.

그렇기 때문에 실버사역은 당연히 그 찢어지고 상처난 마음들을 싸매주고 매만져주고 어루만져 주어야만 한다. 어쩌면 실버사역의 핵심적인 영역중의 하나가 치유사역일지도 모른다.

특별히 자신에게 죽음이라는 어두움이 다가오고 있다는 것을 감지할 때 그 슬픈 감정들은 더욱 더 가슴 속 깊이 새겨지게 되고 이는 노쇠한 마음에 각인 되면서 스스로 슬픔을 재생산하고 확대하는 일로 번져가게 된다. 분명한 것은 노인들에게는 죽음이란 피할 수 없으며, 당연히 그 죽음을 대비해야만 한다. 그것이 또한 슬픔인 것이다. 누군가는 이렇게 말했다. "인생은 죽기 위해 태어난 존재이다."[217]

따라서 실버사역에서는 죽음에 대한 소망적 의미 부여와 함께 슬픔에 대한 성경적 지침도 제시해 주는 것이 너무나도 중요하다. 더불어 이러한 강조는 몇번이고 되풀이된다 해도 문제되지 않을 것이다.

이제 실버사역에서도 마음의 상처와 한, 그리고 슬픔을 치유해주는 사역에 눈을 떠야만 한다. 그래야 노인들이 하늘나라에 대한 행복한 소망을 가질 수 있기 때문이다.

(2) 슬픔 다스리기

그렇다면 성경에서는 슬픔을 뭐라고 말하고 있을까? 시편 91편은 위로에 관한 시이다. 이 시편에서 우리가 당하는 자신의 슬픔을 통해서 하나님과 그의 은총으로 연결되는 통로가 될 수 있다는 것을 발견하게 된다. 즉, 슬픔 속에는 5가지의 선한 요소들이 있다는 것이다.[218]

---

217) Doug Manning, *The Gift of Significance* (Hereford, TX: In-Sight Books, 1992), 5, 7.
218) Gallagher, 116-118.

1) 우리가 느끼는 것과 하나님이 아시는 시와 때는 다르다고 이해할 때 거기에는 선한 것이 있다.

시편 91:1을 보라!

"지존자의 은밀한 곳에 거주하며 전능자의 그늘 아래에 사는 자여,"

슬픔을 당하게 될 때 대처하는 방법은 사람마다 다르다. 그 슬픔이 대재앙처럼 끔찍한 것일 수도 있고, 그렇지 않을 수도 있다. 그런데 중요한 것은 그 모든 상처와 아픔, 이별, 병들이 슬픔의 원인이 된다는 점이다.

에드가 잭슨(Edgar Jackson)은 슬픔에 대해 이렇게 말한다.[219] "홀로 사는 미망인이 남겨진 세 어린 자녀들을 부양하기 위해 궁색한 길을 찾아 나섰을 때 이것이 슬픔이다. 한 남자가 불확실한 미래와 혼돈으로 마음이 터질 것 같아 가까운 사람들에게 폭력을 휘두르는 것도 슬픔이다. 굳게 닫은 입으로 매일 묘지로 걸어 다니는 한 어머니의 심정을 지켜보는 것도 슬픔이다. 또 하루의 일과를 시작하기 전 혼자 지내야 하는 것도 슬픔이요, 침묵 가운데 갑자기 칼을 빼들고 달려든 일도, 무시무시한 테러와 테러는 아닐지라도 하루에도 수백 번씩 다가오는 소소한 슬픈 일들도 모두 다 슬픔이 아닐 수 없다. 이곳에 있지도 않은 사람과 대화를 나누고 싶어 혼자 중얼거리는 것도 슬픔이요, 여러 해 동안 함께 밥상에 같이 앉았던 사람이 어느 날 갑자기 없어졌을 때 밀려오는 공허함도 슬픔이다. 이런 슬픔들이 우리에게 남겨준 가르침이란, 숨이 떨어진 가족에게 '굿 나잇(Good Night)'이라고 인사조차 할 수 없으며, 기대하는 것조차 또다시 슬픔이다. 빈 공간을 다시 처음부터 짜 맞추어야 되고, 그 일을 다시 시작하는 고뇌를 안아야 하는 것도 슬픔이며, 우리가 살아가는 과정에서 삶을 파괴하고 삶의 에너지를 재충전하는 것을 어렵게 만드는 불확실성도 슬픔이다."

---

219) Edgar N. Jackson, *For the Living* (Des Moines, IA: The Meredith Publishing Company, 1963), 21.

2) 슬픈 일들이 교차되어 불어 닥칠 때, 그 슬픔 속에서도 선함을 발견할 수 있다.

시편 91:2는 말씀한다.

"나는 여호와를 향하여 말하기를 그는 나의 피난처요 나의 요새요 내가 의뢰하는 하나님이라 하리니"

우리가 슬픈 일들을 통과하는 과정 중에는 충격, 거부, 분노, 짜증, 수용, 재정리 등이 있게 마련이다. 이러한 과정을 지나면서 인간적인 머리로는 좌절하기도 하고 무너질 수도 있을 것이다. 그러한 슬픔 가운데서 어떻게 소망을 말하고 선함을 발견할 수 있을 것인가? 그런데 하나님은 우리에게 이렇게 말씀하신다. "내가 너의, 그러한 슬픔의 피난처요 요새"라는 것이다. 우리는 바로 이 말씀에서 희망을 발견하게 된다.

3) 하나님이 항상 우리와 함께 하고 우리를 보호하신다는 사실을 기억할 때 슬픔 속에도 선함이 있다.

시편 91:3-8을 보라!

"이는 그가 너를 새 사냥군의 올무에서와 심한 전염병에서 건지실 것임이로다 4 그가 너를 그의 깃으로 덮으시리니 네가 그의 날개 아래에 피하리로다 그의 진실함은 방패와 손방패가 되시나니 5 너는 밤에 찾아오는 공포와 낮에 날아드는 화살과 6 어두울 때 퍼지는 전염병과 밝을 때 닥쳐오는 재앙을 두려워하지 아니하리로다 7 천 명이 네 왼쪽에서, 만 명이 네 오른쪽에서 엎드러지나 이 재앙이 네게 가까이 하지 못하리로다 8 오직 너는 똑똑히 보리니 악인들의 보응을 네가 보리로다"

어머니가 자기 어린 자녀를 보호하기 위해 애쓰는 모습을 본 적이 있는가? 작은 새끼들과 함께 살고 있는 새나 닭이나 고양이를 본 적이 있는가? 어미 새는 날개로 작은 새끼들을 날개로 덮어 보호한다. 그리고 새끼들은 어머니를 피난처로 믿고 그 속에서 얼마나 편안해 하는 지 모른다.

"그가 너를 그의 깃으로 덮으시리니 네가 그의 날개 아래에 피하리로다 그의 진실함은 방패와 손방패가 되시나니" (시편 91:4)

4) 우리가 다른 사람을 도울 수 있도록 마음 문을 열어젖힐 때 슬픔 속에서도 선함이 있다.

시편 91:9-12은 이렇게 말씀한다.

"네가 말하기를 여호와는 나의 피난처시라 하고 지존자를 너의 거처로 삼았으므로 10 화가 네게 미치지 못하며 재앙이 네 장막에 가까이 오지 못하리니 11 그가 너를 위하여 그의 천사들을 명령하사 네 모든 길에서 너를 지키게 하심이라 12 그들이 그들의 손으로 너를 붙들어 발이 돌에 부딪히지 아니하게 하리로다"

히브리서 13:5 하반절에서는 이렇게 말씀한다.

"그가 친히 말씀하시기를 내가 과연 너희를 버리지 아니하고 너희를 떠나지 아니하리라 하셨느니라."

슬픔은 종종 죽음으로 인하여 영원한 이별을 해야 하는 일과 만나게도 된다. 인간 관계가 파괴되고 상실됨으로 인해 슬픔을 경험할 수도 있다. 심지어 부모와 자식 간의 관계에서 오는 슬픔도 있을 수 있다.

그런데 중요한 것은 인간 관계의 많은 슬픔들이 누군가의 도움으로 능히 벗어날 수 있다는 것이다. 내가 바로 천사의 역할을 할 수도 있다. 하나님의 손길로 내가 쓰임 받을 수도 있다. 특별히 내가 당한 슬픔과 유사한 슬픔을 당하는 사람이 있을 때는 더욱 더 그 도움의 손길이 진가를 발휘한다. 그럴 때 나의 슬픔 가운데서 오히려 선함을 발견하게 되는 것이다.

5) 어느 상황에서도 하나님께 우선순위를 두게 되면 거기에서 선한 것을 찾게 된다. 단지 생각을 바꾸기만 하면 된다.

시편 91:13-16은 이렇게 말씀한다.

"네가 사자와 독사를 밟으며 젊은 사자와 뱀을 발로 누르리로다 14 하나님이 이르시되그가 나를 사랑한 즉 내가 그를 건지리라 그가 내 이름을 안즉 내가 그를 높이리라 15 그가 내게 간구하리니 내가 그에게 응답하리라 그들이 환난 당할 때에 내가 그와 함께 하여 그를 건지고 영화롭게 하리라 16 내가 그를 장수하게 함으로 그를 만족하게 하며 나의 구원을 그에게 보이리라 하시도다."

하나님께서 이스라엘 백성들을 광야로 이끄신 이유가 있다. 광야는 낮에는 더워서 견딜 수가 없고 밤에는 추워서 살 수가 없다. 먹을 것도 없고 입을 것도 없다. 광야는 한마디로 고난과 슬픔의 연속이다. 그런데 하나님은 그 광야를 축복이라고 말씀하신다. 왜 그럴까?

고난이나 고통은 우리에게 우선순위를 새롭게 만들어준다. 마찬가지로 슬픔은 하나님의 이름을 찾게 하는 도구가 된다. 슬픔이 있었기에 우리는 다시금 하나님 앞에 바로 서게 되며, 하나님의 말씀과 존재에 의지하게 된다.

이사야서 41장을 보라. 하나님은 우리에게 고난이 없는 세상, 슬픔이 없는 세상을 약속하신 것이 아니다. 언제 어디에 있든지 우리와 함께 하시겠다는 약속을 하신 것이다. 그것이 바로 우리가 누리는 복이다. 하나님이 주시는 은총은 바로 그러한 고난이나 시련, 슬픔을 하나님의 손을 잡고 극복해 나갈 때에 생겨나는 것이다.

결국 슬픔이 변하여 지극히 선한 것이 될 수 있다는 사실을 기억해야만 한다. 문제는 자신이 그 슬픔을 어떻게 받아들이는가에 달려있다. 그런 측면에서 우리는 슬픔에 대해 오해해서는 안될 4가지가 있다.[220]

1) 슬픔에 대한 오해 1/ 기억

---

220) Gallagher, 122-126

슬픔에 대한 첫 번째 잘못된 오해는 기억과 관계가 있다. 대부분 사람들은 고통스런 경험을 자꾸 기억하게 되므로 마음의 상처가 된다고 생각한다. 그렇기 때문에 우리는 상처난 마음이나 슬픔을 애써 덮어버리려고 한다.

사랑하는 사람이 세상을 떠났을 때 마음을 담대하게 가지면서 담담하게 대처하는 것이 결코 좋은 방법은 아니다. 오히려 아픈 감정을 적극적으로 표현해 버리는 것이 더 좋을 수도 있다. 슬픔이나 고통은 잊으려 한다고 해서 잊혀지는 것이 아니다. 그러한 기억들을 어떻게 이겨나갈 것인가를 배우는 것이 더 현명하다.[221]

실버사역을 할 때 이 문제는 곧바로 문제점으로 다가온다. 좋은 기억들을 더 많이 기억하도록 하고 슬픔이나 고통스러운 기억들은 그러한 감정들이 지금의 삶을 지배하지 않도록 가르치는 것이 중요하다. 더러운 물에 계속 맑은 물을 흘려 보내다보면 더러운 물의 자취는 사라지고 맑은 물만이 보이게 되는 법이다. 그럴 때 더러움은 힘을 잃고 만다. 그리고 더러움은 추억으로 남아있기는 하지만 부정적 힘을 발휘하지 못하기 때문에 과거의 역사로서만 작용하게 되는 것이다. 여기서 말하는 깨끗한 물이 하나님의 사랑이요 위로이며 말씀이다.

2) 슬픔에 대한 오해 2/ 슬픔은 피해야 할 원수다?

슬픔에 대해 우리가 두 번째로 잘못 이해하는 것은 고통이 우리의 원수라는 것이다. 그렇지 않다. 오히려 슬픔은 실제로 우리에게 영혼을 치료할 수 있는 기회를 주는 친구다. 슬픔은 우리를 치료할 수 있는 긍정적인 힘이지 두려워하고 피해야 하는 적이 아니라는 것이다.[222]

슬픔이 있기에 우리의 영혼을 더 맑아질 수 있다. 슬픔이 있기에 기쁨의 소중함도 알게 된다. 슬픔이란 자주 우리의 사랑스런 친구가 될 수도 있다. 세상의 아름다운 시나 음악은 슬픔 가운데 창조되었다는 것을 기억하라.

----

221) Manning, 31.
222) Ibid, 31.

3) 슬픔에 대한 오해 3/ 부인(否認)

사람들이 하는 오해 세 번째는 슬픈 일에 대해서 입을 다물어 버리면 그 슬픔은 사라진다고 생각하는 것이다. 아니다. 실제로는 그 반대이다. 사람들은 때가 되면 다 잊혀져 간다고 생각한다. 또 여러 다른 방법으로 그 고통들을 잊어버리려고 한다. 남자들은 주로 고통을 피하고 부정하려는 경향이 있다. 반면 여자들은 슬픔을 그 즉석에서 표출하려는 경향이 있다.

우리가 노인 사역을 하고 또 이별의 문제를 다룰 때 우리는 그 노인들이 그 고통들을 직시할 수 있도록 도와야 한다. 우리는 민감하게, 사랑으로 고통 받는 노인들의 의견을 경청하고 슬픔을 당한 분들에게 주님과 사랑하는 관계를 잘 맺어 갈 수 있도록 인도해 주어야 한다.

4) 슬픔에 대한 오해 4/ 동정(同情)

네 번째 오해는 동정이 슬픔을 더욱 악화시킨다고 하는 것이다. 그렇지 않다.[223] 같은 마음이 되어 슬픔을 당한 사람을 위로하는 것은 그 슬픔의 무게를 덜어주는 효과가 있다.

데살로니가전서 4:13-18은 이렇게 말씀한다.

"형제들아 자는 자들에 관하여는 너희가 알지 못함을 우리가 원하지 아니하노니 이는 소망 없는 다른 이와 같이 슬퍼하지 않게 하려 함이라 14우리가 예수께서 죽으셨다가 다시 살아나심을 믿을진대 이와 같이 예수 안에서 자는 자들도 하나님이 그와 함께 데리고 오시리라 15우리가 주의 말씀으로 너희에게 이것을 말하노니 주께서 강림하실 때까지 우리 살아 남아 있는 자도 자는 자보다 결코 앞서지 못하리라 16주께서 호령과 천사장의 소리와 하나님의 나팔 소리로 친히 하늘로부터 강림하시리니 그리스도 안에서 죽은 자들이 먼저 일어나고 17그 후에 우리 살아 남은 자들도 그들과 함께 구름 속으로 끌어 올려 공중에서 주를 영접하게 하시리니 그리하여 우리가 항상 주와 함께 있으리라 18그러므로 이러한 말로 서로 위로하라"

---

223) Manning, 33.

위로함은 하나님의 명령이다. 그 위로가 사람을 다시 살아나게 만든다. 그런 의미에서 본다면 위로는 하나님의 손길이요, 생명을 살아나게 하는 에너지가 된다. 그런 의미에서 호스피스 사역은 아주 중요하며, 크리스천들이 담당해야 할 중요한 영역이라 할 수 있다.

실버사역과 슬픔

사람들은 말한다. "슬픔이란 양파 껍질을 벗기는 것과 같다. 그럴만한 이유가 동시에 한 성도가 교회에서 떨어져 나간다면 당신은 무척이나 슬픔에 잠기지 않던가?"[224] 슬픔을 치유하는 데는 상당한 시간이 걸린다. 때로는 수 년의 시간이 걸릴지도 모른다. 중요한 것은 하나님께서 우리에게 이웃을 보내주신 이유 중의 하나는 바로 그들이 하나님의 손길이 되라는 것이다. 그들을 바로 하나님의 천사로 쓰시겠다는 것이다. 바로 나의 손길을 하나님께서 들어 쓰셔서 부서진 영혼을 어루만지시겠다는 것이다.

실버사역에서도 슬픔을 당한 분들을 만나게 될 때 가슴 아픈 일들을 기억을 새롭게 함으로 치유가 되도록 하여야 한다. 더불어 과거에 집착하고 있다면 그 집착을 버릴 수 있도록 도와야 한다.

중요한 것은 슬픔의 치유를 행할 때 그 시점을 잘 파악하여야 한다는 것이다. 어느 때에 위로의 말을 해야 할지, 어느 때 감싸 주어야 할지를 잘 포착하여야 한다는 것이다. 말할 때가 있는가하면 침묵해야만 할 때도 있다.

더불어 슬픔의 치유를 행할 때에는 회원들이 많은 분위기보다는 혼자 있을 때 행하는 것이 좋다. 진정한 치유사역은 모든 사람이 떠나고 집안이 조용해질 때 시작된다는 점을 알아야 한다.[225]

도그 맨닝(Doug Manning)은 슬픔을 치유할 때 조심해야 할 점으로 "단 하

---

224) Manning, 35-38.
225) Gallagher, 127.

나의 슬픔, 아주 작은 슬픔으로 보이지만 속으로 들어가 보면 그 크기는 대단하다"고 말한다.[226] 그는 또, 슬픔과 고통에는 두 가지의 중요한 시기가 있는데 그것은 '고통이 시작될 때', '다가온 고통에 대해 뭔가 결단하려 할 때' 라고 지적하고 있다.[227]

그렇게 슬픔 속에 빠져 있을 때 우리는 그저 들어 줄 필요가 있다. 한마디로 경청하라는 것이다. 본인 스스로 충분히 편하게 말할 수 있도록 도와주라는 것이다. 그러면서 그 사람의 마음을 만져주라는 것이다.

미국의 통계에 의하면 슬픔이나 고민을 가지고 있는 사람들 중의 단 28%만이 전문 상담가를 찾고, 29%의 사람들은 가정 주치의를 찾았으며, 42%나 되는 사람들은 성직자를 찾았다고 한다.[228] 그 이유가 무엇일까? 한마디로 자신의 마음을 받아주고 이해할 사람을 찾았다는 것이다.

성경은 여러 부분에서 다른 사람들을 돕거나 치료하라고 말씀한다.[229] 다시 말해서 우리들을 하나님의 손길로 사용하신다는 것이다. 심지어는 우리가 다른 사람들을 돕는 것이 바로 헌신이라고까지 말씀하신다. 성경은 우리가 구체적으로 어떻게 도울 것인지에 대해서도 말씀하고 있다.[230] 모든 크리스천들을 상담자로 부르신 하나님의 뜻을 다시 한 번 되새겨 봐야 할 것이다.[231]

(3) 죽음을 이야기하기

노년기에 가장 듣기 싫어하는 단어 중의 하나가 바로 죽음이라는 말일 것이다. 그러나 또 피할 수 없는 사건이 죽음이기도 하다. 특별히 노년의 때는 인생을 정리하면서 주님을 만날 소망을 가지고 살아가야 한다. 그러기 위해 실버사

---

226) Manning, 44.
227) Manning, 46.
228) Gary Collins, *How to Be a People Helper: You Can Help the Others in Your Life* (Santa Ana, CA: Vision House Publishers, 1976), 13.
229) 시편 46:1, 히브리서 4:16, 히브리서 13:6, 잠언 3:5-6, 이사야 40:31, 빌립보서 4:19.
230) 마태복음 10:8, 로마서 12:15, 로마서 12:20, 갈라디아서 6:2, 요한일서 3:17.
231) 모든 크리스천들을 상담자를 부르신 내용에 대해서는 히브리서 12:14-17을 참고하라.

역에서 죽음에 대한 긍정적 소망을 갖도록 하며 하늘나라에 대한 꿈을 갖도록 만드는 것이 아주 중요하다. 죽음이라는 것을 오히려 기쁘게 받아들일 수 있는 가치관의 대전환이 바로 실버사역에서 해야 할 중요한 사역이라는 것이다.

그러기 위해 노인들에게 우선 겸허한 마음으로 죽음을 받아들일 수 있도록 만들어 주어야 한다. 죽음이라는 것은 내가 부인하고 거절한다고 해서 오지 않는 것은 아니다. 그렇기 때문에 죽음을 긍정적으로 수용할 수 있도록 하고, 그 마음의 자세를 갖추도록 하여야 하는 것이다. 특별히 그리스도인은 죽음은 새로운 시작이라는 믿음을 가지고 살아가는 존재이다. 그렇기에 기쁘고 행복한 죽음을 날마다 생각하게끔 만들고 그에 대한 확신을 갖도록 만들어 줄 필요가 있다.

그러면서 여생을 하나님의 은혜를 누리며, 그리스도를 우리의 삶 가운데서 체험하면서 살아가도록 하여야 한다. 사도 바울의 '날마다 죽노라'는 말씀을 되새기면서 날마다 행복한 죽음을 예비하는 여유를 갖도록 하여야 하는 것이다. 그렇기 살려면 당연히 날마다 주님을 만나야 한다. 기도로, 말씀으로 주님을 사모하는 마음이 있어야 한다.

구세주의 탄생을 오매불망 고대하던 시므온의 그 간절함(누가복음 2:22-35)이 바로 죽음을 앞둔 노인들에게 예수님을 만날 소망의 마음으로 가득해야 한다는 것이다.

그러면서 하나님의 사람답게 일생을 행복하게 정리하도록 만들어 주어야 할 것이다. 곧 그를 기억하는 사람들에게 아름다운 추억을 남기고 행복을 남기는 마무리를 할 수 있도록 도와야 한다. 그렇기 때문에 구체적으로 일정을 잡고 용서와 화해, 축복이 이루어지는 시간을 만들어 여생을 잘 정리하도록 도와주어야 하는 것이다. 그것이 실버사역에 있어서 중요한 과제이다.

빌리 그래함 목사는 그리스도인은 죽음에 대해 다음과 같은 자세를 가져야

한다고 말했다.[232]

"우리들의 마지막 여행, 즉 영원한 여행을 시작하기 전의 첫 번째 준비 단계는 우리가 죽게 된다는 사실을 받아들이는 것이다. 두 번째 단계는 중요한 일을 처리 정돈하는 일이다. 자신과 관계된 모든 일을 정리하여야 한다(열왕기하 20:1). 마지막으로 중요한 것은 영생을 주시는 그리스도를 경험하는 것이다(디도서 2:1)"

결국 실버사역에서는 다가오는 죽음을 두려워하거나 피하려고 하지 말고 예수 그리스도로 말미암아 죽음을 극복하고, 죽은 후에 맞을 영원한 세계에 관심을 갖게 해야 한다. 죽음의 위기를 극복하는 방법은 오로지 그리스도를 믿는 신앙으로만 가능하기 때문에 그러하다.

(4) 실버사역에 있어서 치유의 활용

실버사역에 있어서 치유가 얼마나 중요한 것인가에 대해서는 더 이상 언급할 필요가 없을 것이다. 신체의 노화에 대한 부적응 문제나 죽음에 대한 두려움과 위기의 문제, 역할 상실과 고독의 문제는 상처에 상처를 더하는 결과를 가져오기가 쉽다. 그래서 노인들은 괜히 섭섭한 마음이 든다고 말하는 것이다. 결국 노인들은 항상 위기의 감정에 빠져 있는 시기인데 이때 몇 년전과 동일한 반응을 상대방이 보였다 할지라도 더욱 더 위로받고, 더욱 더 인정받고 싶은 욕구가 강해지기 때문에 섭섭한 마음이 노인들의 마음을 휘어잡게 되는 것이다. 그래서 노인들은 날마다 치유해야 하고 날마다 위로함과 회복이 있어야만 하는 것이다.

그런데 잊어서는 안될 것이 이러한 치유를 하는 궁극적인 목적이 치유를 통해 하나님께 초점을 맞추고 살도록 하는데 있다는 것이다. 더불어 치유를 행할

232) Billy Graham, *기독교적 관점에서 본 죽음이란 무엇인가?*, 지상우 역 (서울:크리스찬 다이제스트, 1991), 177.

때는 다양한 기술들이 필요한데, 예를 들면 경청하는 것, 민감하게 상담을 이끌어 가는 것, 가끔 직면하게 하는 것, 빈번한 가르침 등이 필요하다. 그리고 치유를 행할 때 감정이나 행동, 생각에 초점을 맞추는 것도 중요하다.[233]

특별히 노인들은 잘 들어주는 것만으로도 위로를 얻고 자신이 인정받고 있다는 느낌을 갖게 된다. 실버사역 담당자들에게 찾아오는 노인들은 사실상 위로와 격려를 받고 싶어서 오는 경우가 많다. 그럴 때 사역자는 즉각 상담자의 입장에서 노인을 보살펴 드려야 한다. 그러기 위한 3대 요소는 다음과 같다.

① 제1원리 : 경청(Active Listening)
상담자는 노인들의 추억을 끝까지 경청하려는 태도가 중요하다. 경청은 오락과 치유의 기능이 있으며, 정체감을 느끼게 하고 스트레스를 해소하는 계기가 된다.
② 제2원리 : 격려
격려를 통해 위로를 주는 상담이 절실하게 필요한 때가 바로 이 시점이다.
③ 제3원리 : 권면
내담자의 상황을 잘 파악한 다음 그리스도 앞으로 인도하기 위한 권면이 필수적이다. 즉 구원의 문제를 필히 점검해야 하는 것이다.

한편 경청하면서 치유를 하는 방법으로 다음과 같은 것들을 들고 있다.[234]
① 들을 준비를 해야 한다.
② 내담자의 말에 대해 판단하는 자세를 버려야 한다.
③ 상담자 자신의 감정을 통제해야만 한다.
④ 주의가 산만해지지 않도록 해야 한다.

---

233) Gary Collins, 33-54.
234) ibid., 46-47.

⑤ 반드시 집중하도록 한다.

⑥ 내담자의 말에 대해 심사숙고 해야 하고 상대방의 말에 숨어있는 행간을 읽어야 한다.

⑦ 상황에 맞는 질문을 해야 한다. 어떤 질문들은 주제를 오히려 산만하게 할 수도 있다.

⑧ 내담자의 말을 가로막아서는 안 된다.

⑨ 상담의 주제를 벗어나면 안 된다.

⑩ 내담자의 요점에 대해서 잘 나누기 위해 내담자의 말을 잘 이용해야 한다. (하신 말씀이 제가 듣기로는 .... 이렇게 들립니다)

⑪ 상담자가 설교를 해서는 안 된다.

⑫ 듣기는 빨리 하고 말하기는 더디 해야 한다.

⑬ 논쟁은 금물이다.

⑭ 상담자의 단순한 호기심 때문에 질문하지 말아야 한다.

목회지원팀 업무 가이드라인[235]
Senior Adult Ministry Tool 1

1) 목표

참여 노인들 안에 가지고 있는 영적인 은사들을 발견하는 일을 하며 목회자를 돕기 위해서 조직된다. 이들은 신입회원을 모집하기도 하고 훈련하며, 또 여러 가지 보조적인 일을 하고 합력한다. 이들을 통하여 올라오는 사람들 역시 '내 교회' 라고 하는 이름이 마음에 새겨지도록 해야 하며 이를 위하여 여러 가지 배려와 사역으로 관심을 갖는 것이다.

"**그가 혹은 사도로, 혹은 선지자로, 혹은 복음 전하는 자로, 혹은 목사와 교사로 주셨으니 이는 성도를 온전케 하며 봉사의 일을 하게하며 그리스도의 몸을 세우려 하심이라 우리가 다 하나님의 아들을 믿는 것과 아는 일에 하나가 되어 온전한 사람을 이루어 그리스도의 장성한 분량이 데까지 이르리니**"(에베소서4:11-13)

2) 의무

'목회지원팀' 이 갖는 가장 기본적인 의무는 참여 노인들의 영적인 은사를 발견하는 것이다. 그리고 은사를 발견하면 그 사람을 발탁하여 사역자 모임에 입회하게 하고, 훈련을 시키며, 또 필요한 여러 가지를 준비시켜 합력하게 한다. 목회자의 사역을 도와 교회가 세워지도록 참여자들을 돕는 것이다. 무엇보다 하나님을 따르고 섬기는데 그의 은사가 필요하다는 사실과 이를 위해서 그 영

---

235) Gallagher, 30-31. 필자가 수정 가필함.

적 은사가 잘 쓰여지도록 하는 것이 중요하다. 처음부터 봉사의 분야와 직무가 정해지지 않았어도 발굴 되는대로 직무를 만들어 가면서 몸을 세우는데 힘을 발휘할 수 있게 한다. 이와 같은 일들은 결국 목회자와 같은 사역을 하는 것인데, 이러한 사역 방법을 대강 나열해 보면 다음과 같은 것들이 있다.

① 토요일, 주일, 월요일 등에 목회자가 요구하는 대로 병원을 심방하는 일
② 회원 중의 배우자가 수술이나 다른 이유로 입원을 하게 된 경우, 가족 중의 일원이 되어 함께 병석을 지켜주는 일을 한다. 목회자도 병석에 찾아가고 함께 기도해 주겠지만 그보다 앞서서 돌봐준다. 보통 노인 교인들이 아프게 된 경우, 가족이나 친구들이 그곳에 먼저 와서 함께 하며 수술 이후에나 담임 목회자가 방문하게 된다.
③ 금요 오전 심방 (두 팀 이상도 좋고 심방 팀을 구성하여 오전 8:30에 모여서 정오까지 하게 됨) :
  • 집밖 출입이 불가능한 멤버들이나 친구들에게 매주 목회자와 함께 방문을 하게 되는데, 진실한 우정과 사랑을 가지고 가는 것이 중요하다. 문을 열지도 못하고 밖의 출입이 불가능한 이들에게는 확신이 필요한데, 이를 위해서 매월 1회씩은 성찬을 함께 집에서 나누도록 목회자가 배려한다.
  • 특별한 어려움을 만난 멤버들의 경우 별도의 심방 팀을 운영하게 한다. 예를 들어, 예배에 불참했다거나, 수술 후의 회복 중에 있다거나, 큰 낭패한 일을 만났을 때에는 목회자와 시간을 따로 잡고 심방을 한다.
④ 매주 전화 심방 : 매주 기도 제목이 회원들의 사정에 따라 바뀌므로 새롭게 작성하여야 하며, 서기나 총무에게 바뀐 기도제목을 보고하고 매주 목요일 오전이면 준비가 다 끝나야 한다. 그리고 주일이 되기 전 전화로 심방을 하게 한다.

⑤ "목회자와 함께 차 한 잔을" 여기에 참여할 회원들을 찾아서 리스트를 작성한다. 목회자는 아직 한 번도 사택에 와보지 못한 분들의 이름을 가지고 있는 것이 좋다. 이들 중 초청을 하여 차를 나누며 화목한 시간을 가진다.

⑥ 리스트에 나온 대로 목요일 오후에 첫 번째 방문객을 맞이한다. 목회자와 사모가 함께 만남을 가지는 것이 좋다.

⑦ 동역하는 목회자들과의 회합도 중요하다. 목회자들 간의 일치감과 단합은 노인 사역을 위해서 가장 강하고 영향력 있는 소그룹이라고 할 수 있다.

⑧ 회원 가운데는 은퇴 목회자들도 포함되어 있을 것이다. 그 분들도 초청을 하여 만남이 이루어지는 것이 좋고 출입 못하는 멤버들을 방문할 때 이 분들이 동행하여 성찬을 베푸는 것도 바람직하다.

⑨ 목회 협력 팀들이나 협력 사역자들이 계획해야 할 것은 은퇴 목회자들에게 협력을 구하여 매주 수, 목요일 등 일주일에 두 차례씩 전문성이 필요한 심방을 하게 하는 일이다. 담임목사는 대부분 모든 날에 심방이 필요하면 언제든 가야 하지만 특별히 목요일과 금요일에 심방을 중점적으로 할 필요가 있다.

실버사역 진행을 위한 Check List [236)]

1. 실버사역을 하기 위해서 주간 중에 정기적인 시간을 얼마만큼 드려서 기도에 헌신할 것인가? 그리고 그 시간으로 충분하다고 생각하는가?

2. 나는 실버사역을 향하여 가진 꿈과 비전을 교회 안의 평신도들과 얼마나 많이 나누었는가? 꿈을 나눈 분들의 이름을 적어 보라. 그 이름들은 당신의 기도 협력자들이요 어디든 언제든 계획을 가지고 만날 수 있는 사람들이다.

3. 나는 실버사역에 대한 명확한 사명 선언문을 가지고 있는가?

4. 앞으로 다가오는 매월마다 내가 사역할 목표들은 무엇인가, 그리고 다가올 5년간의 목표는 무엇인가?

5. 지금 당장 우리 교회 안에서 노인들을 위해 일하고 있는 사역은 무엇인가?

6. 사역 프로그램 중에 가장 효과적인 것이 무엇이며, 또 효과가 가장 없다고 생각되는 것은 무엇인가?

7. 효과가 별로 없는 프로그램을 더욱 개선하여 유익하게 하려면 어떻게 되어야 한다고 생각하는가, 반대로 취소한다면?

8. 내년에 행할 새로운 활동들, 행사들, 프로그램, 또는 행할 사역들은 어떤 것들이 있는가? 많은 것만이 좋은 것은 아니다 꼭 필요한 몇 가지를 적어 보자.

---

236) Gallagher, 58-59.

9. 내가 지금 행하고 있는 실버사역의 커리큘럼에 대해 냉정하게 평가한다면?

10. 현재의 실버사역 지원자 중 주목을 받으며 훈련이 어느 정도 된 잠재력이 있는 자원자들은 누구인가?

11. 사람들이 실버사역을 하는데 어떠한 방법으로 참여할 수 있는가?

12. 우리의 사역 영역이 노인들을 위하여 더욱 넓어지려 한다면 어떻게 할 수 있을까?

13. 노인들을 위해 시설을 어떻게 더 잘 갖출 수 있을까? 사역자의 공간은 어떻게?

14. 우리가 현재 진행시키고 있는 사역에 들어가는 예산이 더 유용하게 쓰여지려면 어떻게 해야 할까?

15. 실버사역에 다른 사람들을 더 의미를 주면서 참여시키려면 어떻게 해야할까?

실버사역을 발전시키기 위한 여론 조사표[237]

다음의 조사는 실버사역을 발전시키기 위해 준비되어졌습니다. 잠깐 시간을 내 주셔서 여러분의 의견을 적어 주시면 감사하겠습니다.

1. 내 생각으로는...

1) 우리 그룹의 모이는 숫자가 4명 __, 8명 __, 12명 __이 좋다고 생각한다.

2) 그룹을 구성하는 사람들이 모두 남자 __, 모두 여자 __, 부부 __, 남녀 혼합 __을 원한다.

3) 그룹 모임이 일주일에 1회 __, 월 1회 __, 2개월마다 __ 모였으면 더 좋겠다.

4) 그룹 모임이 만나는 시간은 아침 __, 오후 __, 밤__이었으면 좋겠다.

5) 그룹 모임이 아쉬운 때는 일년 내내 __, 방학때만____, 단지 겨울에만 __ 그렇다.

2. 내가 가장 즐거워하고 좋아하는 소그룹의 성격은 ... (있는 대로 표시해 주십시오)

__ 다양한 게임이나 대화

__ 개인적인 성장이나 갈등에 대한 대화

__ 시사적인 이슈에 관련된 대화

---

237) Gallagher, 74. 필자가 우리나라 사정에 맞게 수정, 가필하였음.

___ 깊이 있는 성경 공부와 기도

___ 리더십을 배우고 서로 토론하는 일

___ 회원들의 각 가정을 돌아가며 심방하고 친목을 도모하는 일

___ 교회 내에서 만나는 모임

___ 기타 (   )

___ 내가 지금 활동하는 다른 일 때문에 소그룹 모임을 갖는데 지장을 받고 있다.

___ 당신은 "조찬 그룹"에 참여하고 싶은가? 이 그룹은 교회 내에서 잠시 기도한 후에 아침을 들기 위해 지역 내의 식당으로 자리를 옮긴다. (아침 식사는 돌아가면서 간단하게 헌신할 수도 있을 것이다)

___ 남자들만의 조찬 모임, ___ 여자들만의 조찬 모임, ___혼성 조찬 모임 중 어느 것이 더 좋다고 생각하십니까?

이름 : _____   전화 번호 : _____

기 도 카드 [238)]

♥기도해 주세요♥

여러분 중에 기도할 제목이 있거나 기도 제목을 다시 수정하고 싶다면
써 주시고 담당자나 헌금함에 넣어 주세요.

이름 : _____

집 전화 : _____ 이동전화 : _____

이메일 : _____

주 소:_____ 우편번호 : _____

기도 제목과 수정해야 할 기도 제목, 기도하는데 알아 두어야 할 내용이 있다면
뒷면을 이용하여 기록해 주세요.

◇ 기도 내용을 공개해도 좋습니다.

◇ 중보기도 담당자와 사역자만 알고 기도해 주십시오.

요청할 기도 제목

_____
_____
_____

수정하거나 보완해야 할 기도 제목

_____
_____
_____

238) Gallagher, 77. 필자가 우리나라 사정에 맞게 수정, 가필하였음.

전화를 통한 돌봄사역 보고서[239]

Senior Adult Ministry Tool 5

♥목회자가 작성

접촉할 사람의 이름 : _____   전화 번호 : _____

접촉 회수 : □일주일마다   □월 2 회   □월 1 회

전화를 통해 돌봐야 할 이유나 배경 :

_____

_____

♥전화를 통한 돌봄사역 담당자가 작성 :

제 1 차 접촉

날짜 : _____   자원봉사자 이름 _____

일반적 사항 :

_____

_____

특별한 기도 요청 :

_____

_____

목회자의 코멘트 :

_____

_____

다음 전화를 통한 돌봄사역의 필요여부?   □예   □아니요

다시 전화해야 할 날짜: _____

---

239) Gallagher, 104. 필자가 우리나라 사정에 맞게 수정, 가필하였음.

♥전화를 통한 돌봄사역 담당자가 작성 :

제 2 차 접촉
날짜 : _____ 자원봉사자 이름 _____
일반적 사항 :

_____
_____

특별한 기도 요청 :

_____
_____

목회자의 코멘트 :

_____
_____

다음 전화를 통한 돌봄사역의 필요여부?   □예   □아니요
다시 전화해야 할 날짜 : _____

방문자 등록 카드

Senior Adult Ministry Tool 6

* 이름 : _____ (남자 / 여자)
* 등록일 : _____
* 주소 : _____
* 전화 번호 : 집/ (___)_____ 이동전화/ (___)_____
* 이메일 _____

나는 _____ 가 초청하여 왔습니다.
지난 번에 다니던 교회의 이름 _____ (소재지 : _____)

○ 처음 방문 했습니다.   ○ 교회는 처음 나왔습니다.
○ 교회에 대해 좀 더 알기를 원합니다. ○ 이 교회에 등록하고 교인이 되기 원합니다.
○ 목회자가 심방해 주기를 원합니다.

긴급 기도카드[240]

♥목회자/사역자에게 요청하는 긴급 기도카드

---

* 기도 요청:

◇ 합심 기도해 주세요   ◇ 목회자만 기도해 주세요   ◇ 교회의 기도제목에 올려주세요

* 질병 / 입원 / 수술 / 건강문제:

기도 대상자 이름: ＿＿＿＿＿＿＿＿

주요 기도제목: ＿＿＿＿＿＿＿＿

특별히 기도해야 할 날짜(예; 수술일 등): ＿＿＿＿＿＿＿

* 목회자의 심방을 원하시는 경우는 이곳에 표시하십시오. :

심장해야 하는 이유: ＿＿＿＿＿＿＿＿＿＿＿＿＿＿＿＿＿＿

○ 가정 심방을 원합니다   ○ 전화 심방을 원합니다

기도 요청의 내용을 기록해 주실 분은 뒷면을 이용하십시오.

누구에게 이 카드를 전하는지 기재하시면 더욱 좋습니다

격려와 용기를 주는 카드[241]

우리 서로 위로와 격려를...

우리가 서로 돌아보며 사랑과 선행을 격려합시다. 어떤 이들은 교회 모임이 얼마나 소중한지 모르는 분도 있지만 우리는 그러지 말고 자주 모여 서로간의 한 몸 된 것을 자꾸 느낍시다. 이를 위해 서로 격려하고 그 날이 다가옴을 볼수록 더욱 그립시다! (히브리서10:24-25 참고)

사랑하는 ＿＿＿＿＿＿님 에게

＿＿＿＿＿＿＿＿＿＿＿＿＿＿＿＿＿＿＿＿＿＿＿＿

＿＿＿＿＿＿＿＿＿＿＿＿＿＿＿＿＿＿＿＿＿＿＿＿

＿＿＿＿＿＿＿＿＿＿＿＿＿＿＿＿＿＿＿＿＿＿＿＿

* 이 양식을 엽서나 카드를 교회에서 만들어서 비치해 두면 좋다.

---

240) Gallagher, 106. 필자가 우리나라 사정에 맞게 수정, 가필하였음.
241) Gallagher, 107. 필자가 우리나라 사정에 맞게 수정, 가필하였음.

실버사역자들을 위한 8아지 지침 [242)

1. 노인들이 활동하는 모습의 사진을 자주 찍고, 그 사진들을 교회 게시판에 붙이고, 자극적이고 도발적인 제목을 붙여 관심을 끌게 하라! 당연히 인터넷에도 올릴 것.

2. 노인들의 동향이나 사건, 사고, 법률적 문제, 문화 등이 언급된 대중적 잡지 등에 관심을 가지고 자료들을 수집하라. 모르면 노인들과 함께 할 수 없다.

3. 노인들을 중심으로 기도 모임을 만들라!.

4. 전화를 통한 돌봄 사역을 필히 조직하고 시행하라!

5. 사역을 행하면서 반드시 조언해주고 충고해 주며 사역에 대해 논의를 할 수 있는 노인들로 구성된 핵심 소그룹을 만들라! 하나 이상이라도 관계없다. 그 소그룹과는 친교를 자주 나누면서 실버사역에 관한 많은 정보를 얻으라! 없다면 하나라도 꼭 만들어서 활용하라. 아마도 실버사역을 하는데 있어서 엄청난 자원의 보고(寶庫)가 될 것이다.

6. 그룹 모임을 너무 큰 홀(Hall)에서 모이지 말라. 그룹이 작기 때문에 작은 방에서 모이는 것이 좋다. 그래야 친밀감을 더해준다. 항상 만나는 장소가 자연스럽고 편안하도록 해야 한다.

7. 지키지 못할 약속은 절대 하지 말라.

8. 모임이 진행되는 동안 소란한 일들이 벌어지더라도 무시할 때와 또 무시해서는 않아야 할 때를 알아야 한다. 사역자들에게 일부러 듣게 하느라 소리를 지르고 누군가에게 몇 번 되풀이해서 말해야 한다면 그저 그런대로

---

242) Gallagher, 137-143. 필자가 전면적으로 수정, 가필하였음.

지나가라. 그러나 건강에 대한 말이라면 즉각적인 관심을 기울여라.

9. 현재 운영하고 있는 그룹의 크기가 작다면 특별한 행사가 있을 때 다른 그룹과 연합하라. 자원을 끌어당기기도 하고 서로 나누기를 주저 말라. 어떤 활동 프로그램에 다른 노인 그룹을 초대하는 것도 두려워하지 말라. 비록 다른 교파에 속하였다 할지라도 상관하지 말라.

10. 노인들이 들고 온 문제를 언제나 관심을 가지고 대하라. 노인들이 스스로 제기한 문제들을 시간이 지나면 포기할 것이라고 혹시라도 생각하지 말라. 그들은 절대 포기하지 않는다. 혹시 불평을 가진 노인이 있다면 개인적으로 접근하라.

11. 노인들 안에서 국소적으로 진행되는 일에 대해 사역 책임자가 다 알 수 있도록 전 공동체에 깊이 개입하면서 일하도록 하라.

12. 일주일간 어디에서 무엇이 진행되고 있는가를 잘 알기 위해서 규칙적으로 시간을 정해 점검하여야 한다.

13. 언제나 교회에 오는 사람들과 인사할 수 있는 충분한 시간을 가질 수 있도록 일찍 나오고 또 모임 뒤에서 충분한 시간을 인사에 활용하라.

14. 현재 모이는 노인들의 수준이나 욕구들, 관심거리, 체력 등에 걸맞는 프로그램을 만들고 또 개발해 가야 한다. 평균적으로 나이가 더 들면 긴 시간의 모임을 원하지 않게 된다.

15. 중요한 일을 할 때는 시간을 따로 떼어서 철저하게 준비하고 빈틈없이 시행하라!

16. 사역의 근본적인 목표와 진실한 소망이 흐려지지 않도록 항상 자신을 돌아보라. '성공이다, 실패다' 하는 일시적인 결과에 일희일비 하지 말라. 추수는 그 사람의 일생이 끝나는 날에 가서야 이루어지는 것이지, 결코 그룹이 모였다가 끝나는 시간에 이루어지는 것이 아니다. 진정한 목표와 소망은 대개 오랜 시간이 지나야 이루어진다.

17. 매 년마다 몇 권의 새 책을 구입하여 독서할 시간을 내라. 특히 노인 사역

에 대한 책과 시간 관리에 대한 책, 신학 서적, 고전 중 하나, 그리고 몇 권의 대중 소설을 구하여 독서하라.

18. 많이 웃고 기뻐하는 시간에 대해 어떤 두려움을 갖지 말라. 노인들은 유머를 사랑하는 사람들이다.

19. 그들이 어떤 사람이 되어야 하는지 잊지 말며, 당신의 소원이 무엇인지 직시하라.

20. 사람들이 몰려들지 않는다고 돌연 모임이나 행사를 취소하지 말라. 계획을 잘 바꾸고 손질할 필요가 있는 것이지, 나온 사람마저 집으로 돌려보내면 안 된다. 몇 안 되는 사람이라도 나온 사람들에게 오지 못할만한 중요한 무엇이 있다는 것을 알게 하라. 돌려보내거나 언짢은 생각을 한다면 나온 사람들을 벌세우는 것이나 다름없다.

21. 실버사역 안에 지금 유행하는 문화나 유행들이 통용되게 하라. 시간이 되면 모든 것은 바뀌기 마련이다.

22. 언제나 가능하다고 보여야 한다. 누가 어떤 시간을 요구하든지 간에 사람들에게 당신이 그들 때문에 너무 바쁘다는 인상을 주지 말라.

23. 취미나 교회 밖의 어떤 흥미거리를 가지고 있어라. 악기 연주를 배워라. 어떤 물건을 수집하는 것도 좋다. 또는 새로운 어떤 스포츠도 기회가 되면 하라.

24. 모든 것을 당신이 하지 말라. 비록 당신이 그것을 더 잘할 수 있을지 모르지만 분배하여 함께 하라. 사역 위임에 대해 배워라.

25. 그룹 안에 수줍어하고 침묵을 지키는 사람들을 결코 무시하지 말라. 가능한 많은 시간과 관심을 그들에게 쏟으려고 하라.

26. 당신이 본을 보여 줌으로 리더들을 가르쳐라. 사역을 연주자와 같이, 코치와 같이 하라.

27. 당신과 함께 일하는 대부분의 사람들이 당신보다 더 즐거워하고 더 많은 일을 할지라도 선한 역할의 모델이 되어야 한다. 악한 모델이 되지 말라.

28. 모든 모임과 활동들이 잘 조직되어져야 함을 확신하라. 이런 활발한 조직력이 사람들로 하여금 그들 자신이 중요한 사람이고 문제들을 해결하고 있다고 인식하게 한다.

29. 노인들이 이해할 수 있는 말을 사용하라. 그들이 낯설어 하는 현대 용어는 피하는 것이 좋다.

30. 모든 한 사람 한 사람에게 긍정적인 무엇인가를 말해 주어라. 불평하는 사람들이 가끔 있다. 그럴 때 '제발 ......해 주시겠어요?', '감사합니다!'와 같은 말들은 값으로 매길 수 없는 귀한 가치를 발하게 될 것이다.

31. 사람들과 대화를 나눌 때 메시지가 살아 있도록 개인적인 실례를 들어 말하라. 추상적인 아이디어에는 언제나 구체적인 예화가 필요하다.

32. 당신 자신이나 당신 자신의 환경에 대해서 너무 심각해 하지 말라. 당신이 두려워하는 것만큼 나쁜 것은 없다. 스스로 심각해하면 당신이 소망하는 좋은 상황은 결코 오지 않을 수도 있다.

33. 모르는 것에 대해서는 솔직하게 "잘 모르는데요."라고 말할 수 있어야 한다. 그래야 사람들이 당신이 알고 있는 것을 더욱 경청하게 된다.

34. 기준이나 어떤 방침이 서로 엇갈리지 않도록 하라. 리더가 누구든지 행하는 것마다 모든 사람들에게 같은 신뢰를 주어야 한다.

35. 강의를 할 때 겉으로 나타난 피상적인 문제보다는 근본적인 문제를 다루어야 한다. 그리고 논쟁이나 설교보다는 토론을 사용하라.

36. 일 년에 한 번 정도는 노인들에게 훈련과 관련된 행사에 참여시켜라. 그때만큼이라도 가르치려고 하지 말고 그저 훈련만 하도록 하라.

37. 위협하지 말라. 인내하라.

38. 교회의 야당을 두려워 말라. 그 대신 모든 사람들이 서로 상호 교제를 할 수 있도록 기회를 자꾸 만들어 주라. 그러한 관계를 통해 서로가 상대를 발견하고 자기를 볼 수 있도록 하자. 야당을 깨뜨리려고 하다가 쓸데없이 문제만 되고 오히려 반세력을 더 키울 수 있다.

39. 교회를 바꾸려고 하거든 당신이 먼저 시작하라.

40. 사적인 장소에서 이성과의 상담은 피하라. 이성과의 상담을 하게 된다면 문을 활짝 열어 놓고 하라.

41. 당신을 대신하여 상담할 수 있는 전문 그룹을 만들어라. 이 그룹이 잘 할 수 있도록 당신이 책임을 지고 또 도와주어야 한다.

42. 어떤 사람이 당신을 신뢰하고 좋아한다고 떠벌리지 말라. 당신에게 지금 큰 선심을 갖는다고 해도 그렇게 되다가 어떻게 변할지 모른다. 많은 경우 특별한 애정을 가졌던 사람들이 별로 좋지 않은 결과로 가는 경우가 많았다. 기대가 큰 만큼 실망도 큰 법이다.

43. 당신을 환영하지 않는 사람들에게 억지로 좋은 이미지를 심으려 하지 말라.

44. 지역의 모든 병원과 지역 내 호스피스에 심방을 하라. 심방을 가서 가능하다면 당신 자신을 소개하라. 그들이 당신이 누구인지 알도록 하고 환영을 받는다면 더 좋다.

45. 최고 우선순위는 무엇보다 모든 사람들의 이름을 암기하는 것이다. 당신이 그들의 이름을 다 알고 암기하기 전에는 저들의 목회자라고 말할 자격이 없다.

46. 그룹 앞에서 사람들에게 도전하고, 바른 말이라 하여 상대에게 찔러 댄다면 될 것도 안 된다. 만약 누군가가 남의 말을 해주거든 그에게 감사하고 무슨 좋은 해결방법이 없느냐고 물어 보라.

47. 일대일 관계로 아무도 모르게 문제를 다루는 것이 최선이다.

48. 프로젝터로 필름이나 슬라이드, 영상을 감상할 때 언제나 여분의 램프를 가지고 있어라. 항상 최악의 경우를 대비할 줄 알아야 한다.

49. 자발성의 예술을 배우라. 몇 사람에게 전화를 걸어 당신과 함께 다음 날 아침을 먹도록 하라. 아마도 예상치 못했던 엄청난 일들이 일어날 수도 있다.

50. 토론을 인도하면서 사람들이 자기의 의견을 개진할 때, 너무 과하게 긍

정적이든 부정적이든 첨부하는 말을 자제하도록 하라. 가능한 중립을 지키는 것이 좋다. 이렇게 함으로 열린 마음과 솔직한 개진을 유도할 수 있다.

51. "NO"라고 말할 줄 알라. 가족들을 위해 시간을 지켜라. 밖의 일과 개인적인 성장을 위해서 시간을 가지라.

52. 경우에 따라서는 교회의 핵심 멤버의 가정에서 만남을 가져라. 그러면 그들이 직접 노인 그룹이 어떤지 알 수 있게 될 것이며 관심도 가지게 될 것이다.

53. 경우에 따라서는 여러 회원들의 가정에서 모임을 가져라. 그들을 끌어들이게 되고 명예스럽게 생각한다.

54. 잘 듣는 자가 되어야 한다. 당신의 의견을 철회할 줄도 배워야 한다. 아무런 말없이 그들의 말을 들을 줄도 알아야 한다. 그렇게 함으로 때로는 당신이 더 많은 도움을 주게 된다.

55. 지역의 병원이나 요양소 등에서 상담이나 예배 인도로 원목을 도와주라.

56. 교인들을 위해서라면 역할 모델이 되는 것을 두려워하지 말라. 어느때든지 그렇게 할 때 당신 곁에는 사람들이 함께 하게 될 것이다. 매일의 일상 생활을 보는 사람들이 당신에 대해 증인이 되도록 하라. 그들이 당신을 진실한 사람으로 볼 수 있게 하라. 어떤 가정에 당신이 방문을 하게 된다면 당신과 동행하는 사람이 있게 하라.

57. 당신 스스로 일을 잘하기 위한 체크리스트를 만들라. 성도들이나 스텝진들이 할 일에 대한 항목을 먼저 알고 있어야 한다.

58. 전도에 대한 계획을 세워라.

59. 노인들의 소식지를 만들고, 스케줄 미팅이 잘 진행되도록 도우라. 그리고 그룹에 투입되어야 할 것들을 잘 챙기라. 커뮤니케이션의 부족은 당신 사역에 있어서 중대한 약점이 될 수 있다.

60. 당신과 함께하는 자원 사역자들이 사역을 잘 감당할 수 있도록 구체적인 업무 시행 지침(Job Description)을 만들어 주라. 그리고 그들을 기대하

고 있다는 사실을 확신시켜라. 당신이 그들에게 하라고 요구했던 사역에 대해서 충분한 자료를 제공해 주어라.

61. 특별한 기도와 사역 준비 기간을 가지되, 하나님이 영감으로 머리 속에 심어 주었던 창조적인 계획들이 잘 정리되게 하고, 그리고 이런 영감으로 얻은 것들에 대해 어떤 비판도 하지 말고 아이디어가 아이디어를 낳을 수 있도록 흘러가게 하라. 그 아이디어가 중간에 포기되거나 중단되었다면 그 때 평가해 볼 수 있다.

62. 당신 자신이 아닌 어떤 다른 사람이 되려는 유혹을 물리쳐라.

63. 노인 모임들, 사회적인 행사들, 그리고 아웃리치 이벤트 등에 대한 일년 동안의 행사들을 계획하라.

64. 새로 들어 온 사람들의 명단을 이용하라. 거기에 이름과 입회한 날짜, 당신이 개인적으로 남기고 싶은 메모도 함께 기록해 두면 좋다.

65. 책상 위에 찬송가를 올려놓고 주일 날 불렀던 찬송가마다 페이지 상단에 기록을 해 나가라. 예배를 위해 다음 주일 찬송가를 고르다 보면 어떤 찬송가는 너무 자주 사용한 것을 보게 될 것인데, 그럴 경우 그건 건너 뛰는 것이 좋다.

66. 상담 노트를 만들어라. 당신이 언제 무슨 일로 만났고 어떻게 상담이 진행되었는지, 또 당신이 무슨 말로 상담했는지 기록으로 남겨야 한다.

67. 노인 사역을 위해서는 중장기적인 계획을 세워라.

68. 심방 기록부를 만들어라. 매 번 방문을 할 때마다 날짜, 목적, 거리 등을 기록하라. 당신 혼자만의 무슨 남겨야 할 말을 써놓기도 하지만 역시 다른 사역자들에게도 그 기록으로 도움을 받게 해야 한다. 꼭 써야 할 것은 가정 방문인지, 병원 방문인지, 지역이나 기관 방문인지 칼라 펜을 이용하여 구별하면 좋다.

69. 상담할 수 있는 시간, 날짜 마다 잡힌 계획, 학과의 제목, 상담 방법 등에 대해 모든 기록을 남겨두는 것이 좋다.

70. 사역 일지를 만들어라. 매 주 기록을 할 수 있게 하고, 당신이 그룹에서 있었던 것을 평가하고, 사람들과의 만남에 대해, 각 사람에 대한 회고 등을 개인적으로 기록하라. 이것은 당신의 생각을 잘 정리하게 하며 중요한 일들을 기억하게 한다.

71. 평소에 최소한 한 번 설교할 제목과 내용을 가지고 있어라. 초청한 강사가 급작스럽게 오지 못할 수도 있으므로 비상시를 위해 필요하다. 또 음악을 담당한 팀이 못 올 경우를 위해서 어떻게 할건지, 또 여러 비상시를 위한 한 가지의 예비가 필요하다.

72. 서너 가지 이상의 계절별 활동을 준비하고, 세세한 계획들을 세워 집행할 수 있도록 하라.

73. 모든 교회의 계획표, 조직표, 그리고 여러 위원회들의 의사록 등을 기록한 한 권의 책을 만들어 가지고 있어라. 그래야 여러 활동들에 대해 예측이 가능하며 어떻게 시작되고 어떻게 되어지는지를 알 수 있다

74. 달력을 사용하는데, 최소 1년 전체가 한 눈으로 보게 하며, 또 앞으로 행할 행사가 계획될 때마다 거기에 기록이 가능한 것으로 준비해야 한다. 만약 어디에서 무슨 일이 진행되고 있는지 모르고 있다면 그 자리에 당신은 빠지게 될 것이다.

75. 자료를 끼워서 보존할 수 있는 파일을 준비하라. 개인적으로 미래를 준비하기 위해 시스템을 만들기까지 종류별로 자료들을 더해가야 한다.

76. 교회 멤버들이나 친구들을 가정으로 초청하여 식사를 대접했을 때 차려진 음식이 어떤 것들인지 기록해 놓으라. 그 기록부에 손님들의 이름 뿐 아니라 그룹 멤버들의 사진 찍어 같이 끼워 놓는다. 뒷면에는 필요한 메모를 남겨 둔다.

77. 손쉬운 유머나 사회에 나도는 아이디어들을 몇 개 정도 항상 알고 있어라. 필요할 때 그들에게 입을 열라.

78. 컴퓨터의 자료들을 백업 받아 따로 보관하라. 자료가 새로 들어 온 것이

있다면 그것도 이중으로 보관해서 만약의 실수를 대비하라.

79. 노인들이 듣는 음악을 당신도 들어라. 라디오나 텔레비전 프로그램이 당신을 그들에게 맞출 수 있도록 도울 것이다. 노인들에게서 생기는 색다른 일들 – 이에 대해서도 잘 알고 있어야 한다.

80. 새로 들어 올 가능성이 있는 새가족 명단을 가지고 있어라. 방문객이나 친구들, 당신의 그룹에 참여하는 사람들에게서 새 이름들을 얻도록 하라.

81. 위기 상담을 위해서는 "Referral File"(일단 상담을 받아 놓고 다른 전문기관으로 소개하는 것)을 만들어라. 당신에게 내담자의 문제에 대해 상담할 자신이 없다면 주저하지 말고 적절한 훈련과 경륜을 가진 전문가나 단체에게 보내야 한다.

82. 모두 소그룹에 속하게 하라.

83. 정말 의미 있는 봉사 계획을 세워라. 그룹들이 매 해마다 최소 한 가지의 의미 있는 봉사 활동에 참여하게 하라. 이런 봉사활동은 노인들이나 이웃들에게 긍정적인 헌신을 불러일으키는 기회가 되며, 또한 공동체를 세워가는 위대한 힘이 된다.

84. 드라마(연극)를 준비하라. 이것은 노인들에게 자기 재능을 발휘해 볼 수 있는 좋은 기회이며 여러 사람 앞에서 조명을 받는 좋은 일이다.

85. 변호사들, 병원들, 장례 관련 업소나 단체, 교회, 호스피스 등의 전화번호를 가지고 있어라.

86. 일러스트레이션, 설교, 아이디어, 여러 좋은 자료들을 파일화하여 잘 활용하도록 하라.

실버사역에 도움이 되는 웹사이트

Senior Adult Ministry Tool 10

(1) 미국의 웹 사이트 [243]

• 노인들에 대한 미국 정부 싸이트 http://www.seniors.gov

노인들에 대한 미국 정부가 하는 일들과 여러 상식적인 지식을 얻을 수 있을 것이다. 그리고 이 싸이트에서 링크된 방들을 다시 찾아 이동하며 자료를 얻게 된다.

• 노년에 대한 관리   http://www.aoa.dhhs.gov

인터넷에서 노인과 관련된 정보량이 꽤 많은 곳이다.

• AARP(미국의 은퇴한 노인들의 연합 기구) http://www.aarp.org

다양한 노인들과 관련된 관심들에 대해 깊이 있는 정보를 제공한다.

• 의료 보장 센터 http://www.medicarerights.org/medicarerights/main

의료 보장 센터(Medical Rights Center)는 1989년에 시무어(Whitney North Seymour)에 의해 세워졌는데, 개인적인 처우를 받지도 못하며 사는 노인들을 위해 의학적인 유익을 주기 위해 세웠으며, 세워진 이래로 치료를 위해 거의 60만명의 노인들이 혜택을 입었다고 한다.

• 정부가 세운 노인들을 위한 법률 센터 http://nsclc.org

제한된 수입을 가지고 사는 노인들에게 안전과 복지를 위해 법률적인 문제를 가지고 돕고 있다.

---

243) Gallagher, 144-145.

• 노인법률 홈 페이지 http://www.seniorlaw.com

법률이 보장하는 노인들에 대한 정보를 준다. 의학적인 분야, 부동산, 정년이 지나고 때로는 불구가 된 사람들의 권리에 대해 도움을 준다.

• Social Security Online http://www.ssa.gov

사회 보장 기구의 공식 사이트.

• Third Age http://www.thirdage.com

비용을 지불하면 온 라인으로 여기서 발행하는 정기 간행물을 다운 받을 수 있다. 이 책을 통해 남은 여생을 즐겁게 살도록 도울 것이다.

(2) 한국

• 한국노인문제연구소 http://www.kig.or.kr

노인복지정책, 노권옹호운동, 학술자료, 평생교육, 복지시설 정보 수록.

• 어르신나라 http://www.aged.or.kr

어르신정보화제전 개최 노인정보화교육센터, 한국정보문화진흥원 운영.

• 사단법인 대한노인회 http://www.koreapeople.co.kr

사단법인 대한노인회의 공식 사이트

• 대한은퇴자협회 http://www.karpkr.org

은퇴한 노인들에 대한 정보 제공

• 한국노인복지학회 http://www.koreawa.or.kr

노인들에 대한 학술적 연구 자료 제공

• 실버60 http://www.silver60.co.kr

노인들에 대한 여러 가지 정보 제공

참고문헌

1. 국내 서적

강시문, "복에 대한 성서적 이해", *교회와 신학*, 1991, 제23집.

강춘근, '고령화 사회의 노인의 사회 참여와 자원봉사활동', *고령화사회에 대한 기독교적 조망*, 2002년 10월, 제19회 기독학문학회 발표논문집.

경향신문, 2001년 10월 5일.

고양곤, '교회 노인학교 운영의 활성화 방안', *노인학교 운영지침서*, 서울: 한국교회 노인학교 연합회, 2000.

고용수, *만남의 기독교 교육사상*, 서울: 장로교신학대학교 출판부, 1994.

공재천, "노인문제와 교회의 역할에 대한 연구", 석사학위논문, 감리교 신학대학원, 1984.

국민일보, 2000년 8월 12일.

------, 2003년 6월 4일.

기획예산처, 저출산, 고령화 사회 대비 재정투자 확대 보도자료, 2004년 12월 17일.

김동배, '고령화 사회에서 교회의 역할', *제19회 기독학문학회 세미나; 고령화 사회에 대한 기독교적 조망*, 2002년 10월

김종렬, '21세기 목회와 가정사역; 실버사역을 중심으로', *가정과 상담*, 2004년 6월호.

김휘동, "교육목회 이론에 기초한 교회의 노인교육 연구", 석사학위 논문, 장신대학교대학원, 1996,

대한예수교장로회총회교육원, *한국교회와 노인목회*, 서울: 한국장로교출판사, 1995.

동아일보, 2005년 11월 3일,

맹용길, '고령화사회에 대한 신학적 고찰', *제19회 기독학문학회 세미나; 고령화 사회에 대한 기독교적 조망*, 2002년 10월.

박영호, "노인복지에 대한 성경의 이해", *가정과상담*, 2002년 12월호.

서변숙, *노인연구*, 서울: 교문사, 1991

송남순, '교회에서 노인을 어떻게 교육할 것인가', *두란노 목회자료 큰백과* 제19권, 서울: 두란노, 1997.

여성구, "교회의 노인교육을 위한 이론 및 실제연구", 석사학위논문, 목원대학교대학원, 1997.

원영희, '교회는 노인들에게 열려 있는가?', **기독교사상**, 1999년 9월.

유시욱, "신앙발달 관점에서 고찰한 노인신앙교육에 관한 연구", 석사학위논문, 장신대학교 대학원, 1994.

윤진, "노년기의 심리적 특성", 윤경남 외, **노년학을 배웁시다**, 서울: 홍성사, 1993.

----, **성인노인심리학**, 서울: 중앙적성출판사, 1999.

이관직, '교회안의 노인문제와 그 대책', **목회상담학**, 서울: 한국목회상담연구소, 2000.

이근삼, **개혁주의 신앙과 문화**, 서울: 영문, 1991.

이가옥 외, '노년기 삶의 질: 개념 및 지표 구성', **노년기 삶의 질: 지표 개발과 평가**, 2000년 9월,

　세계 노인의 날 기념 제6회 학술세미나 발표 논문.

이기옥, **노년을 멋지게**, 서울: 정우사, 1992.

이상근, **신약주해 옥중서신**, 대구: 세등사, 1990.

이석철, '목회상담학에서 본 노인 이해와 삶의 관리', **두란노 목회자료 큰백과** 19권, 서울: 두란노, 1997.

----, "노년 상인들을 위한 교회의 사역", **복음과 실천**, 1999년 가을.

이승익, '노인학교 운영의 실제, **두란노 목회자료 큰백과** 19권, 서울: 두란노, 1997.

이은규, "노인목회를 위한 노년의 삶", **가정과상담**, 2002년 12월호.

-----, "성경에 나타난 노년의 생애유형", **목회와 신학**, 1994년 5월호.

-----, **양육하는 공동체**, 서울: 한국문서선교회, 1991.

이인수, 21세기 **실버산업과 노후생활**, 서울: 양지, 2000.

이종철, '건강한 고령화 사회 위해', **조선일보**, 2000년 7월 17일, 논단.

이지현, '쓸쓸한 황혼에 대한 목회적 관심', **기독교사상**, 2001년 5월.

이흥배, "고령화시대의 노인목회", **가정과 상담**, 2002년 12월.

임춘식, '노인, 그들은 누구인가?', **두란노 목회자료 큰백과** 19권, 서울 : 두란노, 1997.

장대숙, **노인학의 이론과 적용**, 서울: 한국장로교출판사, 1998.

장인협, 최성재, **노인복지학**, 서울: 서울대학교 출판부, 1993.

장현, 이철우, "노인생활 만족도에 관한 시간적 차원의 연구", **한국노년학회지**, 1996, 16권 2호.

전길양, '실버세대들의 신 르네상스를 위하여', **빛과 소금** 2001년 11월 15일.

전천혜, '노인, 그들은 누구인가?', **교육교회**, 1998년 2월.

-----, '영역에 따른 노인교육 내용', **교육교회**, 1998년 4월.

-----, '노인교육 프로그램 정말 하고 싶은가', **교육교회**, 1998년 11월.

정연식, "교회에 있어서 노인은 누구인가?", **풀빛목회**, 1982년 12월호.

장종철, **노인종교교육과 교회의 프로그램 개발**, 서울: 감신대 출판부, 1991.

조선일보, 1997년 7월 22일.

조진형, "백발은 영화의 면류관이라는데", **풀빛목회**, 1982년 12월호.

중앙일보, 2005년 10월 26일

차명호, "노인교육 프로그램 모형개발에 관한 연구", 석사학위논문, 명지대학교 사회교육대
　　　학원, 1997.

총회교육부, **꿈꾸는 소년**, 서울: 한국장로교출판사, 1994.

최재천, **당신의 인생을 이모작하라**, 서울: 삼성경제연구소, 2005

추부길 편, **실버사역**, 서울: 한국가정상담연구소, 2001. (미발간 교재)

통계청, 2004 고령자 통계 보도자료, 2004년 10월 1일.

-----, 2005 고령자 통계 보도자료, 2005년 10월 6일.

한국 노인의 전화, 서울특별시 편, **노인교실 강의 교재**, 서울: 한국노인의 전화, 1998.

한국산업연구회, **새로운 사회학 강의**, 서울: 미래사, 1992

한국여성개발원, **여성노인**, 서울: 한국여성개발원, 1993.

한국일보, 2005년 6월 1일자

------, 2005년 11월 8일

한정란, **노인교육 교과과정 개발 실천연구**, 서울: 연세대, 1991

홍종각, "노인문제와 그에 대한 교회참여방안", 박사학위 논문, 아세아연합신학대학원, 1984.

황용희, "노인복지의 문제와 관련한 노인목회 전략의 한 연구", 석사학위논문, 목원대학교 대
　　　학원, 1993.

2. 번역 문헌

Barth, Ken David, *Age wave-21세기 고령사회*, 다라꾸 외 역, 서울: 창지사, 1991.

Beauvoir, Simone de, 노년; **나이듦의 의미와 그 위대함**, 홍상희, 박혜영 역, 서울: 책세상,
　　　2002.

Comstock, W. R., **종교학**, 윤원칠 역, 서울: 전망사, 1983.

Deeken, Alphonse , **제3의 인생**, 김윤주 역, 경북: 분도출판사, 1982.

Graham, Billy, **기독교적 관점에서 본 죽음이란 무엇인가?**, 지상우 역, 서울: 크리스찬 다이
　　　제스트, 1991.

Harris, D.K. & Cole, W. E., *sociology of aging*, **노년사회학**, 최신덕 역, 서울: 경문사,
　　　1995.

Maitland, D. J., **노년의 삶은 아름답다**, 이종복 역, 서울: 성서연구사, 1994.

Nobour, Yosiyama, **늙음은 하나님의 은총**, 김동섭 역, 서울: 성바오로출판사, 1992.

Ruud, Erling, 노년을 풍성하게 하시는 하나님, 박성호역, 서울: 아가페, 1995.

Seckel, Louis Alonso, 노년, 희망이 있어야합니다, 서울: 가톨릭출판사, 1999.

Tamosu, Hasegawa, 이 사람아 노년에 무슨 재미로 사나?, 성동석, 김수진 역, 서울: 한국장
로교출판사, 1996.

Wright, Norman, Improving Your Self-Image, 건전한 자아상, 김진숙 역, 서울: 나침
반, 1980.

Wolff, H. W., Anthropologie des Alten Testaments' Kaiser Verlag. 3 Auflage, 구약성
서의 인간학, 문희석 역, 경북: 분도출판사, 1976.

3. 외국 문헌

Anderson, Neil T., Victory Over the Darkness: Realizing the Power of Your Identity
in Christ, Ventura, CA: Regal Books, 2000.

Arn, Arnold S. Charles, Catch the Age Wave, Grand Rapids, MI: Baker Books, 1993.

Atchley R., Social Forces in Later Life, Belmont, Calif.: Wadsworth Pub. Co., 1972.

Barna, George, The Power of Vision: How You Can Capture and Apply God's Vision
for Your Ministry, Ventura, CA: Regal Books, 1992.

Brinstock, Robert H. & Shanes, Ethel (eds.), Handbook of Aging and Social
Sciences, New York: Van Nostrand Reinhold, 1985.

Casterline J., "Difference in the living Arrangement of the Elderly in Four Asian
Countries", PSA research Report Series, No.91-10, 1993.

Celements, William M., Ministry with the Aging, San Francisco: Harper and Row,
1981.

Chaney, Charles L. & Lewis, Ron S., Design for Church Growth, Nashville, TN:
Broadman Press, 1977.

Collins, Gary, How to Be a People Helper: You Can Help the Others in Your Life,
Santa Ana, CA: Vision House Publishers, 1976.

Cumming E. & Henry N., Growing old: The Process of Disengagement, New York:
basic Book, 1961.

Faber, Heije & Sails, Striking, A Pastoral Psychological View of Growing older in
our Society, trans. Mitchell, Kenneth R., Nashville Tennessee: Abindom,
1984.

Gallagher, David P., Senior Adult Ministry in the 21st Century, Loveland, Colorado:
Group, 2002.

Goldschneider, "living Arrangements among the Older Population: Constrains, Preferences and Power", *Ethnicity and the New Family Economy*, New York: Westview Publication, 1979.

Grey, Robert M., & Moberg, David O., *The Church and Old Person*, Grand Rapids: Erdmans, 1962.

Harris, J. G., *Old age in the Anchor Bible Dictionary* Vol 5, Doubleday, 1992.

Jackson, Edgar N., *For the Living*, Des Moines, IA: The Meredith Publishing Company, 1963.

Kimble, Melvin A., "Education for Ministry with the Aging", in Clements. William M. (ed.), *Ministry with the Aging: Designs, Challenges, Foundations*, San Francisco: Harper & Row, Publishers, 1981.

Lang, Bernhard, *Alersversorgung in der Biblischen welf*, 1980.

Manning, Doug, *The Gift of Significance*, Hereford, TX: In-Sight Books, 1992.

Meiburg, Albert L., "Senior Adulthood: Twilight or Down?", in James E. Hightower Jr., (ed.), *Caring for Folks from Birth to Death*, Nashville: Broadman Press, 1985.

Miller, "Adult Religious Education and the Aging", in Clement. W.(ed.), *Ministry with the Aging*, San Francisco: Harper & Row, 1981.

Mindel, 'Multi Generational Family Households, Recent Trends and Implications for the Future', *The Gerontologist*, 19(1979).

Rice, John R., *The Home*, Murfreeboro: Sword of the Lord Publishers, 1974.

Scriven, Charles, *The Transformation of Culture*, Scottdale, PA; Herald Press, 1988.

Slater, Michael, *Stretcher Bearers: Giving and Receiving the Gift of Encouragement and Support*, Ventura, CA: Regal Books, 1985.

Wallace, Paul, *Agequake; Riding the Demographic Rollercoaster Shaking Business, Finance and Our World*, London; Nicholas Brealey Publishing, 1999.

Wisemann, D. J., Age, old Age in the *Illustrated Bible Dictionary*, Illinois: Tyndale, 1980.

Zeiger, Earl F., *Christian Education of Adults*, Philadelphia: The Westminster Press, 1958.

4. 기타 자료

레마종합자료시리즈 제11권, 서울: 임마누엘, 1989.

Abstracts on *Aging, The Quarterly Newsletter of John C. Lincoln Senior Apartments* (Winter, 2000), 2.

From the video *Redefining Retirement* (Del Webb Corporation. Corporate Headquarters: 6001 N. 24th Street, Phoenix, Arizona 85016; 1994)

Randolph Hills Nursing Center, *Annual Reports on the Management 1994*, Series 2.

The Golden Years: Riding the Crest, Serendipity Support Group Series(Littleton, CO: Serendipity House, 1990).